# 架构

# 未来

企业新质生产力战略与业务架构实战

付晓岩 —— 著

电子工业出版社
Publishing House of Electronics Industry
北京·BEIJING

未经许可，不得以任何方式复制或抄袭本书之部分或全部内容。
版权所有，侵权必究。

**图书在版编目（CIP）数据**

架构未来：企业新质生产力战略与业务架构实战 / 付晓岩著. -- 北京：电子工业出版社，2024.12.
ISBN 978-7-121-49155-9

Ⅰ.F272.1

中国国家版本馆 CIP 数据核字第 2024CN2781 号

责任编辑：王欣怡　　文字编辑：刘　甜
印　　刷：三河市鑫金马印装有限公司
装　　订：三河市鑫金马印装有限公司
出版发行：电子工业出版社
　　　　　北京市海淀区万寿路 173 信箱　邮编：100036
开　　本：720×1000　1/16　印张：22.25　字数：356 千字
版　　次：2024 年 12 月第 1 版
印　　次：2025 年 6 月第 2 次印刷
定　　价：98.00 元

凡所购买电子工业出版社图书有缺损问题，请向购买书店调换。若书店售缺，请与本社发行部联系，联系及邮购电话：(010) 88254888，88258888。
质量投诉请发邮件至 zlts@phei.com.cn，盗版侵权举报请发邮件至 dbqq@phei.com.cn。
本书咨询联系方式：424710364（QQ）。

## 业务架构方法论是新质生产力吗？

一提到新质生产力，大家通常会联想到各类颠覆性技术，比如人工智能、量子计算、核聚变等，但是新质生产力包含的内容绝不仅是颠覆性技术，按照对新质生产力的标准解释，劳动者、劳动资料、劳动对象及其优化组合都属于新质生产力的基本内涵。由此，方法论也是新质生产力，尤其是以优化和组合为研究对象的方法论，这就是本书介绍的内容——以业务架构为核心研究对象的方法论。

业务架构简单而言，就是业务的结构，但与通常涉及业务结构设计的各类战略分析、组织分析及流程分析方法论不同的是，它对全局性、结构化的要求更高，对数字化的指向性更强，处于业务和技术之间思维衔接、设计衔接的关键位置。它既不是单纯的业务分析方法，也不是单纯的技术分析方法，我们不能仅以其中一边的视角去看待它，而是要站在真正能够兼容两者的角度来理解它。

业务架构方法论大约诞生于21世纪初期，其通常作为企业架构方法论的一部分。企业架构方法论诞生于20世纪80年代末期，Zachman框架是公认的首个企业架构方法论，其中包含对企业业务进行澄清的内容和诉求，但是直到21世纪初，业务架构方法论才算正式在企业架构方法论中占有一席之地。企业架构方法论原本指如何在企业内部进行合理的系统分析与设计，也就是如何确定在一个企业内做多少系统及分析系统之间的关系，这一原始愿望一直延续到了之后诞生的各类企业架构方法论中。不过，随着持续研究与实践，以及对康威定律这类指导系统实践的经验性理论及其作用的认知不断深化，业务架构对于企业级系统格局的影响愈发得到公认，其体现在影响力最大的企业架构方法论——TOGAF（The Open Group Architecture Framework，开放组体系结构框架）中业务架构的出现及地位的持续上升。在TOGAF中，业务架构元模型的占比不仅是四个架构分支（业务架构、数据架构、应用架构和技术架构，即常见的"4A架构"）中最大的，而且大到几乎不成比例。

业务架构方法论的诞生和发展是非常符合逻辑的，毕竟，企业开发、购置业务系统是为了满足其业务发展的要求，那么，以业务架构为指导进行业务系统的企业级规划、演进就是合情合理的。并且，通过结构化的方式对业务加以澄清，才能把业务目标、业务流程、业务规则、业务数据、业务经验转化为可以纳入数字化系统加以实现的业务需求；通过全局性、结构化的方法，才能对众多的业务需求进行合理分析、整合、排序，从源头上开始建立"清澈"的开发工作流，让业务信息更好地流动到技术开发中。正因如此，如果说企业架构领域有所谓的"第一性原理"的话，笔者认为，"架构间融合一致"一定会是其中一条。因为离开了各架构间的一致性，信息就很难通过架构传导，企业的整体概念一致性也几乎无法达成，企业架构方法论宣传的很多价值点也就无法实现了，而"架构间融合一致"正是从业务架构及其各组成部分的融合一致开始的。

数字时代的企业终将是业务结构与技术结构高度对称的知识型企业，只有这样，业务变动才能以最高效率传递到技术实现上，结构的对称将最大限度地降低沟通成本。这是企业在开发模式上需要关注的问题，也就是通常讲的"业技融合问题"。业务诉求是否能够很快地解释给技术人员，是否能够高效地定位需求、快速地分析影响范围、确定合适的解决方案、尽可能地应用企业已有能力等，这些问题都需要通过一定的"结构"进行讨论、分析和确定，就像在地图上找路一样，没有一张共同的地图，业务和技术双方各自"心目"中的位置可能会相差甚远，对问题的定位可能就会失之毫厘，差之千里。虽然一致的理解非常重要，但是很多方法论依旧在研究如何说好业务、技术各自的"方言"，而非建立真正的共同语言，过于强调技术鸿沟，偏重各自的习惯，没有相向而行。

如果业务侧和技术侧的"结构"偏差过大，那么，信息需要进行的分析、转换、确认量就会更多，沟通效率会降低，差错概率会增大，导致业技融合变难，所以，对"结构"的沟通问题才是思考业技融合发展路径时最应该关注和解决的问题。业务侧要有一个业务结构，技术侧也要有一个技术结构，但是两者在总体上应该是技术结构继承和支持业务结构，两者需要具有内在逻辑的一致性，而不是需要大量转换才能对应上的两个结构，高效的数字企业应该是对称结构。未来基于人工智能的智慧型企业，也应当是这样的结构，毕竟，当人工智能可以自己作为工程师直接实施代码开发时，其对业务部门的支持与今天靠软件工程师支持的开发逻辑并无本质不同，人工智能也不可能脱离企业的业务目标进行系统开发。

此外，在数据要素大行其道的时代，如果企业希望实现从经验驱动转向数据驱动，就必须在两者之间搭建一个桥梁，也就是知识，只有按照"经验—知识—数据"的建设逻辑，总结知识并沉淀到系统中，才能通过知识发挥数据的驱动作用，发挥数字经济"X"的效应，而知识的总结需要结构化的方法，知识的管理需要全局性的视角，这正是以全局性结构化思维为底色的业务架构方法论的强项。

经过工业时代的长期发展，人们懂得了不能用"种地"的套路去管理工厂，而应该用机械化的方式重新思考"种地"。但是，数字化的发展还没有真正在企业中引发类似的思考，究其原因，应该是企业还没能用数字化的视角重新看待企业的知识和以知识为基础的业务能力。

业务架构方法论以对业务能力的研究为核心，揭示了业务和技术在关注业务能力这一点上的内在同质性。基于内在同质性可以建立高效的表达、沟通方式，这种内在同质性也是企业管理学进行数字升级的过程中需要思考的关键问题，是传统管理学匹配数字企业的关键点。营销领域在21世纪最大的变化就是完成了对4C理论的数字升级，企业管理也该深入思考自己的升级逻辑了。从18世纪末延伸至今的企业管理学需要真正步入数字企业时代，在此过程中，国内企业管理实践领域需要弥补"重实操、轻理论"的不足，方法论是新质生产力，而且是企业更容易把握住、更容易实时更新的新质生产力。

面向新质生产力，深入研究业务能力是非常重要的。在对业务能力研究不够深入的情况下，软件实现速度越快，软件业务含金量就会越低，速度与价值会成反比。由此延伸，一定条件下，架构能力与系统数量也会成反比，对此在企业数字化进程中我们要充分关注。"快"并不总是"好"，没有不以实力为基础的"快"，而实力的增强需要时间，"等不了"不该成为项目失败的理由，更不该成为数字化转型效果不理想的元凶。

以笔者自身的观察，极少见到企业达到了所谓"过度设计"的程度，"设计不足"才是更普遍的现象。"过度设计"一词被过度使用了，战略规划、设计文档、开发文档不会因为对"过度"一词的追捧就成为无用之物、可以无限"减重"之物。在使用"过度设计"一词之前，使用者应当首先扪心自问，是否所追求的目标、愿景是过度的，如果是，"减重"的对象应当是"目标""愿景"，如果这些不是过度的，为何对它们的深入思考会是过度的？如果因为考虑欠妥，导致合理的目标、愿景失败，不是更过分吗？在笔者看来，好项目和坏项目最大的共同点就是时间消耗速度是一样的，最大的区别可能是在相同的时间消耗中，是否让企业过度提升自己的能力。

今时今日的业务架构方法论已然非常有实用价值，不再只是理论层面的探讨，而是具有中国特色的实践。国内一批大型企业，以银行业为主，已经深入实施以业务架构为核心的企业架构方法论达十余年,其中不乏持久的超大型工程实践。其他采用该方法论的还包含航空航天、电子制造、消费品等诸多领域的企业,在国家政策中也有对企业架构方法论价值的肯定和推广要求。企业架构方法论,尤其是其中的业务架构方法论,是在企业中推广系统思维,实现顶层设计、整体转型的良好抓手,业务架构提倡的全局性结构化思维正是系统思维的具体体现,与其他架构类方法论相比,也更容易被大多数业务人员接受。

综上,本书旨在讨论一个世纪之交就已诞生,而且面对未来生产力发展亦不会轻易过时的方法论,其当前的实施案例极具中国特色,是值得在数字时代深入了解、灵活实践的方法论。

本书共十七章,分为三篇。

第一篇为"初识业务架构",其中,第一章以笔者自身的工作经历为开端,回顾笔者自己与业务架构的初识,帮助读者更快地感受业务架构的工作内容、环境;第二章介绍传统的业务架构方法论、业务架构的价值、演进趋势及与新质生产力的关系等。

第二篇为"业务架构设计方法与实践",涵盖了业务架构设计和应用的各个环节,其中,第三章至第九章为业务架构的设计方法,从战略设计一直讲到具体模型的设计过程,以完整的业务架构项目为背景进行充分的方法论介绍;第十章至第十二章为业务架构驱动的IT开发过程,包括对架构治理原则和元模型的介绍;第十三章集中讨论基于业务架构工程项目的成败因素;第十四章为本篇回顾,这是由于第二篇内容较多而特意设置的回顾章节。

第三篇为"业务架构师的工作",其中,第十五章为业务架构师的工作环境、方法论改良、工具设计等内容的介绍;第十六章以笔者最新工作经验为基础,讨论在实施条件不足以支撑完整的业务架构设计时,如何通过逻辑数据实体模型进行快速的业务架构分析与设计;第十七章为对全书理念的总结和扩展。

本书适用人员范围较广,因为笔者认为全局性结构化思维是数字时代的基本思考模式，是数字公民数字素养提升的重要内容，需要全员充分掌握。如果需要细分的话，企业领导者（含技术管理者）、业务侧中层管理者、技术侧中层管理者应该通读本书，以建立对数字企业的深刻认识，笔者认为本书是企业管理者的数字化转型必读书籍。领导层学习架构思维是企业打通业技融合的第一步；业务骨干至少应阅读本书的第一篇、第二篇以及第三篇的第十五章；需求分析师、产品经理应通读本书；项目管理师、技术侧骨干应阅读本书的第一篇、第二篇及第三篇的第十五章、十六章；业务架构师及有志于成为业务架构师的读者应通读本书。此外，作为一种探究世界、观察世界的方法，很多与本领域直接工作无关的人，也可以尝试了解这种思维模式，也许会触发一些意外的灵感。

本书中涉及对多种架构类方法论的介绍，无论企业架构、业务架构还是业务建模，都涉及多种同类方法论信息，但由于篇幅的限制，无法完全展开介绍，需要读者自行补充相关信息。

在行文次序上，本书改变了之前拙作偏重方法逻辑阐述的特点，以更接近项目实操顺序的方式介绍方法论，因此，部分章节会令读者有"反复"之感，尤其是在介绍业务建模的部分，实际项目通常就是在这种"反复"中推进的，远非"飞流直下""一气呵成"。笔者对方法论操作的经验、思考也都融入其中，既有给人以鼓励之处，也有打破幻想之处，希望读者在阅读时会有更强的临场感和代入感，引起更多针对实践的思考。

由于叙事视角更接近实操提示与复盘，因此，对有该类工程实践经验的读者而言，可以产生更强的共鸣；对没有该类工程实践经验的读者而言，可以在纵览全局的同时，为未来实践预置更多思考点；对希望改变职业方向的读者而言，可以预先了解业务架构方向的工作难点；对拟开展该类工程的企业而言，可以了解更好的选型思路和招标问题；对提供该类工程服务的供应商而言，可以进行更多对服务改进的思考。

本书的思考充分结合笔者实践，对业务架构方法论的价值也有颇多论述，这些论述并非宣扬它是包治百病的"灵丹妙药"，而恰恰是在说明，作为工具，它更需要基于反思而"灵活妙用"。笔者在此领域工作已有十二年左右的时间，算是把"十二生肖"阅过一遍，希望通过此书把所见所闻化作所感，同读者尽可能地分享出来。对于读者而言，业务架构师也许会成为一种非常重要的职业，也许不会一直是一种职业，所以，选择业务架构师这个方向，更像选择了业务架构师的思维方式，选择了业务架构师观察世界的方式。这种方式可以融入更多职业中，也许读者当前的工作、生活，正好需要加入这种方式。

时隔多年之后，笔者能够有勇气再次动笔撰写业务架构图书，实在应当感谢各位读者、客户及众多架构从业者、爱好者的支持！正是各位的热情沟通和反馈，为本书提供了方向。本书的撰写也需要特别感谢电子工业出版社的各位老师，刘少轩老师为本书的出版提供了契机，王欣怡老师担任了本书的责任编辑，张思辰老师为本书提供了人工智能工具应用支持，康旭老师协助整理了本书案例信息。笔者的重要合作伙伴，伙伴云公司为本书采用的零代码架构管理工具提供了平台和技术支持，在此对伙伴云公司CEO袁兆江、伙伴云公司副总裁罗国文、伙伴学院院长胡楠致以诚挚的谢意！最后，自2023年年初笔者独立创业以来，家人的鼓励与支持一直是笔者最温暖的心灵港湾和信心源泉，感谢家人的付出和陪伴。

零代码平台的实现能力已经今非昔比，笔者合作伙伴的产品——"伙伴云"就是一款很灵活的零代码平台，笔者正是基于该平台自研了聚粮数字企业极简管理平台（简称聚粮架构平台），书中大量的架构制品截图也是通过该平台生成的（这些截图仅为示例，与任何真实项目无关）。该平台已经于2024年6月19日，由中国版权保护中心正式授予软件著作权。"聚粮"一词来自《庄子·逍遥游》，"适千里者，三月聚粮"，这也是笔者公司名称中"天润聚粮"的来源，笔者还为此注册了商标。聚粮架构平台整体架构图、聚粮数字企业极简管理平台软件著作权登记证书、聚粮数字企业极简管理平台能力检验证书见图0-1、0-2、0-3。

架构管理工具在测评期间，得到了中国信息通信研究院的支持与指导，

**在此对各位负责测评工作的老师致以真诚的谢意！**

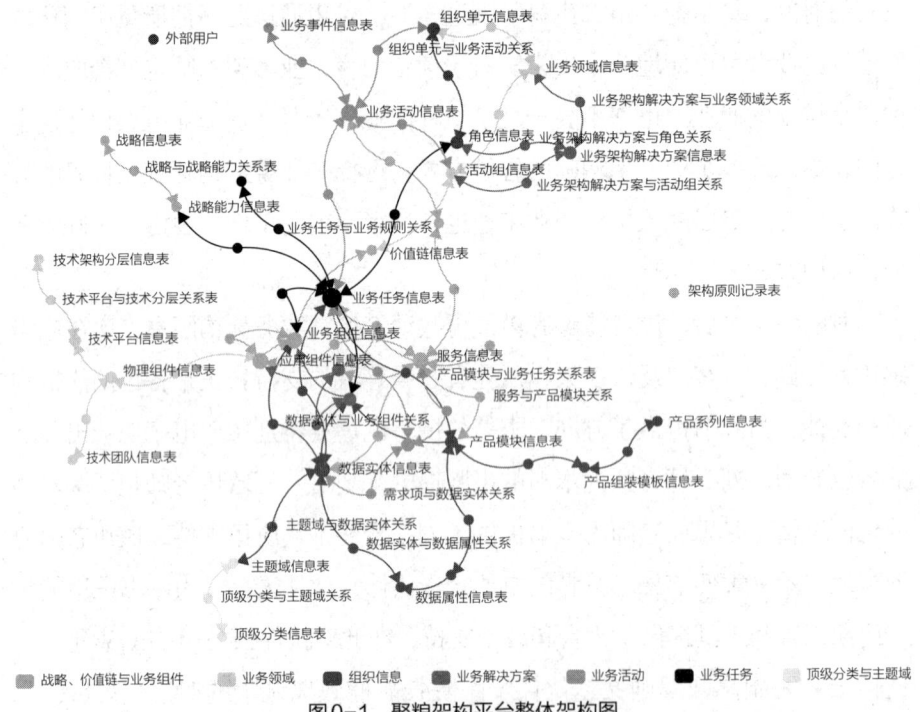

图 0-1 聚粮架构平台整体架构图

# 中华人民共和国国家版权局
# 计算机软件著作权登记证书

证书号： 软著登字第13233652号

软 件 名 称： "聚粮"数字企业极简管理平台
[简称：聚粮架构平台]
1.0

著 作 权 人： 付晓岩

权利取得方式： 原始取得

权 利 范 围： 全部权利

登 记 号： 2024SR0829779

根据《计算机软件保护条例》和《计算机软件著作权登记办法》的规定，经中国版权保护中心审核，对以上事项予以登记。

2024年06月19日

0-2 聚粮数字企业极简管理平台软件著作权登记证书

证书编号：2024VY004279
报告编号：24V01Y002487-001

# 基于模型的企业架构治理平台能力检验证书

**北京天润聚粮咨询服务有限公司**
（北京市海淀区清河嘉园东区甲一号楼12层1215）

**聚粮数字企业极简管理平台**

产品型号：1.0

经中国信息通信研究院/中国泰尔实验室的检验，贵单位的聚粮数字企业极简管理平台通过了 Q/KXY EDCC-DT/S-024《基于模型的企业架构治理平台能力要求》的检验，特发此证。

架构治理能力域：

☑ 业务建模　☑ IT建模　☐ 架构治理及管控

【本次检验仅针对颁证日期前该产品情况进行披露，因企业架构治理平台能力不断升级、标准规范随行业发展不断更新等原因，当产品迭代升级或评估标准发生较大变化时，建议本产品重新评估，中国信息通信研究院将于2025年组织新一批评估】

中国泰尔实验室
中国信息通信研究院

2024年10月29日

0-3　聚粮数字企业极简管理平台能力检验证书

# 目录·CONTENTS

## I 第一篇
## 初识业务架构

第一章　一个业务架构师的经历 _ 003

第二章　业务架构方法论与新质生产力 _ 012

## II 第二篇
## 业务架构设计方法与实践

第三章　业务架构设计的一般过程与主要内容 _ 033

第四章　业务架构设计之战略分析 _ 046

第五章　业务架构设计之组织分析 _ 066

第六章　业务架构设计之流程分析 _ 080

第七章　业务架构设计之数据分析 _ 140

第八章　业务架构设计之业务组（构）件分析 _ 192

第九章　业务架构设计之产品化分析 _ 216

第十章　从业务架构设计过渡到实施阶段 _ 231

第十一章　从业务架构设计到应用设计 _ 255

第十二章　架构原则与元模型 _ 281

第十三章　业务架构工程项目常见成败因素 _ 286

第十四章　本篇回顾 _ 297

# Ⅲ 第三篇
# 业务架构师的工作

第十五章　关于业务架构师工作模式的讨论 _ 303

第十六章　精进：方法论实施的创新案例 _ 321

第十七章　探索：以架构思维设计组织形态 _ 333

跋 _ 341

# I

## 第一篇
## 初识业务架构

"软件开发行业如此混乱,以至于对于大多数开发人员来说,**常识性的基本实践可能很陌生**。然而,忽视它们,做再多的事情都不会加快进度。**导致问题的行为不可能用来解决问题。**"

——《架构之道:软件构建的设计方法》,居瓦·洛瑞本书并非笔者第一本业务架构专题书，但相信有很多读者仍然是第一次阅读此类图书，毕竟这个领域即便在技术领域中也属于小众领域，目前仍处在发展期，远远没到成熟期，因此，完整、深入的实践案例依然较少，相应的专题书也较少。相比2019年笔者首次撰写此类图书至今，业务架构的改观仍然不大，所幸实践在发展，采用业务架构方法论，乃至设置专门岗位的企业都在增加，所以，今后可能会有更多的此类图书出现。不过，本书还是要承担一些帮助读者初入此门的任务，下面，就请随笔者一起来初识业务架构吧！

# Chapter 01 第一章

# 一个业务架构师的经历

业务架构作为计算机领域中的一个专业分支，21世纪初才正式诞生，总体而言还很年轻，有很大上升空间和潜力，值得认真学一学。不过，既然需要认真学一学，相信很多企业、读者都会有一堆问题要问，比如，具有什么样基础条件的人适合学习业务架构？在什么条件下能学好业务架构？企业什么时候会用到业务架构？在什么环境下能用好业务架构？诸如此类的问题，也是笔者经常被从各种视角提问过的，虽然问题形式略有不同，但大体是围绕谁能学好、怎么能用好这两个基本问题来的。

回答这两个问题非常需要灵活性，一个好的业务架构师并不会预设一堆现成答案等着被人提问，答案跟提问者所处的环境、所面对的困难、所期望的结果都有关系，并非总有现成答案可以一一对应。但是写在书里，笔者又不能只留给读者一个开放性的问号，等着读者自己去回答。思来想去，笔者觉得还是把自己的工作经历放在第一章，以此为开端，陪着读者一起感受真实的业务架构工作，见证一个"半路出家"的业务架构师的成长过程，可能会更有助于对上述问题的理解。

## 第一节　先做四年无关事

　　笔者的职业生涯并不典型，也绝非特例，相信很多读者都经历过相似的求职过程。笔者大学期间所学专业为投资管理，也就是工程造价，计算工程项目的造价，比如盖一栋楼的预算是多少、决算是多少、施工管理等，毕业时还获得了造价员从业资格证（虽然早已过期）。当然，除了算造价，还得学习项目工程的相关管理知识。如果真的沿着笔者的专业方向发展是要从事建筑业的，正常的职业经历是从造价员做起，努力成为工程监理，不过，因为学校院系的专业设置比较丰富，经济、金融、会计、法律等都有，笔者被授予的学士学位属于经济学，也许是受了大学时读的很多经济学、金融学著作的影响，毕业之后并没有从事建筑业，而是踏进了给建筑业提供资金的银行业。

　　笔者大学期间与计算机的接触主要基于公共基础课和个人爱好，但是从来没想过以此为职业。毕业之后进了银行，转正后的第一个岗位就是对公会计柜员，对公会计是一组岗位而不是一个岗位，笔者从事的是其中一个今天已经消失了的联行岗，工作任务简单来讲就是对公汇款，发电汇，岗位工作其实很轻松（这取决于网点位置，有些网点的联行岗是最忙的岗位，联行岗的责任有些特殊，因为处理的都是跨行业务，所以一旦出错，补救比较麻烦，所以有其责任大的地方），每天主要就忙一早一晚，不过下班时间要比其他岗位晚，因为当时的电汇还不是秒级到账的自动化入账处理，需要人工接收凭证、分发给柜员再手工记账。

　　这个岗位笔者一直做了四年半，好处就是有利于在职攻读金融学硕士，可以多看看书。笔者的硕士论文是关于经济增加值的，为此研究了十四本书的内容，对于在职学生来讲，这个相对轻松的岗位还是很适合读书的。可能也是因为太轻松了，这个岗位很适合自动化处理，所以后来这个岗位真的消失了,笔者也算是末代联行岗位的一员,感受到了数字化对职业的影响。这期间笔者与计算机的关系只是用银行的业务系统处理业务而已,没有进一步的发展。

## 第二节 再过八年才"略懂"

轻松地工作了四年半之后,笔者终于有机会从分支行考入省分行,进入国有大行的地方管理机构了。大型银行的组织结构主要是"总行—分行—支行—网点",笔者最初在支行,但属于是只有一个网点加一个分理处的支行类型,所以相当于是支行和网点融合的网点型支行。之后进入的省分行,属于一个省的区域性管理机构,从事一些条线性的管理工作。在省分行工作将近八年,笔者先后在两个部门工作过,这时与计算机的缘分开始增加了。

笔者在省分行工作的第一个部门是信息中心,不过别误会,这不是开发部门,省分行有自己的科技部,那个才是开发部门,信息中心是从计划财务部分离出来负责统计和管理一些重要系统的业务部门,与科技部关系近,但是没有系统开发权限,后台管理权限有一些,但不能动代码。即便如此,与计算机的关系也近了很多,毕竟从会计岗位的单纯操作系统进步到了让各级机构把系统用好,尽管不能动代码,但也要学习一些数据库基本知识和操作技能,以便于在后台查找错误数据,改正错误。

笔者在省分行工作的第二个部门是公司业务部下属的养老金中心,这次与开发工作更加接近了。养老金中心是一个新成立的部门,也是一项新兴业务,需要跟总行的业务管理部门、软件开发中心一起进行业务系统研发工作,还要帮重要客户做业务系统。在这个部门工作的大约四年时间里,笔者对企业内部的软件开发过程总算有了一定的了解,怎么与客户沟通需求,怎么总结业务需求,怎么与开发人员沟通,怎么写需求规格说明书,怎么写测试案例,怎么完成测试过程,基本上一个业务人员可以参与的开发环节笔者都参与过了，而且年年如此。这大约四年的工作让笔者对计算机的态度从最初的兴趣变成了职业选择，最终在2012年选择从业务条线调职到了软件开发中心，算是进入了总行的工作序列，正式从事技术类工作。不过，作为做业务出身的人，技术工作第一站比较适合笔者的是需求分析岗位。至此，笔者也只能说是对企业端的开发工作略知一二，与完成系统设计相去甚远。

## 第三节　终于走进专业圈

从毕业开始，花了十二年的时间，从事了与所学专业基本没有多大关系的一些岗位，兜兜转转才进入了软件开发领域，也只是走到了业务与技术的中间接触点——需求分析这个位置上，它很重要，但并非开发工作的核心领域。

到这里笔者仍然没有接触业务架构这个工作，坦白讲，都没听说过这个词。但命运总有各种机缘巧合，当时正好是笔者所在的国有大型银行启动企业级工程项目的初期，七个开发中心都要安排人参与，并且这项工程会改变全行的开发模式，需求分析岗位的人员几乎倾巢出动参与这个项目。说实话，笔者差一点错过了这个缘分，毕竟作为一个新调过来的员工，也不算太年轻了（当时已经35岁），还是比较想尽快在开发中心找到自己的位置，稳定下来，而不是去参加一个可能遥遥无期的工程。但考虑到这个工程会影响今后的需求分析工作模式，所以也做不到简单地敬而远之，就以学一学的心态参加了这个后来才觉得独一无二的工程。

2012年5月，一个业务架构领域的"纯白"选手，在一个超级大工程中，意外地发现了自己极为喜欢的工作方向。笔者有个说不清是好是坏的特点，就是比较容易陷入一个领域中，学习、工作、娱乐都是这样。业务架构因为有比较结构化的思维方法，又强调全景视角，很贴近笔者自己的思维习惯，所以让笔者深陷其中。

其实在从事业务架构最初的四年左右的时间里，笔者没想过到底什么是业务架构。企业的工程项目偏向TOGAF的ADM方法论，但是笔者在工程实践的那几年中没怎么学过相关内容，倒是为了提升工作能力，看了不少系统分析、软件设计、软件工程方面的书，就是没怎么看过企业架构方面的书。笔者曾经在公众号文章中列过相关书单，看这些书的目的是更加了解软件开发的全貌和笔者下游的工作，这样才能突破岗位视角的限制，发挥自己的作用。在这些书中，"企业架构"这个词只是偶尔出现，业务架构的内容在软件工程、系统分析类图书中只会出现在个别章节，存在感比较低，笔者当时也没太在意，并没有刻意研究。

读者可能会觉得奇怪，为什么自认为深陷其中的领域，反倒没怎么研究？其实不应该说没怎么研究，而是研究的视角、重点不太一样。作为一个对术语、概念比较"免疫"的人，与概念相比，笔者更关注到底该做什么，怎么做，而不是叫什么，名字不过是为了区分事物而给予的代称，决定事物的是事物的本体、实质，而不是名字，所以，笔者很少在术语、概念上纠结。笔者参加的这个企业架构工程并没有同等规模、同等复杂度的先例，本身就是一项开创性工程，恰恰需要的是不拘一格。因此，只关注具体做法而不关注概念的行为方式，倒是很符合该工程自身特点，现在回想起来，这可能也是笔者没深究概念但能够很舒适地完成工程的原因。晋代和尚僧肇曾有一句名言，"以名求物，物无当名之实。以物求名，名无得物之功"，这句话适用于对业务架构方法论的学习。

笔者参加该工程的时间长达五年半，从2012年5月直到2017年底，虽然工程本身在2017年年中宣布结束，但还有很多后续工作。在这五年半的时间里，笔者先后从事过不同业务领域的流程建模、能力主题研究、与海外分行协作的海外建模、产品建模、业务架构管控等分内工作，也做了在自己的流程建模工作中加入数据建模、以业务架构师身份参加项目概设等分外工作，其中，还花了近两年时间在项目中专门研究业务架构方法论的改进和业务架构组织模式的改良，应该说一直以"做什么、怎么做"为主思考问题。

其实业务架构方法论本身非常简单，但是要在一个复杂的企业环境下真正做好却非常不容易，而且参与项目的人多了之后，大家对同一个事物的认知会出现偏差，沟通协调会很麻烦，加上大家在学习方法论的时候非常认真，难免会产生对概念的分歧，这些分歧在项目中有时会延伸一两年，有些分歧直到项目结束也未必能达成一致。像笔者这种对术语、概念不太敏感的人就幸福多了，有时甚至不太理解为什么有些人对一个并不需要特殊澄清的概念那么执着，比如什么是业务组件、什么是产品。笔者一直认为业务组件就是个"筐"，这种粗糙的理解从未在工作中给笔者带来任何困扰，虽然很多人未必认可这种模糊的解释。

尽管业务架构方法论不难，但是真正很好地驾驭它，还要等到2016年底到2017年底这段时间，在实操业务架构多年以后，笔者终于有机会在相对完整的企业架构框架下进行一个规模较大的、业务领域级别的新增设计。企业架构在2012年底就完成了第一版整体设计，之后的设计是对整体设计的细化、点状的新增、架构方案的落实等，几乎没有出现过业务领域级别的新增设计，也基本没动过企业铁打的"营盘"———一百余个业务组件。但是这次设计不仅新增了一个业务领域，还进行了业务组件级别的整合调整，笔者大概是2012年底之后，唯一操刀过业务组件整合的业务架构师。也正是在该项目中，主动突破原有的架构管控职责分工，跟进了完整的实施过程。这次设计任务让笔者对自己掌握的业务架构知识得到了一次充分结合项目全过程实施的机会，笔者经常觉得自己是在从事业务架构工作的第五年，也就是完成了这个项目之后，才较为充分地理解了自己的工作。尽管已有此感，但在这个时候仍未深入思考业务架构。

在银行工作的最后一年，也就是2020年，笔者有幸从事了自己期待已久的工作，借调到人民银行数字货币研究所从事数字人民币的业务架构设计工作。说期待已久，是因为笔者从大约2017年就开始接触区块链，不仅非常感兴趣，还在"区块链前哨"等技术媒体平台发表过几十篇关于区块链的文章，并在2020年获得了参加数字人民币项目的机会。这个项目不仅圆了笔者在数字货币方面的梦想，也是笔者第一次将业务架构方法真正拓展到原来的工作范围之外。这个项目获得了很好的评价，让笔者对在更大范围内从事业务架构工作有了很大信心。

## 第四节 离开银行闯一闯

为了追求业务架构方法论更大的应用空间，笔者在2020年底数字货币研究所的借调工作结束后，选择离开银行。其后，先后在IBM、阿里云新金融事业部、极客邦工作过，直到2022年底自己创业，创办北京天润聚粮咨询服务有限公司。这一阶段虽然笔者工作重心仍然在业务架构上，但是，在甲方企业内部从事这项工作与在乙方企业从事这项工作还是有些差别的。在甲方时，它属于一项工作职责，是完成任务，岗位之间有一定边界，以做好分内事情为主，别人最多可能会认为你做得比较好；在乙方时，客户通常会认为或要求你"真懂"，讲的部分占的比重会更大，而且边界通常不会局限于业务架构。虽然咨询师对自己的职责理解不尽相同，但是笔者比较赞同著名咨询师沙因先生的观点，好的咨询师重在引导客户的思考过程，而非以自己得出结论为主。所以，谦逊的共创型咨询才是最好的咨询模式，这就要求咨询师对给出答案的时间和条件都要把握好，客户如果自己不能发自内心地认可结论，那么咨询师留下来的东西，客户是接不住的。

除了为更多行业、更多类型的企业提供架构咨询、培训服务，笔者先后撰写了业务架构、企业架构、数字化转型等专题图书，研发了业务架构工作坊课程，还在自己的公众号"晓谈岩说"上持续发布业务架构、企业架构、数字化转型相关文章，从更多视角阐述业务架构。待到2024年再次撰写业务架构图书时，笔者与业务架构相识已经十二年了，从初识变成了故知。

虽说相识已久，但笔者直到2019年第一次写书，才开始思考这位故知到底是什么。因为传播与实操不同，实操可以不纠结于概念进行工作，但是没有概念就无法进行传播，因此，思考"什么是"也就成了笔者持续研究的问题。细想起来，笔者在从事业务架构工作大约七年后，才开始琢磨"什么是"这个问题。尽管笔者内心对于各类概念基本都能"圆融无碍"，但是著书立说，本身就是要立个"说"的，无论自己是怎么看待概念的，都得总结个"说"出来。

对"说"的总结确实是个挑战，方法论是不需要"打架"的，能用就用，用不好就不用。但是一旦把自己的方法论和对方法论的认知抛之于众，这种分歧也就在所难免，这种心态甚至会影响笔者再去研究其他方法。这种"分别之心"其实对研究、运用方法论而言是不利的，只有放下对"我的方法""谁的方法"，甚至"方法"本身的执着，才能更好地研究。这一点，笔者也只能算是与读者共勉。

## 第五节  回首来时想一想

至此，笔者希望通过对自身职业经历，尤其是对十二年业务架构工作经历的回顾，使读者能够理解关于业务架构的一些常见问题，比如谁能学好业务架构，怎么能用好业务架构。

其实，学习业务架构并非需要一定的基础，笔者并非计算机专业出身，更不是一毕业就从事软件研发工作，而是经过了十二年的业务条线工作才进入了技术条线。虽然笔者之前作为业务人员参与过企业端开发工作，但是这种经历需要的只是机会，而非专业知识背景。笔者只是很幸运地参加了一个难得一遇的企业级工程，这个工程中的很多与技术工作缘分更浅的同事也都成为优秀的业务架构师、数据架构师。

笔者相对而言有些优势的地方就是结构化思维，喜欢用这种模式看问题，以及对这份工作有极为单纯的热爱，全身心地投入。业务架构这个领域其实是披着理论"外衣"的强实操性领域，只有上过手、做得深才会真正明白,所以这种"无脑热爱"反倒使笔者很容易进入角色。很多人将该领域内容形容为"空洞的理论",但如果真有机会经历一次,相信读者会知道这个领域根本没有什么高深理论,只要踏踏实实地做下去,就知道它是虚是实了。只要充分实践,读者也能体悟如何通过业务架构方法论去理解更多事情,毕竟,万物皆有结构,万物皆可架构,通过结构认识世界是深度思考的基本特征。

至于用好业务架构,这就需要一定的环境条件了。如果像笔者一样幸运,在刚开始接触业务架构的时候就在一个充满创造力的大型工程环境下工作,进步一定很快。用好业务架构一定是在项目中用好,而且必须有一次非常深入的、完整的项目实践,才能正确理解和用好业务架构方法论。

再强调一次,业务架构方法论很简单,但如果没有深入实操过,确实没办法用好它,毕竟这是个企业级别的方法,而且在实施上讲求高度灵活,并非照搬一个案例即可,所以无法靠一个人自悟,若"面壁十年"最终只是"面壁"而已,只能在理论层面说来说去。越来越多的企业在开发了数个系统后,面临需要通过清晰的"地图"去解决系统管理问题的困境,相信会有越来越多的业务架构实践机会正在未来的路上等待着有缘人。

最后,如果有机会做一次深入实践的话,对业务架构的理解一定不要只停留在方法论及工作任务上,这是通过全局性结构化思维认知复杂事物的方法,扩展开来,才能看到更大的世界、更大的舞台。总之,既要入于方法,也要出于方法,希望有朝一日,回首向来萧瑟处,也无风雨也无晴。

# 第二章

# 业务架构方法论与新质生产力

业务架构的基础价值是很多读者已经了解或者比较容易接触的，而其未来价值则要结合发展新质生产力的方向去看了。

## 第一节 什么是新质生产力

本书序言提到了新质生产力这个话题，那什么是新质生产力呢？对此，国家政策中有标准解释。

新质生产力是创新起主导作用，摆脱传统经济增长方式、生产力发展路径，具有高科技、高效能、高质量特征，符合新发展理念的先进生产力质态。它由技术革命性突破、生产要素创新性配置、产业深度转型升级而催生，以劳动者、劳动资料、劳动对象及其优化组合的跃升为基本内涵，以全要素生产率大幅提升为核心标志，特点是创新，关键在质优，本质是先进生产力。

从解释中可以看出如下有助于理解实际操作的关键点。

## 一、本质是先进生产力

这个定位是非常重要的，从企业视角而言，运用任何一种新理念、方法、技术，都会天然地试图跟直接收益挂钩。但是理解新质生产力要把直接收益先"放一放"，生产力在由生产关系结成的生产环境之下发挥作用，所以，生产力是否具有直接收益，并不完全由生产力自己决定，不要总是直接地向生产力"要"企业效益。

## 二、新质生产力有"硬"，也有"软"

新质生产力最容易理解的部分通常是其中的"高科技"内容。数据是新的生产要素，如今企业的数据量通常都比较大，已经无法单靠人力管理和分析，只能通过软硬件设施进行数据处理，并且可能需要非常复杂的软硬件设施。所以，在新质生产力中，软硬件是劳动资料的典型代表，数据则是劳动对象的典型代表。

除了这些比较容易直观理解的内容，新质生产力还包括生产要素创新性配置、产业深度转型升级、优化组合这类"软"的内容，读者可能还会觉得这里面有生产关系。如果细分的话，此处可以认为是实现生产要素创新性配置、产业深度转型升级、优化组合的方法，也就是相关领域的方法论研究，这些仍属于生产力，落地之后才是生产关系，即它们是设计和实现生产关系的生产力。这些正是企业比较缺乏且不太热衷于投入的，比如企业转型方法论、数字化方法论、业务架构方法论等方法论的创新也在国家数字化相关政策中，但这些方法论往往被企业当成"虚"的东西，可它们恰恰是帮助企业"无中生有"的"虚"，而不是浪费时间、浪费资源的"虚"。

企业不热衷于对方法论的研究，但经常找人来教自己怎么快速落实方法，希望立竿见影。这不代表分工合理，而是有些本末倒置了。外部专家、顾问最多只能做到"点醒"企业，如果企业对方法论缺乏悟性和研究的积极性，那怎么"点"也不会"醒"，企业必须有自己做方法论的能力，才能更好地吸收外部方法论。就像学习一样，一个好学生必须有举一反三的能力。面对新质生产力，企业应该像对待自身主营业务一样对待方法论，没有归纳总结方法论能力的企业，恐怕成不了知识型企业，也很难驾驭新质生产力。

### 三、人是非常关键的新质生产力

劳动者的跃升是新质生产力中关键的一环，新质生产力是由人创造出来的，也要由人去使用，最终要给人带来价值。在新质生产力的全生命周期中，人是关键因素，国家政策中一直有关于"全民数字素养提升"的要求。

人工智能领域近些年的发展很快，很多国内外领先的人工智能企业都是人才高度密集型企业。虽然绝大多数其他类型企业无法达到这种人才密度，但是如果不做全体员工数字素养的提升，就很难在这个时代的劳动资料（计算机软硬件）、劳动对象（数据）下实现符合时代特征的关键创新。对于处在这个阶段的从业者来讲，转型、增加新技能是一个艰苦的过程，但也是转型期必须经历的，从来没有轻松的转型，也从来没有时代切换会让人轻松度过，尤其是在知识密度如此高的今天。

知识不只是"干货"，更是创造力，学习知识不能总盯着所谓的"干货"，而要拥有创造能力。只盯着"干货"学习，不会举一反三，很难适应环境变化，而对环境的适应应该是企业的整体行为，并非只有企业中的少数人知道该怎么适应就可以。

数字素养的提升也许没有想象中的那么难。最适合这个时代的思维方式可能是结构化思维，尤其是全局性结构化思维，因为劳动资料、劳动对象都跟这种思维方式关系密切。具备这种思维模式的人，可以更好地理解复杂事物，更好地吸收知识，它是提炼知识的基础。可能很多人会觉得掌握结构化思维很困难，但实际上大多数人都具备基本的结构化思维能力，尤其是接受过全日制教育的人，多年在校学习早已经帮助他们建立基础性的结构化思维能力，只是日常琐碎的工作使结构化思维"碎片化"了，企业和个人需要做的只是重新唤醒结构化思维而已。

### 四、衡量要看全要素生产率大幅提升

在新质生产力的解释中有一个关键的衡量要求——全要素生产率大幅提升，所以，在企业层面衡量新质生产力发展程度可以围绕它来做。但是对全要素生产率提升程度的衡量不应该是机械性的，生产力的创新、落地、调整充满挑战和变化，各个要素成熟、蜕变的周期也未必一致，所以，不能用单一的尺子进行衡量。换言之，这是一项技术性工作，更像一个复杂的项目组合管理，多个要素依据各自的节奏发展，但要在一个统一的时间线上共同演进。有可能出现的情况是，在同一个时间点上，不同要素的生产率可能有升有降，而非都是线性前进，但是在阶段性的终点形成总体性提升。

有些要素的生产率大幅提升，可以根据环境进行灵活定义。比如，数字化对人力的替代问题，不能单一用更高的人效来评价，这容易导致一些有机会通过人机结合产生更好效果的行业出现不必要的"减人增效"情况。比如，金融行业的普惠业务可以在数字化能力提升的前提下，通过投入更多的业务人员来提供更有温度的服务，而不是总从成本或者数字技术效能的角度追求让一个客户经理管理更多的普惠客户。

### 五、小结

简单总结，认识新质生产力首先要把握生产力这个关键定位，不要将生产力简单等同于收益；其次，新质生产力不只包含"黑科技"，还包括各种方法论研究，对于大多数企业而言，方法论研究是更普遍的，也是在具备

条件时，能够真正用好"黑科技"的基础；再次，强大的新质生产力应该是人，人有长足进步，企业自己也能造"武器"，但人的学习不能只围着所谓的"干货"，要更注重对方法论的创造能力；最后，生产力毕竟是生产力，所以，在企业层面衡量新质生产力的发展程度，要看全要素生产率的提升，但这种衡量是需要有一定时间跨度的，还要注意不同要素发展曲线的交叉性。

对于新质生产力的高阶理解，可以尝试通过图2-1进行。

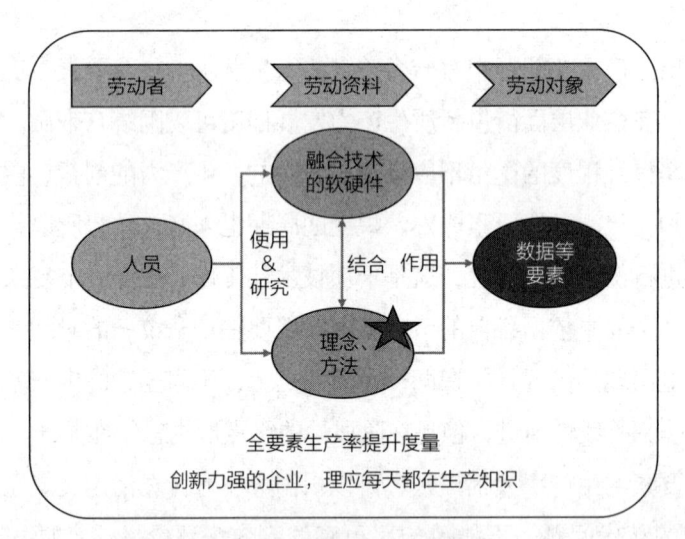

图2-1 新质生产力高阶图解

新质生产力的"新"突出的是时代性，"质"反映的是技术、方法、理念的进步。

## 第二节　企业如何用好新质生产力

从对新质生产力的认识，可以大致总结出新质生产力的落地路径，这也是一件与数字化转型高度相关的事情，很多在企业中可以落地的新质生产力多少都与数字化有关系。

## 一、持续内省

企业需要先向内看,进行自我诊断,厘清一些关键问题,比如企业的目标是什么,特点是什么,资源是什么,客户是什么,市场是什么,优势是什么,劣势是什么等,用SWOT分析、五力分析、价值链分析等经典分析框架,先给自己把脉。关于五力分析,笔者总结了图2-2,供读者参考:

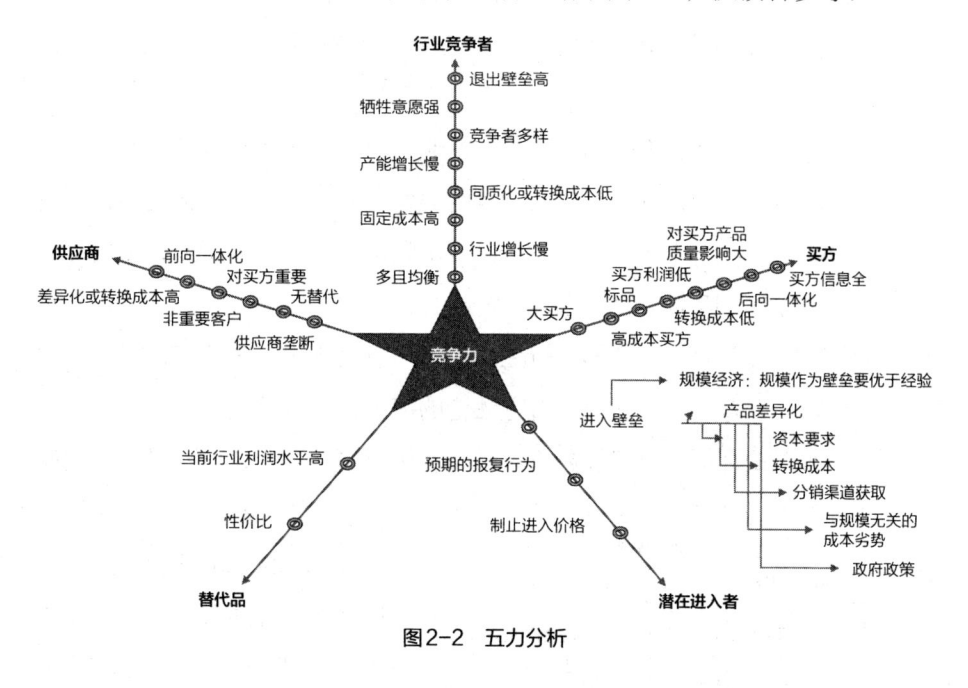

图2-2 五力分析

新质生产力既然首先定位为生产力,那生产力的施展必然是依赖环境的,环境中的软、硬因素都会对发挥新质生产力的效能产生影响。很多企业应用新技术、新方法最终没能取得好成果,选择让新技术、新方法甚至是开展探索的人"背锅",却没有从环境角度分析企业自身的问题。

在笔者自身的专业领域,也就是企业架构与软件工程方面,总是不乏引入企业架构、中台、业务架构、DDD(Domain Driven Design,领域驱动设计)、敏捷等方法,却最终失败的例子。这类失败大多数情况下都是由适配问题导致的,企业对目标、能力、环境等软因素判断不准,导致方法引入错误或者在方法落地过程的调整中发生错误。

数字化转型是新质生产力的落地手段，但是很多企业的数字化转型只是在犹豫和怀疑中"耗过"本可以突破一下的时机，究其根本，就是执着于"数字化转型"这个词，而没有把握企业自身的需求和未来发展节奏。数字化转型有没有用，是根本不需要问的问题，该问的是，企业随着时代和技术的发展到底该是什么样子。根据笔者的经验，凡是企业自己理解不了、驾驭不了的东西，最终是落不了地的，不是工具有问题，而是企业和工具还没有缘分。

数字化对不同企业价值不同，有的企业只用它提升运营效率，而有些企业真的用数字化手段去竞争。企业自身的类型，将来会走向什么类型，都需要判断清楚，这个问题必须由企业自己而不是别人来回答。所以，不要总问工具有什么价值，因为价值是由人来发现的。

企业应该认真学习基础的分析工具，多给自己诊脉，多观察自己。方法论也是新质生产力，学习并创新对方法论的使用，本身就是落地新质生产力最好的一种方式之一。很多经典方法并没有想象中的那么古老或过时，比如关于竞争战略的分析，从五力分析来总结，大体上就是差异化战略、总成本领先、集中战略三类。流行的互联网营销，其本质还是营销领域经典的 4C 理论，只不过实现手段数字化了，可以说互联网营销更像 4C 理论的数字化转型。通过现象理解其作用机制，才是学习的根本。关于竞争战略的三大类型，笔者引用了图 2-3，供读者参考：

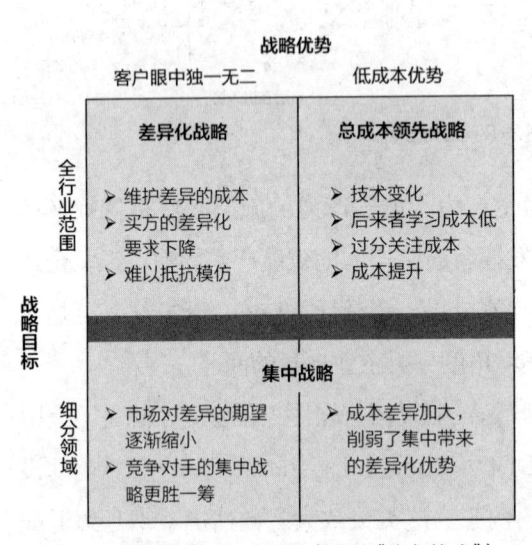

图 2-3 竞争战略的三大类型（源自《竞争战略》）

## 二、不断优化

优化指的是持续对企业的主营业务进行钻研、升级，总结出自己的一套方法论来，对企业业务过程、产品进行持续复盘、改进。对成功、失败一视同仁，不要总是只问结果，多数企业的失败多于成功，要根据经验持续总结"独门秘籍"。没有这种追求，失败会更常见，这样的企业也许可以活下来，但是很难成长。

在《埃隆·马斯克传》介绍的"马斯克五步工作法"中，第一步是笔者最推崇的，即追求持续的流程简化，但不要把它视为单纯的简化，而是持续的改良。如果没有这个精神，企业就没有持续创新和改进的动力，也就无法把工具使用到极致，新质生产力在这样的企业中即便落地，也只能发挥出基本功能。所有的困难都是方法论创新的机会，也只有具备这种对方法论的基本尊重和极致追求，才能引导新质生产力发挥作用。

## 三、提升个人

企业要持续提升个人的数字能力，尤其是业务人员的数字能力。企业层面可以用的新质生产力很多会转化成软件和数据能力，供业务人员使用。因此，业务人员要想全面理解新质生产力，提高学习能力，不一定要直接学一些新技术，这样未必有效果。考虑到软件的生产过程，业务人员要先学会采用结构化的方法定义问题、分析问题、解决问题，只有这样才能源源不断地将业务想法、业务能力融入数字化工具中，使技术服务于业务。

结构化的方法有很多，但考虑到促进业务和技术之间的衔接，业务架构方法论值得参考和学习。可能有些人会觉得这种结构化方法对业务人员来说很难，其实这个难度被大大高估了。如果企业打算让业务人员学习新技术，不如多花些时间让业务人员学习可以提升沟通效率的技术，毕竟这也是新质生产力，还是该落地的新质生产力。

关于结构化表达业务这件事，笔者引用自己课件中的一张图，也就是图2-4，以方便读者进一步理解：

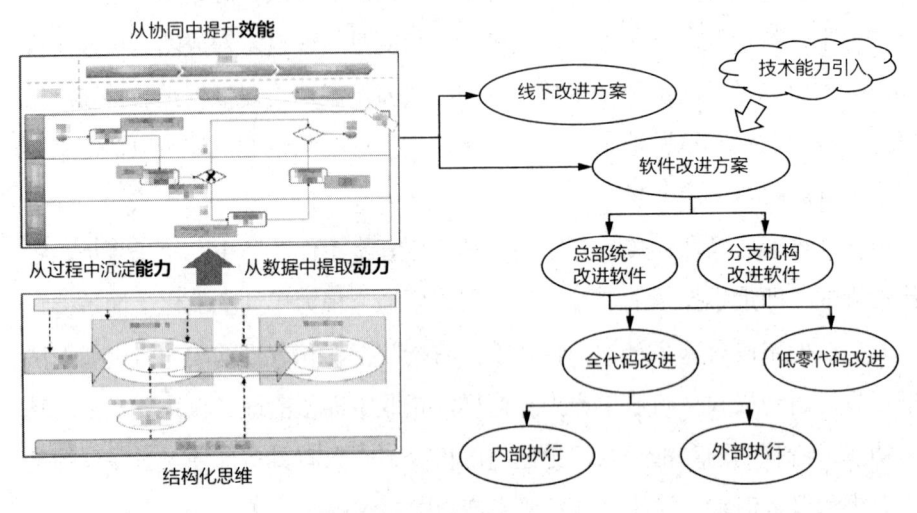

图2-4 结构化表达业务

大多数情况下，技术的引入并非设计解决方案的第一步，第一步通常是澄清问题，厘清现状，之后才能针对问题和现状引入技术解决思路，将之转化为业技融合的解决方案，而这个解决方案也就是新质生产力在企业的落地方案。

即便从"黑科技"的角度考虑，让业务人员加强结构化思维也是必要的。很多企业都在发展人工智能，都想借力于大模型，笔者也在这里阐述下关于企业端应用大模型的思考。目前的大模型在个人端的应用注重自然语言交流，当然也有些结构化的提示词工程，但是用在企业端是否一定如此？笔者认为，企业端非常注重专业知识，专业知识该由大模型从企业模棱两可的文件、制度、合同、记录中去"大海捞针"式地学习，还是该通过企业知识库来学习？企业知识库提供的知识更准确，但这个知识库该包括什么内容？采用什么结构？该由谁来建设？笔者认为，业务处理流程、业务处理规则、业务处理对象、特殊专业知识等这些企业知识库必备的内容只能由业务人员自己来总结。企业知识库是大模型学习业务知识的捷径，只有通过这种方式，大模型才能更准确地理解企业。所以，加强业务人员的结构化思维，加强对业务的结构化表达能力，也是为智慧企业做的基础性准备，毕竟，能为A企业提供的东西同样能提供给B企业，企业必须自己动手才能形成差异化的竞争力，没有差异化的认识，也就没有差异化的竞争力。

## 四、钻研技术

笔者把钻研技术放在最后，是因为技术选型对于各类企业而言差别很大。从事"黑科技"的企业，要聚集高密度人才进行创新；处于下游的企业只能做应用方法的创新，而不是"黑科技"本身的创新；位于两者之间的一些资金充裕的企业可能会采用二次开发模式，也就是对"黑科技"进行一定的技术改造，这会成为企业独特的竞争优势，但也意味着需要一定的人才密度。所以，钻研技术并非一个普适性说法，不同企业钻研的技术会有很大差别。

总体而言，企业钻研技术的能力可以分为主攻源头的突破性创新能力、中间层的改造性创新能力和纯下游的应用性创新能力，同一个企业内部可能会有多种形态同时存在。所以，企业要根据自己的定位和内部不同部门、团队对自己的定位来决定如何钻研技术。

即便是对主攻源头的企业而言，技术创新的动力也不完全来自对技术本身的追求，正如Open AI的创始人奥尔特曼介绍的，他发现很多做出伟大成绩的人都有一个宏伟的目标，他们不是先创造了技术，而是先看到了一个遥远的目标或者有一个梦想般的追求，最终为此革新了技术。

## 五、小结

新质生产力的落地，与它的标准解释中的一个词关系非常密切，这个词就是"创新"。创新并不是灵机一动、灵光乍现，企业应该追求的是持续创新能力，这就需要首先从持续内省做起，客观地分析自己；其次是不断优化，对优化、改良持续追求，只有这种追求才能激发持续的创新意愿，否则，一旦自满，创新也就停止了；再次是提升个人，人本身就是新质生产力，所以必须持续强化人的能力，而人的能力中最有价值的是思维，必须培养结构化思维；最后是钻研技术，没有前面的三项条件，技术就难以发挥应有的作用，而不同企业可钻研的技术差别很大，所以企业要自己把握技术。新质生产力的落地在很多企业中与数字化转型密不可分，要充分地结合在一起去思考。

本部分的内容笔者总结为图2-5，供读者参考：

**新质生产力落地的关键环节**

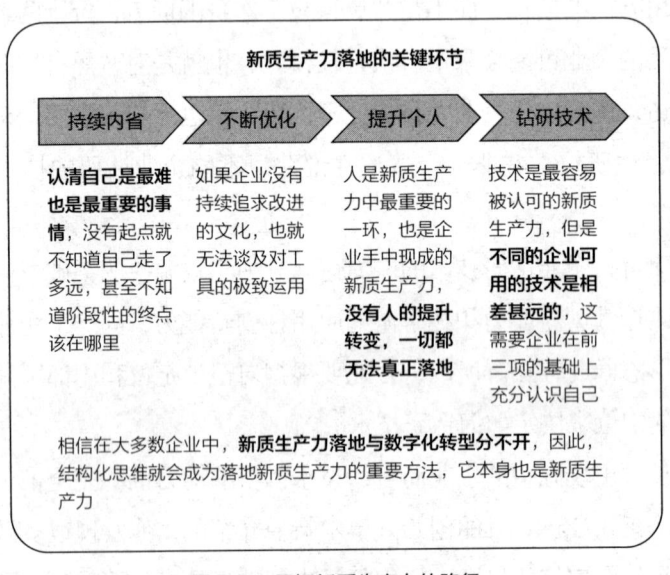

| 持续内省 | 不断优化 | 提升个人 | 钻研技术 |
|---|---|---|---|
| **认清自己是最难也是最重要的事情**，没有起点就不知道自己走了多远，甚至不知道阶段性的终点该在哪里 | 如果企业没有持续追求改进的文化，也就无法谈及对工具的极致运用 | 人是新质生产力中最重要的一环，也是企业手中现成的新质生产力，**没有人的提升转变，一切都无法真正落地** | 技术是最容易被认可的新质生产力，但是**不同的企业可用的技术是相差甚远的**，这需要企业在前三项的基础上充分认识自己 |

相信在大多数企业中，**新质生产力落地与数字化转型分不开**，因此，结构化思维就会成为落地新质生产力的重要方法，它本身也是新质生产力

图2-5　用好新质生产力的路径

本部分讨论的这些内容，无论对企业成长还是对个人成长都适用，请各位读者努力提升自己吧，您就是新质生产力！

## 第三节　如何打造能够驾驭新质生产力的企业

### 一、未来企业一定是知识型企业

能够不断运用、创新新质生产力的企业，一定是知识型企业。知识型企业是知识型员工打造的，这里的知识指的是符合创新、运用新质生产力诉求的知识，是将传统业务知识逐渐转化成数字知识的能力，是将原有业务知识、经验升级为数字化系统的能力，不是简单做个流程型系统，而是努力做个可以沉淀的知识型系统。这是专家智能系统、人工智能系统与一般业务系统的本质区别，这种转换需要的是知识型员工。

知识型员工不仅自己掌握知识，更能把知识"告诉"系统。系统使知识运用效率提升，这是数字经济时代的"X"效应。数据不仅是数据，还是信息、知识的载体。所以，数字经济是高度的知识经济，知识是"X"的本质，即便应用大数据技术，不能反映知识的数据仍然是没有价值的数据。农业时代的技术进步，核心是改变可耕牧农业资源的分布；工业时代的技术进步，核心是广义上的"身体增强"；数字时代的技术进步，尤其是结合人工智能的数字时代，核心是广义上的"脑力增强"，而"脑力增强"的结果必然是知识运用效率的大幅度提升。这是数字经济的核心，而数字系统正是目前已知的知识运用效率最高的系统形态。

在"软件定义一切"的时代，经常提到的数字企业其实是知识型企业，而且是打造"数字知识"的企业，是知识在人与系统之间灵活转化、更新的企业。企业不只要实现无人值守，更要实现人与系统的共创。

### 二、如何打造知识型企业

数字时代的知识型企业是什么形态的呢？可能如图2-6所示：

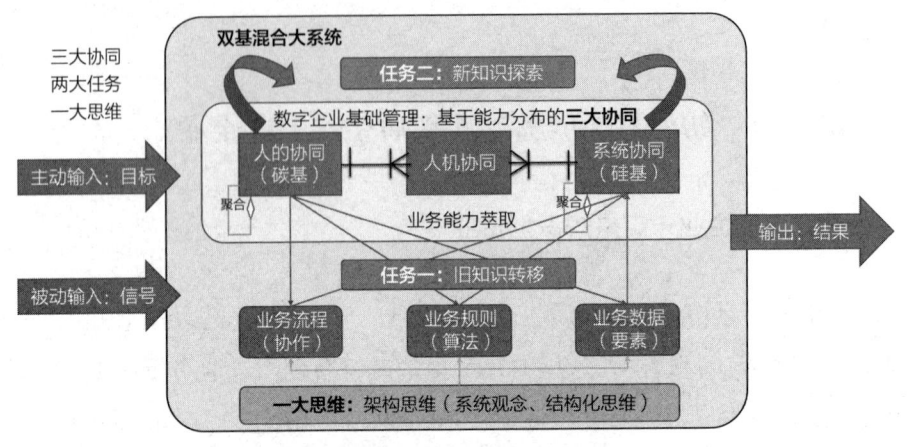

图 2-6 数字时代的知识型企业形态

数字时代的知识型企业可以视为两个计算体系的融合，也就是作为碳基计算体系的人和作为硅基计算体系的计算机。

数字企业的管理要处理好三大协同关系：人的协同、系统协同、人机协同。除了传统的人的协同，计算机系统的增多，尤其是竖井式开发产生的弊端，使企业不得不重视系统间的协同问题。随着系统能力的演进，自治系统开始被接受，超级自动化也成为可追求的目标，企业愿意让系统独立完成更多任务。在自治系统的发展中，系统协同的作用已经不仅限于解决竖井式问题了，需要把系统当成"人"来看。一些信息化程度高的企业，其员工经常只记得做任务的系统名称，忘记了这个系统当初要替代哪些岗位的工作，导致系统已经独立化了。随着智能化、自治化系统的增加，人机协同也需要在管理层面上进行考虑。这三大协同研究的是数字企业的能力布局，以及企业所需要的业务能力是如何在人与系统之间分布的。

那么，既然要谈业务能力布局，就得先找到业务能力。业务能力如何定义呢？可以通过战略拆解的方式自上而下定义，也可以基于对业务的萃取，不断在底层进行定义。就方法而言，无论自上而下还是自下而上的定义，最终都离不开对业务流程（业务协作）、业务规则（业务算法）、业务数据（新生产要素）的清晰表达和定义，否则，就算能萃取出知识，它也无法进入数字系统。

这个过程像传统的开发过程，差别在于软件的知识密度，企业把什么样的流程、规则、数据做进了系统。所以笔者将其定义为数字企业在管理上的一个关键任务：旧知识转移。尽可能把企业在业务过程中已经形成的知识转移到系统，而非只向线上转移一个纯粹的业务流程。系统拥有越来越多的旧知识，在一些新技术的支持下，就可以与员工共同完成一个更有竞争力的任务：新知识探索。其实企业之间的竞争，从长期看，比拼的就是运营效率和创新能力，旧知识转移是在提升运营效率，新知识探索是在增强创新能力。

无论旧知识转移还是新知识探索，都离不开结构化思维，从笔者自己的专业角度，更愿意称它为架构思维。业务架构就是对业务流程、业务规则、业务数据的"全局性结构化"定义。在打造知识型企业的过程中，以结构化的方式梳理业务一定是必不可少的。

### 三、小结

本节提出的知识型企业打造之法，也就是数字企业"321 管理法"。它面向业务能力进行三大协同，完成旧知识转移和新知识探索两大任务，通过在企业中全面推动结构化思维完成全员转型。这种转型创造了一个双基混合大系统，从而使企业对主动输入的目标和被动输入的信号都能进行计算，并产生理想的结果。这就是一个数字企业的内在处理逻辑，也是充分用好新质生产力的机制。

## 第四节 人工智能带来新机会

"软件定义一切"，未来企业可能是"软件型企业"，整个企业要像软件一样运行，但不是一堆拼凑在一起的软件。这个发展趋势对软件工程提出了更高的要求，现有软件工程能力还远远达不到这个要求，毕竟，软件行业不是简单"堆人数"的行业。如果缺乏有效架构治理，人多不一定力量大，倒是更容易"乱使劲"，做了很多系统，每隔一段时间还得重新梳理一次。

这个局面不太令人满意，并非因为软件工程理论、系统分析理论有重大缺陷，而是因为无法做到理想化实施。从需求分析开始，一直到部署、运维，软件工程对软件开发周期的所有环节提出了各类工艺、标准、交付物方面的要求，有些要求很严苛。但在实际执行过程中，几乎没有企业能达到这些要求。尽管参与者心知肚明，但是在交付时限和工作量面前，对理想化的追求基本止步了，软件质量、工程效率存在问题是必然结果。

2023年底兴起的人工智能新浪潮——大语言模型，给软件工程的发展带来了新机会。将人工智能用于软件工程的尝试早已有之，但是以往的实践一直受限于人工智能本身能力，大语言模型方面的突破给软件工程带来了新机会。尽管计算机语言并非自然语言，但高级语言已经比机器语言自然多了。编程问题终究是一种语言问题，既然这轮人工智能发展的突破口是语言，那么与语言相关的问题也会得到解决，软件领域也是如此。

笔者非常看好本轮人工智能浪潮，原因在于这轮人工智能的进化有大幅度提升软件领域生产力的潜力，能改变软件领域，就能通过软件改变大多数领域。前文已经说过，软件工程理论是没问题的，但是很多细化的执行要求在交付时限、工作量面前，无法完全靠人力达到。对人工智能来讲就没有所谓的工作量问题了，协助引导需求、整理需求文档、快速生成业务模型、持续整理详细开发文档、逐行加注释、逐块写说明、100%单元测试、自动化集成测试、自动化全量回归测试、自动化运维、代码定期走查、文档体系化管理等有助于提升软件质量但过度增加开发"重量"的工作，都可以由人工智能完成。笔者认为，比较"重"的开发是有助于保证质量的，未来软件工程依然应该是"重"的开发工程，只是这个"重量"将由人工智能背负，哪怕人工智能仍旧是个助手。而且，从模型训练的角度来看，加"重"反而有利于模型的自我提升，增加人工智能的可靠性。

人工智能的进化前景会给业务架构的发展带来积极影响。业务架构在实施层面最大的难题是初始化问题。一个企业如果从零到一去完整建立业务架构资产，工作量是不小的。很多企业在业务架构面前总是犹豫不决，多半原因也是这个。但是随着人工智能的进化，协助整理需求文档、协助绘制流程图、协助识别数据实体（笔者发现基于ChatGTP-3.5的聊天机器人已经可以提供一些支持了，但是还欠缺针对专业领域的发展）、对模型文档做横向标准化检查等业务架构中比较麻烦的工作，都有望由人工智能完成。初始化是企业应用业务架构时最大的障碍。

当形成业务架构资产之后，人工智能也可以在资产运用方面继续提供支持。业务架构设计经常需要对业务架构资产进行检索，以保证对已有资产的充分复用。但是这种检索目前基本是靠人工来进行的，所以有时候也会有人抱怨业务架构资产不好用，毕竟有一定的记忆负担。这个问题在技术部门也存在。有时候并非技术人员不愿意复用已有的IT资产，而是检索需要的代码、对代码进行修改耗费的时间多于自己动手的时间，这会导致复用意愿的降低。如果能够通过人工智能来管理业务架构资产，效率可能就提高了。人工智能有能力快速检索业务架构资产，还可以协助技术人员进行修改，以及在修改完成后对资产进行"保鲜"维护，资产质量、复用效率都会得到提升。

通过人工智能确实有可能实现基于标准化构件进行组装式开发的模式。由人工智能协助企业人员构建由标准化构件组成的架构资产库，当新需求出现时，再由人工智能去检索构件库，获取企业内部的企业级标准化构件，以及企业外部可开放的行业级标准化构件，再进行修改，产生符合本次需求的个性化构件，用途理想的个性化构件可以返回企业级标准化构件库，并通过行业级共享机制回补到行业级标准化构件库中。技术人员，甚至业务人员将有机会通过与人工智能共同进行的交互式编程，完成新应用的开发。

这一新的开发模式可以相对高效地兼容标准化和个性化，并且新的构件还能够返回构件库。当然，企业仍然需要在构件库索引方法、知识产权等问题上做进一步的思考，但是从模式上来讲，人工智能可以有效解决构件维护、检索及标准化与个性化冲突的问题，毕竟人工智能可以自己对新构件进行良好的注释并从注释中提取构件描述，从而对构件的再次复用形成良好的设计指引。

在这一模式下，由业务人员和技术人员共同开展的架构设计，包括从业务架构、数据架构到应用架构的解构与衔接，将是开发中需要人工澄清的部分。之后，基于架构设计的交互式编程就可以通过人工智能快速进行。也就是说，开发工作可能逐渐转化为以架构设计、体验设计为主的交互式、生成式开发模式。其逻辑如图2-7所示：

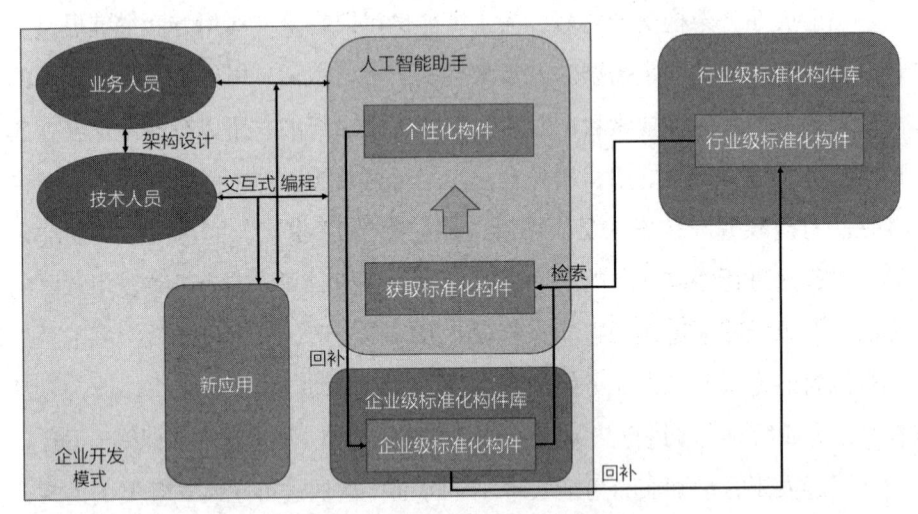

图2-7 基于人工智能的开发模式

人工智能有可能带动软件开发模式的演进，通过其加强对标准化构件的利用，进而实现更为高级和智能的低零代码开发平台，其与架构治理工具的结合，也会使架构设计效率有一定的提升；架构设计效率的提升，又会进一步增强低零代码开发平台的覆盖能力；低零代码开发平台覆盖能力加强，又会提升标准化构件的使用率，进而提升人工智能基于标准化构件的个性化定制能力。这会形成一个有益的循环，循环的关键是，人工智能可以解决在构件描述和复用方面的准确性和效率问题，既能满足个性化需求，又能减少不利影响。人工智能可以高效地检索、维护海量的构件库，不必担心具有多个功能相近的构件产生的构件版本问题。不具复用价值的构件，可以根据复用情况逐渐从构件库中进行剔除，由复用度高的构件进行替代，从而提高通过实测提升构件标准化水平的可能性。

人工智能可能有助于软件工程在标准化与个性化之间实现平衡，并在这一过程中逐渐走向基于标准化构件的大规模快速工业化开发模式。笔者认为，不应该因人工智能对开发效能的提升而让企业端软件开发走向"手工业"的路线，企业应该走上全民编程的构件式软件工业化快速量产之路。

本章通过分析现有业务架构理论的发展趋势，指出了理论发展的趋同性，以及基于趋同性产生的融合倾向，这一点对于灵活学习、领悟方法论是比较重要的。业务架构的实践正在从少数"吃螃蟹"的行业向更多行业扩散，并且也在从大型企业向中型企业扩散，今后还有进一步"下沉"的可能性。这并非因为理论很完美，而是因为现实很"混乱"。随着软件数量的增多、系统规模的扩大、IT队伍的扩大，企业越来越需要全局视角，就算不用业务架构方法，也得找到其他合适的方法。人工智能的发展给架构工作带来无限可能，软件工程很可能迎来革命性变化。

## 第五节　简要回顾

业务架构方法的未来价值一定是服务于企业更好地运用新质生产力，更好地适应时代的发展要求。工具必然是服务于目的的，工具的价值体现在对目的的支持上。

本章从新质生产力开始讲起，新质生产力中的两个关键内容本身就体现了业务架构的价值。首先，方法论本身就是新质生产力；其次，作为新质生产力中的关键因素，人的能力提升一定会包含全局观念的增强、结构化思维能力的提升，而业务架构正是有助于提升这些能力的方法论。

新质生产力关系企业未来的竞争能力，企业必须研究如何用好新质生产力。在这个问题上，企业必须有持续优化自己的意愿，只有持续优化自己，才能把工具能力发挥到极致，才谈得上用好新质生产力。在持续优化方面，业务架构方法论是一种很好的优化工具。企业要在人的能力提升上下功夫，员工要先学会采用结构化的方式定义问题、分析问题、解决问题，才能将业务想法融入数字化解决方案，通过形成数字化解决方案，新质生产力才能在企业落地。

面向未来，企业的升级方向是知识型企业。企业要研究如何持续打造数字知识，这就涉及业务知识的结构化描述，从业务流程、业务规则、业务数据的角度将业务知识结构化，而这本就是业务架构在做的事。

业务架构不仅具有基于过去实践形成的基础价值，更有面向数字时代的未来价值。业务架构可以用来处理很多复杂任务，如果能够灵活掌握，业务架构将成为一个具有广泛适用性的"算法集"，而非一个特定的操作方法。读者务必在学习、实践中充分领会这一点。

» **本章参考资料：**

《新质生产力的内涵特征和发展重点（深入学习贯彻习近平新时代中国特色社会主义思想）》，《人民日报》，2024年3月1日

# II

## 第二篇
## 业务架构设计方法与实践

> 人生最大的悲剧是只执着于方法，而忘了使用工具的目的。
> ——《禅学的黄金时代》，吴经熊

业务架构设计到底是难还是不难呢？笔者在本篇会对业务架构设计与使用方法进行完整介绍，并将笔者自上次成书以来的跨行业实践经验融入其中，从一些有趣的应用方法及常见误区的角度探讨业务架构方法论的各个环节，也会加入对各类方法的一些比较和使用建议。这些比较和建议属于个人观点，笔者愿意与读者就此继续做更多、更深入的探讨。

# 第三章

# 业务架构设计的一般过程与主要内容

## 第一节 完整的企业循环开发模式介绍

了解业务架构设计工作需要有全局观念，不能只着眼于业务架构，要站在企业端软件开发全生命周期视角去看它，然后思考应该有一个什么样的设计过程。

企业端软件开发也称循环开发，企业采用数字化技术之后，一般都会进入持续的循环开发中。

### 一、循环开发的参与方

对于一个完整的循环开发来讲，会有哪些角色参与其中呢？

第一是需求方，也就是业务人员，包括中高层管理者，他们是软件的最终使用者；第二是企业级架构师，如果企业设置了独立的企业级架构师岗位，企业架构师及业务架构师会参与其中，如果没有独立的企业级架构师岗位，这份职责会由其他角色分担，如项目架构师、需求分析人员、产品经理等，但这些角色对职责的履行未必能达到企业级架构师的程度；第三是项目管理单位，如项目管理办公室（PMO）、项目经理；第四是有权审核人，规模较大的项目，从立项到开发，包括最后的验收上线，都需要一些具备管理者权限的角色进行审核，可能是企业的CIO、CTO，也可能是CEO，这取决于企业内部职责的划分，这些管理者就是有权审核人；第五是需求分析人员和产品经理，主要负责业务分析；第六是项目架构师和开发人员，负责在需求分析的基础上进行技术设计和技术实现；第七是运维团队，负责接收已上线的系统并进行运维监控工作。

## 二、循环开发中的各阶段

这些角色所进行的工作，从完整的开发周期来看，第一阶段应该是可行性研究。这个阶段由业务人员和企业级架构师共同参与，如果没有企业级架构师，可以由需求分析人员、产品经理参与。这个阶段主要研究的是需求方向，以及能否将需求方向大致澄清。从可行性研究的角度来讲，要考虑需求的经济、技术及社会可行性。

可行性研究通过之后，在由企业架构驱动的开发管理环境下，应该进入第二阶段的企业架构设计环节了。该阶段主要以业务架构设计为主导，通过业务架构做需求统筹，形成业务架构解决方案，再根据业务架构解决方案（含数据架构）形成应用架构解决方案、技术架构解决方案，基于此分配工作量，形成开发工作任务包，组织后续开发。这与读者在很多企业里感受到的开发过程不完全一样，因为很多企业实际上是没有基于企业架构驱动IT开发的，会直接进入立项或者需求分析阶段，这是"竖井式"开发的典型特征。

如果企业有严格的立项管理，企业架构设计环节完成后，就会进入立项与排期阶段。在这个阶段一般会制作立项材料，召开评审会议。立项材料通常涉及对于工期和费用的估算，需求分析人员、产品经理、项目架构师、开发人员会参与。立项材料经有权审核人审核，如果能够顺利通过，那么项目管理办公室就会将这个项目正式列入排期管理，也就是项目计划管理。对于企业级开发而言，项目计划管理是一项高难度的工作，企业级开发项目之间往往是互相牵扯的，如果一个项目需要三个月完成，那么它对其他项目有哪些依赖？其他项目是怎么排期的？其他项目有没有对它的依赖？排期之间有没有协同好？如果一个项目在执行过程中出现变化，其他与之有关系的项目怎么办？这些都是企业级开发中让人头疼的问题。所以，这个领域的高级专家当前是很稀缺的，毕竟高级专家都是通过大型复杂项目培养出来的，而有机会参加大型复杂项目的人毕竟是少数。其实很多企业缺少架构人才也是类似的原因，项目复杂程度、项目规模、企业管理风格、待培养对象的基数等都会影响最终的培养结果。

项目任务下达后，就进入实际开发过程。实际开发过程的第一阶段是需求分析与概要设计。这个阶段要全面、细致地理解业务需求，形成完整的需求规格说明书和概要设计文档。尽管需求分析与概要设计看起来像两个有先后顺序的环节，但在实际工作中这两部分通常能够同时开展。至于结束时间点，概要设计会比需求分析完成得慢些，但是在组织效率比较高的模式中，两者可以高度重叠，概要设计人员会充分参与需求分析，所以笔者将这两个内容合并到一个阶段中来定义。

为了保证分析结果与架构设计的一致性，业务架构师应该参与这个阶段。之所以这样讲，是因为在有些具备企业架构管理模式的企业中，业务架构师并没有深度参与这个环节。从笔者个人经验来讲，业务架构师最好能够完整参与需求分析与概要设计这个阶段，以保证项目的概要设计与架构方案的设计方向、边界划定是一致的。

在需求分析与概要设计之后，就进入了详细设计与开发阶段。在这个阶段，业务架构师可以参与，但不再是深度参与了，更多是跟踪架构的变更管理。变更可能会影响不同项目开发团队之间的分工，产生跨系统边界、跨项目开发团队的沟通。一旦出现与原有业务架构划分的边界不一致的问题，就需要业务架构师介入了。

业务架构师也可以参与测试工作，因为业务架构师很少有机会使用他们所设计的系统，可以通过测试去充分了解这个系统是如何使用的。所以，部分地参与测试其实对熟悉自己的设计结果来说，是有一定好处的。

开发结束的时候，通常会有验收阶段。验收阶段的具体参与者取决于企业自身的制度安排，通常由项目管理办公室组织验收，各参与方负责出具验收报告。

验收后正式进入运维阶段，由运维团队负责监控系统的运行状态。通常运维团队负责的是一级运维，开发团队会有二级运维任务，而复杂故障排除可能需要企业架构师、需求分析人员、产品经理都参与其中。目前表现出来的一个趋势是，随着系统日益复杂，全链路运营监控的需求越来越强，但是全链路运营监控在复杂故障定位方面需要的不仅仅是厘清接口关系所表达的程序运行链路，也要了解为什么会这样设计。也就是说，对设计、业务架构资产的需求正在增加，运维人员也可以适度参与前期设计阶段，增加对系统的了解。

最后还有一个阶段非常重要，但很多企业在开发工作中经常没有时间顾及。这个阶段就是工程复盘阶段。如果开发是以企业架构驱动的，笔者建议业务架构师组织复盘工作。通过复盘去分析本次架构设计的最初想法、方案优势及方案在真正实施时的不适应之处和所做的调整，可以总结出一些经验，在前期更好地识别问题。复盘是总结经验、完善方法论、提升效率的重要环节，认真组织复盘工作是非常有价值的。

通过上述介绍，读者对完整的企业端开发过程中涉及的主要角色、主要阶段及不同阶段的主要工作有了基本了解。这并不意味着所有企业都要严格遵循上述阶段进行开发管理，但它可以作为企业设计开发管理模式及确定角色分工的参考。对于很多企业来说，业务架构师是新设岗位，这个岗位如何与开发工作融合起来，本章的介绍可以是一个参考。

关于循环开发，读者可以通过图3-1回顾：

图 3-1 循环开发

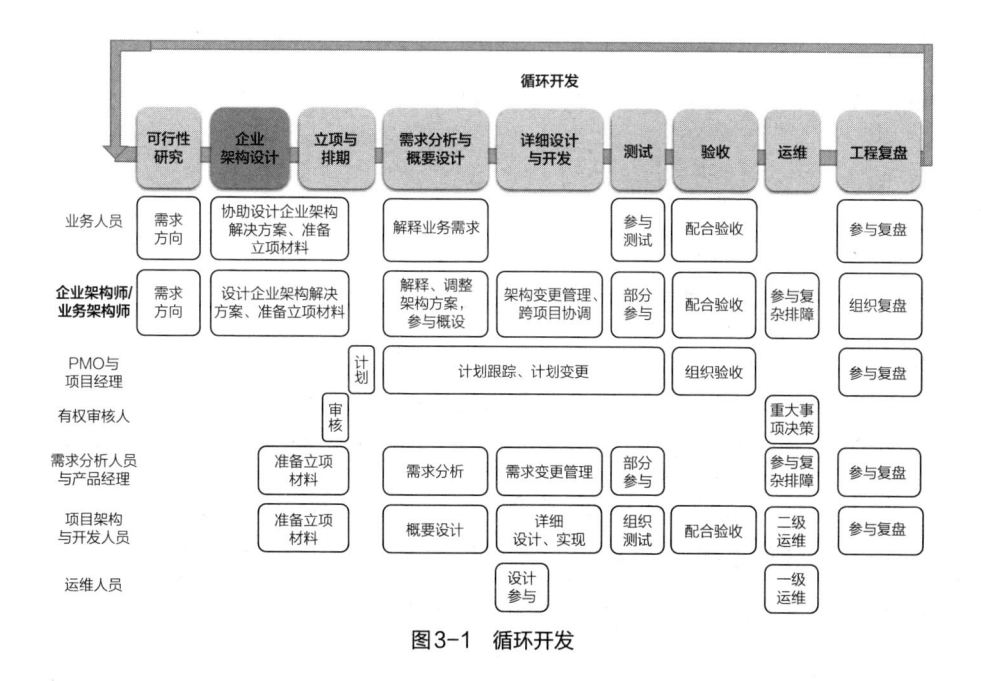

## 第二节　业务架构设计一般过程

如果采用基于企业架构驱动 IT 开发的管理模式，企业架构设计就是开发过程中的重要阶段，而业务架构设计又是企业架构设计中的重要部分。所以，研究业务架构设计方法，不要只看业务架构设计本身，而是要看业务架构方法在整体开发模式中的定位，甚至是在业务管理中的定位，根据这些目标来确定具体方法。本节笔者先介绍相对完整的业务架构设计过程，再谈论关于"裁剪"的建议。

### 一、战略分析

进行完整的业务架构设计，建议从战略分析开始。战略其实并不完全是宏大命题，对于不同规模的企业来说，都存在战略管理，只是复杂程度有所不同。大企业可能会将战略制定成详尽的文档，中小企业至少也会有一个企业经营目标，这个经营目标相当于战略。

## 二、组织分析

战略一旦需要调整，组织结构通常也会随之调整。如果企业战略发生了变化，而组织结构完全不变动，那可能说明战略的变化其实并不大，甚至没有影响原有的组织分工。对于业务架构设计来说，战略和组织都是约束条件。业务架构师虽然需要了解战略和组织，但往往没有机会参与企业战略和组织的设计，它们通常不会成为业务架构的设计对象。因此，操作上也不建议把较大规模的组织变革设计引入业务架构项目中。如果组织设计问题无法解决，可能会导致业务架构分析工作无法开展。

## 三、业务分析

战略分析和组织分析完成之后，需要把变革需求传导到具体业务上，这时就需要进行业务分析了。业务分析的主要内容是关于业务处理过程、业务处理规则及业务处理对象的分析。做业务分析时，企业就会比较明显地感受到战略和组织的约束作用，比如，要做什么是由战略方向定的，而具体怎么执行则取决于组织结构，哪个部门、哪个岗位对哪一段流程负责，更是依赖组织的分工。其实战略落地，简单说就是根据从组织分析中得出的岗位设置来设计业务过程，再根据业务过程判断是否具备实现新战略要求的能力。

以客户精准画像为例，这是常见的战略级需求。如果企业现有的客户分析是基于电子表格的手工分析，而且分散在大量销售人员中，数据的处理能力就会非常低，可以考虑从手工模式转变为在线模式。但这个模式是否仅是一个"线下到线上"的"搬家"过程？不一定会这么简单。一旦完成梳理，之前隐藏在人际关系下的各种管理问题可能随之暴露，流程、规则、权限、数据都会发生一定的变化。这些问题是否能够被及时处理，又会与客户精准画像这个需求的相关性挂钩。所以，战略问题会影响很多需求的处理；组织问题更麻烦，它会实在地影响一件事情到底是能做还是不能做。

## 四、业务组（构）件分析

业务架构分析最终是指向业务结构的，是面向业务能力的布局，所以不会止步于流程分析，而是要进一步结合业务对象分析得到业务的精确结构，包括面向业务能力聚类的业务组件，甚至颗粒度更小的业务构件。

业务组件相当于业务能力的一个载体。业务组件还包括更细分的业务能力，上文提到的客户精准画像就属于客户管理这个大的分类下对客户进行细分的下级分类。分类、分解的结果要"返回"业务分析中梳理的业务过程，实现组装、联系，以证明结果是正确的。

## 五、小结

业务架构设计是一个循环过程，从战略分析到组织分析再到业务分析、业务组（构）件分析，通过业务架构支持战略的实施，这是一个由需求驱动的持续循环的过程。

读者可能会问，是否每次进行业务架构设计都要从战略分析开始？当然不是。笔者只是先介绍完整的、价值最大化目标下的业务架构设计。在这种情况下，可能涉及的变动范围较大，需要投入大量资源。因此，对于范围较大、资源消耗较高的大型复杂项目，建议从战略分析入手，明确与重点战略的关系，以免在实施期间在项目价值、优先级等问题上纠缠。业务架构不只是处理大型需求，也会处理很多日常需求，以发挥架构统筹的作用，维持秩序，这时可能会直接从业务分析开始。

养成紧贴战略的思维习惯是非常有益的，即使在进行小的业务分析时，也应该思考其与战略的关系。这是一种良好的思维习惯，有助于架构师判断一个项目的价值。业务架构设计不是单纯的方法问题，而是思维习惯问题，所以要培养这种好的思维习惯。

## 第三节 常见的"二阶段"设计

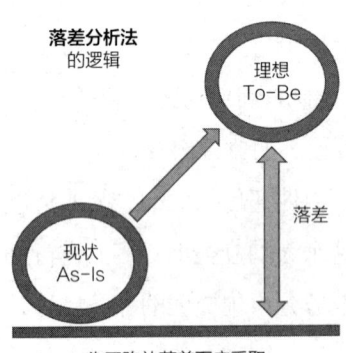

**落差分析法的逻辑**

理想 To-Be

现状 As-Is

落差

为了弥补落差而应采取的措施（方案）

图 3-2 落差分析法

完整的业务架构设计多数是一个"二阶段"设计过程，这也是落差分析法的基本要求（见图3-2），研究如何从现状出发走到目标的路径。业务架构设计也会按照这种思路分成两个阶段进行：第一阶段是梳理现状的业务模型，针对企业当前的业务流程、业务规则和业务对象等；第二阶段是建立目标模型，目标模型并非另搞一套模型，而是将战略目标引入架构设计后，分析现状模型中的不适应部分，将调整结果落实到现状模型中，使其进化为目标模型。

即使采用"二阶段"设计，也不意味着业务架构只看"诗和远方"，也要包含痛点的解决方案，哪怕是小一些的业务痛点。每一次从现状模型到目标模型的迭代，都应该做到既能解决长期问题，也能解决短期问题。当前的业务痛点解决方案往往能够给业务人员提供最直接的价值感，这是一个非常实用的彰显业务架构价值的考量点。

业务架构设计是一个"二阶段"设计过程，如果有时业务架构解决方案实施效果不理想，可以从以下三点入手找问题：现状没有找准；目标没有精准定位；方案无法匹配。这三点就是落差分析法的核心内容，这样拆分，就能找到之前做的方案问题到底出在哪里，这也是一个比较好的复盘思路。

业务架构设计是否一定要做"二阶段"设计，从方法论层面来讲似乎不是。在TOGAF中，比起梳理现状，目标反倒更清楚，甚至有可能忽略现状，直接另起炉灶奔着目标去了。这种情况比较极端，逻辑上不能说它完全不存在，只不过大多数企业要面对大量遗留系统、历史数据，是通过对现有系统进行改扩建来实现目标的，就算是大规模重构也总有历史数据"放不下"。所以，企业一般需要做"二阶段"设计，以保证从现状走到目标的过程中不会出现重大问题。

## 第四节　常用的模型

笔者本节所列的模型，比完整的业务架构设计交付物要少，属于最主要的几种。

### 一、战略能力清单

虽然业务架构设计并非都是从战略起步的，但对企业的战略做一次整体拆解，针对企业需要的能力形成一份可以作为基线版本的清单还是比较有益的，至少在讨论需求优先级时可以作为参考。

### 二、组织单元与岗位清单

这份清单很简单，但很多企业拿不出来准确的清单，尤其是对于岗位这部分。业务架构中的流程梳理一定会涉及岗位、角色区分，这就需要用到岗位清单，做流程标准化时，流程间的对比也需要参考岗位信息。

### 三、流程模型

大多数企业在流程管理上存在的共性现象是隐性流程较多，显性流程又不太规范。从管理的角度看，不能说这种现象一定就是问题，但如果考虑到数字化，这就是个问题了。它们是数字化工作的输入，输入混乱，输出也会混乱。

### 四、逻辑数据模型

这个模型目前在大多数企业中是不存在的。即便采用深度自研模式的企业，可能只有数据标准、数据库表模型、数据仓库模型等，而不是企业级统一的逻辑数据模型。很多企业开展业务架构工作时，是非常需要补充这个模型的。

### 五、产品模型

企业提供的许多服务都可以称为产品，无论有形的还是无形的。制造业的产品模型偏向实物模型，甚至可以构建高度仿真的数字孪生模型；服务业的产品模型偏向抽象模型，如金融行业对存款和理财等产品的描述，都是一些抽象的参数集合。笔者认为，产品模型在业务架构中是一个可选项，有产品化需要的情况下才会设计产品模型，属于很重要但非必要的模型。流程模型和数据模型则是必需的，只要企业想做数字化应用，这两个模型就不可或缺。

## 第五节 常见的主要参与方

实际上，全企业的人都可以参与业务架构设计。笔者把参与者分成如下几类。

### 一、高层管理者

高层管理者应该参与业务架构设计，他们是业务架构方法论的最大受益人。业务架构会提升整个企业的管理水平，增强结构化思维，提升沟通效率，促进业技融合，所有这些汇总起来的最大受益人当然是企业的高层管理者。所以，高层管理者应该支持或者在一定环节亲身参与业务架构设计，亲自到工作环境中感受业务架构设计，包括验收一些核心的设计结果。这对整个工作来讲是一种实质性的支持和鼓励。

### 二、中层管理者

中层管理者非常重要，他们是企业业务架构的事实掌控者。业务架构师虽然绘制了整体业务架构图，但是业务侧真实的业务处理过程是由中层管理者负责掌控的，实际流程的执行和对流程的变更，他们都有权利不经业务架构师同意直接进行。所以，没有中层管理者的支持，业务架构很难被用到业务管理上，甚至很难做到与业务同步改变。作为业务架构的实际掌控者，应当要求中层管理者参与并且积极支持业务架构工作。

### 三、业务人员

作为需求的来源，业务人员参与业务架构设计是责无旁贷的。业务架构设计不应被视为单纯的技术工作，业务人员一定要参与。笔者建议对所有业务人员进行初级业务架构师训练，对于形成数字时代的工作方式来讲，这类学习是迟早的事。

### 四、业务架构师和数据架构师

笔者在分类上比较愿意将这两者归在一起，都算业务架构师。因为在笔者本书介绍的方法论中，两者都是在分析业务结构，只是视角不同。笔者甚至更愿意将这两类架构师划分到业务侧，算业务人员，尽管实际设有这两类架构师岗位的企业，多数是将两者归在技术条线上的。

## 五、技术人员

应用架构师、技术架构师、安全架构师，以及需求分析人员、产品经理等，都应该按需参与业务架构设计。具体参与多长时间、怎么参与，要看企业的工程组织方式和资源支撑情况。

## 六、生态合作伙伴

现在的业务架构设计范围已经出现生态化发展趋势，包括链式转型，企业的合作伙伴也可以参与业务架构设计。业务架构设计其实还有一种生态级开展方式可以供企业参考。对于一些中小企业而言，首次开展业务架构设计可能会感到有些茫然，如果引入外部力量，项目成本可能又比较高。在这种情况下，一些互相关联的企业可以考虑联合起来组织一个项目，从而分摊架构设计的成本。当然，价格合理的轻咨询也可以在一定程度上帮助企业解决这个问题。因此，业务架构设计无论从设计范围还是设计方式看，都有可能采用生态化方式来开展。

上述参与方的关系如图3-3所示：

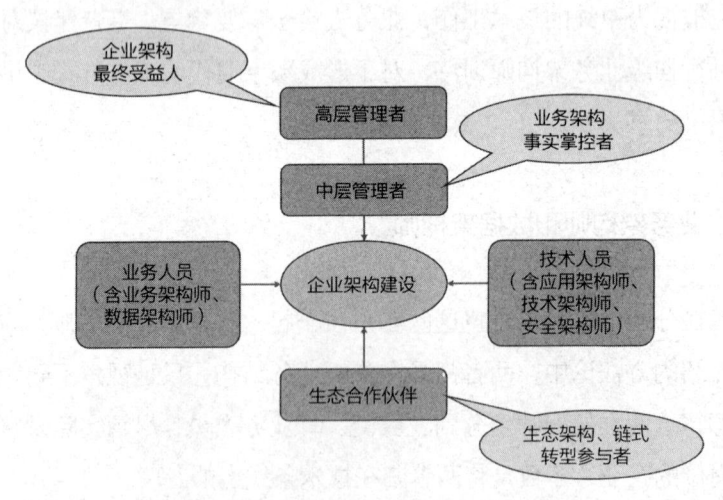

图3-3 业务架构设计工作各参与方关系

## 第六节　要点提示

通过本章的介绍，读者应在学习和实践中注意以下关键点：

（一）不要脱离企业实际开发环境孤立地看待业务架构设计方法，所有的方法论都是要落地到某个特定环境中的；

（二）先了解完整的业务架构设计过程，再考虑以适配为目标的"裁剪"；

（三）不要忽视战略和组织问题对业务架构设计的约束，如果关注工程价值则更要重视战略分析；

（四）"二阶段"设计虽然烦琐，但是分析逻辑更清晰；

（五）业务模型种类虽多，但并非都有必要使用；

（六）参与方可以有很多，一定要根据目标选好关键参与者。

# 第四章

# 业务架构设计之战略分析

想做好业务架构视角的战略分析,需要对战略有相对全面的认知。本章笔者尝试对战略方面的内容做较为完整的介绍。

## 第一节　战略溯源

"战略"这个词可谓家喻户晓,但要想解释清楚什么是战略,却不是一件容易的事情。很多概念都是如此,不深究,好像所有人都懂,深究起来就成了"考古""解剖",费很大功夫,却不见得能达成一致认知。

"战略"源于军事领域,算是一个军事概念。早期的军事著作没有明确地将战略从传统的兵学中分离出来,泛称为策、谋略、韬略、方略、兵略、将略等,有多个词语来指代它,但没有标准化的定义。发展到近现代军事体系,人们对战争这种集体暴力行为有了更深、更系统的认识,把军事当成专业性甚至学术性的学科来研究,并从对军事科学的反思中,得出各种关于战略的定义。

普鲁士人比洛指出，战略是关于在视界和火力射程以外进行军事行动的科学，而战术是关于在上述范围内进行军事行动的科学。这个概念中关于看得见的科学和看不见的科学的界定很有意思，如果在炮火射程以内（能看见的），就属于战术范畴；看不见的，就属于战略范畴。西方著名的军事学家克劳塞维茨在其《战争论》中提出了一个在西方接受度很高的概念，即，战略是为达到战争目的而对战斗的运用。克劳塞维茨对战略和战斗进行了区分，这一点与比洛的思路一致。但克劳塞维茨不再讨论可见的问题，而是将战斗作为战争的基本单元，通过对战斗的一系列运用来达到战争的目的，这就是战略的内容。

瑞士人若米尼给出的概念也很有意思，他指出战略是在地图上进行战争的艺术，是研究整个战争区的艺术。这个概念怎么理解呢？其实若米尼强调的战略是一个偏重推演的过程，很像兵棋、沙盘推演的感觉。兵棋是一种非常有用的战略推演工具，也是非常有效的军事训练工具。时至今日，兵棋仍活跃在军事领域，而且早已经数字化、智能化了，笔者曾经非常希望能够做出一套"架构兵棋"来。若米尼提出的"在地图上进行战争"，很像业务架构师的日常工作。业务架构师经常被揶揄为"PPT架构师"，毕竟，他们以"图"上作业为主。战略通常是在开战之前确定的，所以想象成分很大。要假想己方的行动、敌人的行动，并基于地图进行推演，得到对于整个战役的预期。这与业务架构设计是非常相似的，尤其是将业务目标带入设计之后，其中包含对客户行为的预期、竞争对手行为的预期、己方实施路径与周期的预期，而一旦预期发生变化，战略就需要调整，相应的架构方案也会变化。

对战略的"考古"先止步于此。通过对战略概念的初步了解，读者可以体会到，一是概念总是在变化中的，是为事实赋予的假名，有其科学之处，但随着人们对事实认知的不断变化，假名也会随之改变，所以，关注事实更胜于关注假名，尤其是在偏重实操的领域中；二是架构方法与战略有很多相通之处，这也是架构方法可以用来支持战略实现的深层原因。

## 第二节　企业管理中的战略

"商场如战场"，所以在军事领域备受瞩目的战略也自然应用到了企业管理中。

### 一、安索夫的战略

安索夫在《从战略规划到战略管理》这本书中指出，企业的战略管理是指将企业的日常业务决策同长期计划决策相结合而形成的一系列经营管理业务。从这个概念看，战略最终体现为"一系列经营管理业务"，"一系列经营管理业务"的特点是长短结合，也就是"日常业务决策同长期计划决策相结合"。理解了这个概念就会明白在战略的设计和执行中，不只有长期规划，还涉及短期决策。应该说短期决策对长期规划的遵从程度会最终决定长期规划的结果，长期规划在执行过程中也要注意短期决策带来的影响。

安索夫的定义其实也是业务架构工作中需要注意的，就是架构规划和执行的长短期结合。如果做一个企业的业务架构规划时只考虑企业的长期发展目标，那很可能会要求业务部门牺牲短期利益来支持企业的长期发展。但如果这种牺牲的周期比较长，比如，规划实施周期可能长达5年，那么业务部门就无法承担了。所以做业务架构规划设计的时候，要把长期方向和短期需求结合，安排好上线节奏，这既是现实问题，也是管理艺术。

### 二、斯坦纳的战略

斯坦纳在《企业政策与战略》这本书中指出，企业战略管理是确定企业使命，根据企业外部环境和内部经营要素确定目标，保证目标的正确落实，并使企业使命最终得以实现的一个动态过程。斯坦纳的定义对战略的执行做了一个很好的解释。战略管理是动态过程，而非简单地执行静态时间表。很多人经常说战略管理周期太长，现在是VUCA时代，环境变化很快，企业要快速适应变化，过于强调长周期战略是很死板的，谁能保证花大力气研究的战略在三年后还是领先的？

斯坦纳的定义指出，战略是动态的。企业当前设定的目标，基于的是目前的预见能力，然而，如果半年或者一年之后，遇到重大的环境变化，企业的目标就应该进行相应的调整，因为目标管理也是一个动态过程。在这个过程中，起锚定作用的是使命。有一个长远的使命，就可以联系一组动态的目标，进而维系动态的战略管理。从斯坦纳的角度看，如果企业想在VUCA时代有所成长，就应该找到足够长远的使命。这个长远使命未必是远大理想，也可能只是一个朴素的想法，只不过要实现它，需要长期坚持。

### 三、十大流派

西方企业比较注重战略管理，诞生了一些重要研究成果，这些研究成果值得读者关注。其中非常著名的一本书是亨利·明茨伯格撰写的《战略历程》。书中结论即便放到现在，也会让人感叹战略思想发展方面的局限性。目前比较受关注的战略理论可能是颠覆式创新理论，但就战略思想本身而言，并没有完全脱离20世纪的战略思想。明茨伯格在该书中将战略思想流派分成了十大流派。对这十大流派，他又划分成三类。

第一类，关注如何明确表述战略，也就是战略应该如何阐述。其中有设计学派、计划学派和定位学派，其认为，战略的形成是一个孕育的过程、一个程序化的过程、一个分析的过程。这些派别关注的是如何把战略说清楚，属于较为早期的学派。

第二类，关注战略是怎么制定和执行的。这一类包括很多派别，如企业家学派、认知学派、学习学派、权利学派、文化学派和环境学派。其中，学习学派中的一些思想，与今天在企业管理中追求的一些理想境界比较吻合。

比如，该学派认为战略应该是一个涌现的过程，不完全是一个按部就班的过程，而是在不同环节，根据不同刺激产生的"涌现"，这正是很多企业在VUCA时代希望达到的境界。

第三类中只有一个学派，被称为结构学派，相当于将前面各派的思想进行了大融合。

西方战略思想流派构建理论的过程也颇为有趣，有的流派热衷于与众不同，有的流派则热衷于整合他人的观点。不管采取哪种方式，都有一个非常关键的问题：各流派都在探讨怎样的战略更合适，什么样的战略运用更恰当。但是，当真正需要构思战略的那一刻，实际上并没有一个学派能够真正触及，也就是并没有哪一种方法能够保证企业一定会得到一个好的战略设计。根据明茨伯格的观点，只有认知学派略微触及了这个领域，但也没有能够深入其中。因此，甚至有人称，战略产业里最让人不解的问题就是，似乎没有一个真正能够形成战略的方法。

本处之所以花很多笔墨在理论层面讨论战略问题，是因为根据笔者的实践经验，业务架构方法论这种带有探索性质的设计、分析方法，与战略管理方法一样，可以总结出一个经过实践检验的"过程"，但"过程"本身无法保证一个理想的结果，需要执行者灵活地运用方法，并想清楚使用目的。理解了其他领域也会如此行事，就不用对业务架构方法论疑神疑鬼了。在实际工作中，几乎没有完美的方法，极少有堪称完美的实践，但在不完美中的进步则比比皆是，应作如是观。

### 四、容易出问题的对标

战略设计中会经常出现对标要求，但笔者不建议在企业对标方面花费太多精力，适当了解标杆企业即可，除非企业日常就有对标杆企业进行持续性追踪。战略制定过程中，即便采用的是发起咨询项目的方式，也很难做到充分了解标杆企业，毕竟企业信息很复杂，很少有人能真正搞清楚某个标杆企业的完整做法。就算是标杆企业的内部人士，视角、信息也是有限的，更不用说从外部看了。一些外人觉得优秀的点，可能在标杆企业发展过程中只是偶然事件，经过层层转手的信息传递后，"失真"已经非常严重了。对标管理中讲的对标杆企业的了解，不是在制定战略时临时去了解，而是要长期追踪，比如在国内开有40余家分店的某外资会员制零售企业，对另一家进入中国市场的外资会员制企业采取建立专门团队进行长期经营策略跟踪的方式做对标管理。只有这样长期对标，而非临时性对标，才可能形成有效的对标管理。

在咨询领域中有一个关于对标的经典案例。曾有企业出资研究某日系摩托车是如何在市场竞争中打败欧美对手的。企业委托了一家著名咨询公司进行调研，根据调研结果总结出了一个逻辑上非常通顺的故事：日本企业提高标准化水平，降低生产成本，相同类型的日本摩托车比欧美车价格低很多，从而挤占市场。后来，又有人去研究了这个案例，并且找到了日本企业当时在欧美开展销售的早期人员，结果完全是另外一个故事：日本企业销售人员骑本公司的小排量摩托车上班，很偶然地发现其实欧美人也喜欢小排量摩托车，以此为契机才真正打开了欧美市场，与成本关系不大。两个故事差别如此大，是不是会对企业的对标工作产生很大的影响？这种情况其实在对标过程中很难避免。所以笔者一直认为，对于标杆企业的研究要做到适可而止，尤其不要带着崇拜之情去看标杆企业。并不是标杆企业的每个动作都需要复刻，也不是每个动作都能精准复刻。所以在战略管理中，对标是一件很重要又要非常慎重的事情。这一点在业务架构设计上也是如此，不要带着复刻某个案例的想法开展业务架构设计工作。

## 五、小结

本节对两个经典的企业战略理论和一些研究战略的流派做了简要介绍。当业务架构师希望深入理解一个对象的特质时，可以对背景信息做适当的研究，以了解对象的本质规律。比如，在企业实践中，一些人会很矛盾地看待战略问题，一方面抱怨战略"假大空"，另一方面又会说没有战略不行。适当研究战略的发展历程，就能知道矛盾产生的原因了。本就没有特定的方法可以保证一定能制定出好战略，战略制定与执行本身也是动态的，所以实践中不要抱怨战略如何，而是应研究动态管理。如果缺乏适当的了解，业务架构师在做战略分析时很容易被这些矛盾的观点、情绪左右，从而影响对战略的合理分析。

战略制定过程中，产生奇思妙想是可遇不可求的。对战略设计过程的研究保证的是战略制定工作的"地板"，也就是保证战略的基本质量，尤其是信息质量，避免盲目制定目标，但是无法解决战略的"天花板"问题。这一点与业务架构方法论是相同的。业务架构方法论可以保证产生一个具有基础质量的架构，但无法保证产生一个非常优秀的架构。战略的"天花板"、优秀的架构设计，最终都要依赖人去探索。

## 第三节　战略拆解过程

业务架构师不一定有机会参与战略设计，但战略拆解是业务架构师的必修课。

### 一、企业战略"粉碎机"

业务架构是企业战略的"粉碎机"。读者可能会想，千辛万苦设计出来的战略，为什么还要粉碎呢？原因并不复杂，因为企业制定的战略，要么是比较简化的目标，要么是相对复杂的战略文档。但即便是战略文档，其语言也是很精练的。笔者见过一些大型企业的战略文档，多达三百页，精炼后的摘要文档也有五六十页。这已经属于比较大型的战略文档了，尽管如此，很多在部门中处于执行层面的人,还是不太清楚该如何具体地执行。所以,对战略进行拆解,也就是粉碎战略,是一个非常重要的任务。打"碎"了,就"落"到"地"上了。

通过业务架构做的战略拆解会一直"拆"到具体业务执行层面,通过流程模型、数据模型、描述能力分布的业务组件模型,以及一些企业可以选择的产品模型,企业就可以把战略上要做的事情、提出的改进点,逐个定位到模型中,也就找到了战略的执行思路和落地路径。所以,业务架构是支持企业战略落地的一种非常好的全局性结构化分析方法,也是企业架构落地的第一关。只有过了这关,才能够真正用企业架构去支持战略落地。

### 二、将战略粉碎成战略能力

粉碎战略并不是单纯理解战略的字面含义,而是搞清楚要实现战略目标,企业必须具备什么样的能力,也就是企业要做到什么程度才能实现战略。比如,对客户需求的准确理解、销售活动的有效性、运营效率的提升、数据分析能力的增强等,这些都属于实现战略需要具备的能力,只不过表述有些笼统而已。粉碎战略就是要将企业战略分解为企业必须具备的能力,如果愿意把这些能力跟战略捆绑得更紧一些,也可以称之为战略能力。所谓的战略能力,就本身而言与通常提到的能力并无二致,只是加了个定语表明其与企业战略的关系,一般与战略进行绑定,意味着在实现顺序上会有更高的优先级。

如何具体识别战略能力呢?其实战略能力没有一个清晰的定义,只能从一些维度去分析。常见的分析维度包括组织维度、流程维度、数据维度和技术维度。

#### (一)组织维度

如果企业战略发生调整,一定程度上会改变企业组织结构,变革深远的企业战略通常会重塑整个企业的组织结构。组织中会沉淀企业能力，因为组织通常是由若干岗位构成的，而岗位本身就是能力和职责的体现。岗位描述通常说明了岗位该干什么（能力）、该承担什么样的责任（职责）。从这个角度看，组织设计本身就是"能力"分布设计，所以，组织本身也是分析能力的一个维度。

### （二）流程维度

更常见的分析维度是流程维度。企业经常会把业务能力展现为各种业务流程，虽然在梳理流程时不一定会意识到这是一种关于能力的梳理，通常会觉得是对事项的梳理。流程梳理经常出现的一个问题是，企业中各个部门、团队绘制流程的手法不统一，导致跨部门、跨团队沟通上会有障碍。所以，如果想从流程维度对战略能力进行分解，就有必要统一管理流程，不能让各个部门、团队各自说"方言"，那样会增加沟通成本。

### （三）数据维度

数据的力量是巨大的，数据不仅是一种生产要素，更是其他生产要素的数字形态。在数字时代，"一切是数据，数据是一切"。对于数据管理良好的企业而言，数据之中还承载了一个企业的历史变化，数据"动能"释放其实也蕴含着对企业历史"势能"的转化。当企业做趋势分析、做基于历史数据的工艺改良的时候，这一点就会体现出来。历史数据较差的企业，就缺少了一个可用观察维度。此外，新的战略方向如果产生了新需求，就会带来新业务，新业务被数据化，也会成为一个数据需求，战略能力本身也可能附带数据需求。所以，数据维度也是战略能力的一个分析维度。

### （四）技术维度

技术本身是企业能力的一部分，是第一生产力、第一驱动力，更是最容易辨认的新质生产力。所以，技术必然承载着战略能力，很多企业的竞争性战略都会包含其特定技术能力的领先优势。

以上四个维度都是分解战略能力的可用维度。当然，这些维度属于思考维度，实操中可以将这四个维度整理成具体表格用于与沟通对象交流或者分析，也可以根据自己的理解增减维度。方法毕竟是方法，不是律法，"弹性"是分析类方法的精髓，既包括理解上的"弹性"，也包括执行上的"弹性"，照本宣科是大忌。

### 三、粉碎战略的过程

战略拆解是在战略设计完成后进行的，是为了将战略设计真正落地。读者可能会有疑问，为什么战略不直接设计到可执行的程度呢？主要有以下几个原因：首先，当企业规模比较大时，要想设计这样直达执行细节的战略会耗费相当长的时间，有些得不偿失；其次，信息永远都是不充分的，随着时间推移，信息也会变化，因此，战略设计更注重对方向的聚焦，过于执着细节容易有偏差；最后，战略设计不等于具体业务设计，笔者在本章第一节就提到过，战略和战术是有区别的。

### （一）战略文档拆解

战略文档通常都是有文章结构的，这个结构会天然成为逐级向下探索时要参照的分析层次。所以，笔者建议做业务架构研究的人要多了解政策，比如各种数字化政策。这些政策本身都有非常好的逻辑结构，有助于业务架构师更好地建立全局观和层次感。

在战略文档的逻辑结构下，业务架构师可以引导业务人员逐步拆解战略能力，其中通常涉及业务目标的澄清，所以不建议业务架构师独自进行拆解。本章后续会对战略拆解团队的人员构成进行专门的分析。

在拆解之前可以先预设拆解层次，以方便做拆解用的工具表格。比如，根据一般的文章层次，可以将战略能力拆解结果预设为四个层级，从最高阶的战略方向到较为具体的业务举措；在业务举措之下，定义更具体的战略能力方向；在战略能力方向之下，定义更具体的战略能力。一级比一级更细，但实际上没有特别准确的定义能够帮助业务架构师区分这些层次。所以，每一层具体的名称是可以灵活处理的，笔者给出的只是参考。一切都是灵活的，而且一定要注意，战略本身有复杂性，不要在拆解时引入不必要的复杂性，使战略意图更难理解。为了方便，一般应根据战略文档的深度设计拆解层次，这样更容易对应。

### （二）落地路径分析

拆解只能算是完成了"阅读"工作，但还没有找到落地路径。战略要落地，重要的是明确由谁来做，在哪里做，以及按什么顺序做。

由谁来做指的是，拆分出具体战略能力，负责业务澄清的主要业务部门、团队是谁；在哪里做指的是，作为一种业务能力，战略能力该由哪个业务组件来承载；按什么顺序做指的是，不同的战略能力需求要再分出个优先级来，以总结关键路径，识别出能力优先顺序。

综上，从能力和载体两个层面，企业都可以找到落实战略的责任方，将拆解结果与其执行者、承载者连接起来。基于业务架构方法，业务组件会指导后续的应用组件设计，即从业务组件将战略能力需求传导给应用组件，通过这种方式，将战略、业务与技术连接起来，来解决落地路径问题。

方法虽然看似简单，但不要小看它的执行难度和起到的作用。它对整个企业联动性的要求是非常高的。这就是架构类方法的优势。笔者经常强调，企业级的架构设计本身并不是要追求完美、复杂的技术实现，而是为了帮助企业建立起良好的信息传导结构，帮助企业将复杂信息的分析结果向后传导到应该到达的位置。战略拆分就是这样的应用模式，将复杂的战略文档拆分后，传导给合适的业务部门和实施团队，确保信息传递到正确的地方，来支持企业完成战略落地，实际上是帮助企业建立了一个传导"刺激"的数字神经系统。这是架构最重要的作用，评判架构的优劣，要看架构对信息传导是否真的有帮助。

本部分介绍的方法可以总结成图4-1，供读者参考：

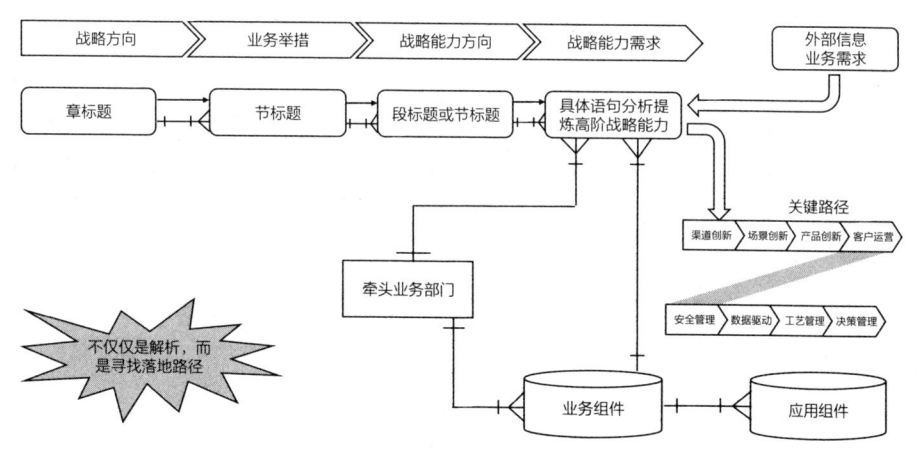

图4-1　战略拆解方法示意图

## （三）使用工具表格

本处笔者给出一个自己用过的工具（表4-1），在这张表格上，可以看到一个以银行业务为基础描述的拆分结果。这个表格适用于各类企业。表头是一个比较简化的描述，在实际操作过程中，可以根据企业的需要对表格进行列的增加。

表4-1　战略拆解工具表

| 序号 | 战略方向 | 业务举措 | 调整后举措 | 战略能力需求 | 细化需求 | 牵头业务部门 | 关键业务组件 | 主要协同组件 |
|---|---|---|---|---|---|---|---|---|

列的增加代表着调整战略拆解层次需要关注哪些方面的信息。例如，需求的分类，企业是否需要对需求进行分类？如果需要，那么只需在后面加一列。所以，这张表的内容有一定的行业属性，没有必要做非常详细的介绍，实际操作时可以根据企业战略规划的特点调整。如果希望所有涉及的业务部门、团队都对拆分结果"认账"，那就少不了通过表格进行的沟通和确认过程。

在笔者设计的聚粮架构平台中，这部分内容是通过战略信息表、战略方向表、战略能力信息表记录的，并由战略和战略方向关系表、战略方向和战略能力关系表两张关系表建立连接，内容如下（见图4-2至图4-6）：

| | 战略名称 | 战略类型 | 战略ID | 开始时间 | 结束时间 | 战略描述 | 战略状态 |
|---|---|---|---|---|---|---|---|
| 1 | 落实中央金融工作… | 总体战略 | 202400001 | 2023-12-14 | 2024-12-31 | 研究落实中央金融… | 待审核 |

图4-2　战略信息表示意图

| | 战略方向名称 | 战略方向描述 | 战略方向ID | 战略方向状态 | 战略方向创建日期 | 战略方向失效日期 |
|---|---|---|---|---|---|---|
| 1 | 产品精细化管理 | 对产品进行参数、装配、范围、定价等方面的精细化管理 | 0000002 | 有效 | 2024-03-26 | |
| 2 | 个性化客服服务 | 研究如何面向持续变化的客户群体，为客户提供个性化服务 | 0000001 | 有效 | 2024-03-26 | |

图4-3　战略方向表示意图

| | 战略能力名称 | 战略能力类型 | 战略能力ID | 战略能力定义时间 | 战略能力描述 | 战略能力状态 |
|---|---|---|---|---|---|---|
| 1 | 客户外部信息采集… | 外部合作伙伴 | 0000004 | 2024-01-27 | 形成完整采集客户… | 实现中 |
| 2 | 分行客户画像自定… | 分支级 | 0000003 | 2024-01-26 | 提供分行自定义客… | 已实现 |
| 3 | 合理控制销售范围 | 分支级 | 0000002 | 2024-01-22 | 用于精准控制产品… | 已实现 |
| 4 | 客户画像 | 总部级 | 0000001 | 2023-12-14 | 对客户进行全方位… | 待审核 |

图4-4　战略能力信息表示意图

| | 战略名称 | 战略方向名称 | 关系描述 | 关系ID | 关系状态 | 关系创建日期 | 关系失效日期 |
|---|---|---|---|---|---|---|---|
| 1 | 落实中央金融… | 产品精细化管理 | 包含 | 0000002 | 有效 | 2024-03-26 | |
| 2 | 落实中央金融… | 个性化客服服务 | 包含 | 0000001 | 有效 | 2024-03-26 | |

图4-5　战略和战略方向关系表示意图

| | 战略方向名称 | 战略能力名称 | 关系状态 | 关系描述 | 关系ID | 关系创建日期 | 关系失效日期 |
|---|---|---|---|---|---|---|---|
| 1 | 产品精细化管理 | 合理控制销售… | 有效 | 包含 | 0000004 | 2024-03-26 | |
| 2 | 个性化客服服务 | 客户画像 | 有效 | 包含 | 0000003 | 2024-03-26 | |
| 3 | 个性化客服服务 | 客户外部信息… | 有效 | 包含 | 0000002 | 2024-03-26 | |
| 4 | 个性化客服服务 | 分行客户画像… | 有效 | 包含 | 0000001 | 2024-03-26 | |

图4-6　战略方向和战略能力关系表示意图

这五张表的架构关系如图4-7所示：

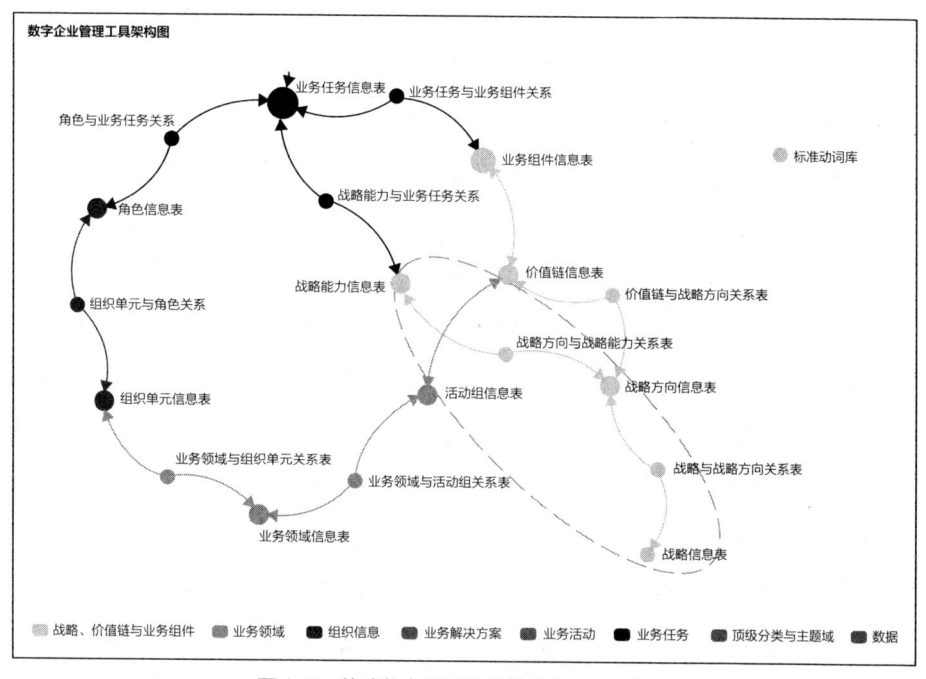

图4-7 战略能力拆解相关的信息表及其关系

## （四）团队人员构成

战略拆解的质量不仅取决于方法，也与参与人员有一定关系。具备什么条件的人员适合战略拆解工作呢？关于这方面的讨论可以先从大型企业讲起，再看中小企业怎么做。

大型企业在组建战略拆解团队时，最好建立复合型团队，业务人员和技术人员都配备比较合适。团队成员的选择，从工作经验上来讲，如果希望对企业战略进行合理解析，那么团队对业务的了解要达到一定深度，所以，团队成员中必须有一部分人有充足的业务经验。这部分作为主力的成员，至少需要有五年的本企业工作经验。为了保证对一些新思路、新动向、新价值观的吸收能力，也可以安排一部分具备两年左右本企业工作经验的准新员工加入团队。

接下来要考虑的是人员的层级分布。对于业务人员来讲，如果企业结构比较复杂，有总、分、支等三级乃至更多层级，建议战略解析团队至少覆盖三个层级，即便条件有限，至少也要覆盖其中的两级。因为大型企业里经常遇到的问题就是基层员工会认为高层机构制定的战略、要求往往对基层员工的关注不足。客观地讲，这类现象是普遍存在的，这是由项目的周期和所能覆盖的机构决定的，并不是总部的工作方式有问题。因此，在战略拆解中，为了让拆解出来的战略能力可以更好地满足一线人员，团队里最好能够有三个层级的人员，至少也要有总、分两级，也就是总部级和地区级之间要有一定的协作。否则，如果只有总部员工参与，视角就会非常有限，不容易"接地气"。对于技术人员来讲，参与战略拆解的成员最好同时包括技术管理部门和具体开发团队的成员，可以保证管理层和执行层都来参与，开发团队也能够提供更多关于现有技术能力的信息，有助于进行调整。

最后考虑人员的职级分布。在职级方面，既然是战略解析，肯定要由高级或者中级管理人员来牵头，中级管理人员及业务骨干、技术骨干是团队核心成员。高、中级人员牵头有助于更好地统筹工作，因为战略解析不完全是以团队成员意见为主的，当成员对某些问题不清楚时，需要与相关业务部门进行咨询和了解，需要有能力解决一些横向沟通和资源调度问题，所以，由高、中级管理人员来牵头更有利于工作的开展。筹建一个合格的战略拆解团队并非易事，实现人员的理想配置是需要投入资源、精心安排的。

对于中小企业来说，如果企业制定了战略，现实的情况可能不是衍生出一个单独的战略拆解过程，而是将其与原有的战略设计过程适当融合，或者作为战略设计过程的延续。那么，原来负责战略设计的团队成员就可以直接牵头进行拆解工作，避免重复组建团队、拉长工作周期，导致大家对战略工作失去耐心。

至于战略拆解阶段涉及哪些人员，完全取决于企业的资源情况。有些中小企业没有技术人员，所以根本无法让技术人员参与拆解过程，可能参与的成员是一些与企业有长期合作的主要技术供应商。因为这些技术供应商愿意探索进一步的商机，所以也会具有合作意愿。但是，技术供应商需要考虑成本，所以它们即便参与，时间也不会太长，只会短时提供一些建议。因此，对于中小企业来说，战略设计和战略拆解主要都是基于自身来完成的，以战略设计团队为核心直接完成拆解是比较现实的行事方式。

大型企业和中小企业，不需要把战略设计的精准度作为第一目标，而应以动态调整能力为核心。因此，即便是在战略拆解阶段，也只会进行一些简要的分析，在执行过程中不断调整。不过，即便是以在执行中进行动态调整为主，也经常需要对战略能力建设、调整的影响做出评估，这样才能更好地掌控动态过程。如果希望提升这种能力，那么，开展具有合适深度的业务架构设计工作就是必要的，毕竟业务架构是企业的能力地图，可以展示能力间的关联关系，有利于评估能力变化带来的影响。

中小企业往往需要让一个岗位承担多种角色，使组织变得更具弹性。因此，组织设计对中小企业来说是一个需要不断思考的点，毕竟中小企业不像大企业那样人员充足，无法找到太多专业人员去做很多工作。在战略能力拆解过程中，也会遇到一些复杂问题，这就可能需要借助外部力量，比如寻求咨询顾问的帮助。

### （五）关于能力主题

有些问题，无论大型企业还是中小企业，靠自身可能都找不到答案。在笔者看来，这些问题虽然有可能比较关键，但应该是少数，一个企业至少应该有能力靠自身解决大部分的战略问题（这个比例指的是找到解决问题的思路），企业生存、发展的基础都是自己具备解决问题的能力，否则，企业很难长期发展。

对于少数问题，企业确实在当前条件下无法找到答案，仍需要集中精力进行深入研讨，可以对这类问题进行归类研究，将其归纳为一个"能力主题"。例如，可以将一些客户方面的需求结合起来，形成关于"如何提升客户管理水平"的"能力主题"。将这些"能力主题"分配给相关部门进行研究，也可以将它们转化成咨询项目，寻求外部力量的帮助。比如在"业财一体化"方面，可能就需要借助外部专家的力量在流程调整、数据新增、产品管理等方面共同寻找解决方案。至于"能力主题"的聚类方式，主要是参考业务组件，这样有利于后期的实施。

需要注意的是，研究"能力主题"与之前的战略拆解不同，需要具有一定的深度，而不能只停留在概要性的方案规划层面。必须明确在流程、数据、产品方面都需要做出哪些调整，才能支持"能力主题"的实现，这些调整必须是非常具体的。

这方面会遇到的一个难处在于，如果真是企业关心且有一定创新性的领域，外部力量能力也是有限的，这时需要更为包容的态度。笔者曾经以甲方身份经历过此类情况，当时笔者从事的金融业务在国内虽然开展了三四年，但能够有资格做且可以做到一定规模的银行不过两三家，客户数量也不多，国内业务经验极为有限，而国外同类型业务与国内差异极大，基本不具备可借鉴性。所以，尽管聘请了外资咨询公司，该"能力主题"也只能靠共创的方式推进。在这种情况下，只要甲乙双方能够秉持良好的合作精神就能够取得符合预期的成果，对新领域的探索也只能如此，出现这种情况，至少证明业务够"新"。

关于这方面是不用太担心所谓的"过度设计""容易过时"等说法的，如果问题本身都搞不清楚，还有什么"过度设计""容易过时"可言呢？可能只有"跟不上"。

### （六）关于IT规划

有些企业的技术能力较强，有规模较大的实施团队，也有独立的IT规划，一些大型企业的IT规划是按照三年或五年进行的。IT规划中确实有些相对于业务而言独立的部分，但是笔者根据自身经验认为，IT规划总体是要承接企业战略的，而非独立发展的IT战略。因此，IT战略应当基于对企业战略的拆解来做。

经过战略拆解过程形成了战略能力，战略能力又基于业务组件进行了归类，业务组件从架构视角看，又可以指导应用组件的设计。因此，战略能力可以沿着业务组件传递到应用组件，那么战略能力中需要数字化实现的部分，就可以按照上述路径转化为应用组件的能力需求（可以参考图4-1展示的逻辑）。从技术视角看，这些能力需求又可以从技术实现角度再进行聚类和分析，从而形成IT的战略能力需求清单，并且附带IT的实现视角，就可以作为IT规划的基础了。笔者在咨询实践中进行过基于企业架构对应关系的IT规划设计，所以清楚这条路是走得通的。这种操作方式相当于将企业的战略能力拆解"翻转"成了IT规划，因此，得到的IT规划也是与业务规划高度匹配的，而非出现一些让企业头疼的问题，两个规划各自做，做完又不匹配。

## （七）小结

如果企业抱怨战略落地问题，那就需要认真对待战略能力拆解这项工作。本书给出的是一个参考路径，读者可以在实践中逐渐探索、修改。没有什么方法是固定的，所有方法都是一种参考，在执行时都需要调整。可以这么讲，所有书里介绍的方法都是"现状模型"，读者可能需要根据自己的实践导出一个"目标模型"，然后不断地迭代自己的"目标模型"，这就是方法论探索的路径。

通过本节的介绍，读者也能感受到业务架构对企业战略拆解的作用。读者可能会问，按照本书的介绍顺序，业务架构这时还没设计出来，企业这个阶段要做战略拆解该怎么办？这是一个很好的问题，说明读者已经知道企业目前在这方面缺的是什么了。本书虽然从企业战略讲起，但不妨碍企业发觉业务架构的重要性之后，先来建设现状业务架构，再去做战略拆解。当然也可以仅为了满足战略拆解的需要，以当前的应用架构为基础或者基于咨询师对行业的了解，快速"反推"一个高阶的、业务组件级别的架构用作战略拆解，毕竟这时对业务组件内部信息的需求还是有限的。这些方式并非笔者灵机一动写在这里的，而是笔者亲身实践过的。

## 第四节　简要回顾

本章在战略问题上颇费笔墨，因为战略确实非常重要，它决定了业务架构的价值。战略模糊、价值低，为其服务的业务架构的内在价值也就是低的。业务架构通常不会为企业带来直接收益，但它提升的是企业战略、业务的执行效率、成功概率，也是企业知识的沉淀过程。所以，对于架构工作而言，战略、业务是其首要服务对象，也是其价值基础。当然，并非所有的业务架构设计工作都必须从战略开始，本处强调的是从战略开始价值最大。如果企业有战略，业务架构师的工作就要时刻注意与战略的关联。

战略是一个很复杂的领域，因此也经常会有咨询工作产生。甲方企业必须具备一定的战略管理能力，至少要能给自己当大半个"医生"，然后才能从咨询项目中获益，咨询行业其实比医疗行业在"解决方案"这个层面要透明得多。在医疗行业中，有些患者看不懂处方也不懂药品原理，但在咨询行业中，顾问不能算是医生，最理想的咨询实施模式并不是"医患关系"这种纯"专家"模式，而是引导模式，也就是顾问和企业共创解决方案。因为企业如果看不懂"药方"，就没法让"药方"见效了。

从这个角度讲，业务架构咨询并非很多企业认为的属于技术咨询，而是具有很大的管理咨询成分。也正因如此，国内很多乙方企业在这个方向上的转型不够成功，至少在三年多以前，笔者接触过的一些大型软件服务商，既包括产品型的、解决方案型的，也包括人力外包型的，都在尝试向咨询方向转型。因为咨询服务不仅利润高，而且更有利于引导客户接受本公司的软件产品、解决方案等。但是，从偏重实施的模式向咨询方向转型需要提升整体架构设计能力、管理咨询能力，乙方顾问承担的职责是双倍的，既要懂甲方客户的战略、业务，又要懂本企业的产品，还要有能力放眼整个行业以集成商的视角设计解决方案。这种能力不是两三年可以具备的，真想做，要按十年去做。国内一些头部科技企业在输出自身技术能力时，也试图加强这方面的能力，但就市场表现而言，还不能称其为成功。咨询领域仍然具有较大的市场空间，但缺少有能力填补的企业。

## » 本章参考资料：

《战略历程（原书第2版）》，亨利·明茨伯格、布鲁斯·阿尔斯特兰德、约瑟夫·兰佩尔著，魏江译，机械工业出版社，2020年7月

## » 本章推荐阅读：

《竞争战略》，迈克尔·波特著，陈丽芳译，中信出版社，2014年7月

# 第五章

# 业务架构设计之组织分析

对于业务架构师来讲，如果不希望自己的方案出现重大纰漏，或者方案拿出来之后被利益相关方反对，那就必须对组织问题有一定的了解。组织问题在业务架构设计里是一个非常重要但业务架构师又很难去应对的问题。

## 第一节　组织的概念

组织是一个具有多种含义的词语。从动词角度讲，组织是指按照一定的目的、任务和形式加以编制。也就是说，把原来零散的一堆事务或者对象（可以是人，也可以是物）按照一定的目的"编"起来。比如，要建立一个环境保护组织，"目的"的设定可以是保护环境、保护野生动物之类的工作目标；"任务"可以包括定期巡逻保护区、山林，执行受伤动物救助等具体工作；"形式"则是为了满足执行任务的需要，招募志愿者组成区域性工作小队。

组织的设计本身就是为了达成目的来分解任务，再为任务安排资源的分布形式。所以，并不是简单把人编成互相交织的"组"就叫组织，而是编成组织后要能够达成一定的目标，执行一定的任务，这样的组织设计才是有意义的。很多管理类的书籍、文章讲，企业需要赋予自己一个定位，一个关于目标的构想，因为不这样做，组织设计就会漫无目的。

组织的另一种解释也是动词性的，就是安排事务，使其形成系统或构成整体。也就是原来分散的对象，经过组织过程，变成了一个系统、一个整体。与前述相比，目的性弱了些，但是系统性的含义依旧明显。从这个视角看，组织并不仅仅是把人召集到一起就行，人聚到一起之后，不能再以组织的名义继续维持一盘散沙，而是要构成一个整体。

对组织的解释还有一些相对学术性的观点，比如，强调组织会拥有单独个体无法具有的行为，这类行为读者会马上想起哪一个呢？笔者第一反应就是开会。个体也许会抽时间反思、冥想，基本上不会有意识地给自己开个会，但是组织是一定会开会的，哪怕组织的人再少，也会有会议。在小微企业中，可能就是一个非正式会议；在中等规模以上的企业中，开会本身会逐渐成为一个复杂事项；在大型企业中会有一整套的流程，涉及会议议题的确定、时间的协调、场地的安排等，开会期间的会议记录、会议决策的形成，会后的会议跟踪，都有一定的流程。这就是典型的单独个体所没有的组织行为。

组织也有经济学的解释。罗纳德·科斯是著名经济学家、诺贝尔经济学奖得主，他是研究制度经济学的。他认为，企业本质上是一种资源配置机制。这其实也是一种组织概念，组织是要管理资源配置的。从制度经济学的视角看，组织设计是为了使基于专业分工逻辑而带来的成本控制更合理，也就是资源配置更合理，判断一个事情在企业内部做合适，还是在企业外部做更合适。如果结合战略拆解环节来看，就是再进一步分析战略拆解得到的战略能力是要由企业自己建设，还是由外部力量建设。所以，企业本质上是一个资源配置机制。

综合以上解释，涉及组织的问题，往往要分析目标、结构、资源配置和集体行为等方面。

## 第二节　康威定律

了解了组织的基本概念后，就该研究业务架构师为什么要关心组织了，这就要说到大名鼎鼎的康威定律。也许业务架构师不需要去学习组织行为学，但康威定律是一定要了解的。正是由于康威定律的作用，做业务架构设计的时候必须考虑组织结构。

### 一、第一定律

康威定律大约诞生在20世纪60至70年代，该定律指出，一个组织的系统通常被设计成这个组织通信结构的副本。当为一个企业设计业务系统时，系统相互之间的关系会是什么样子的呢？这个关系其实就是企业业务部门之间沟通方式的副本，部门怎么沟通的，系统之间就是怎么联系的。把定律反过来看，企业的业务系统之间是怎么联系的，反映的也是业务部门之间是怎么沟通的。

康威定律本身不难理解，毕竟业务系统是按照业务需求做的，业务部门之间在提供需求的时候，其实把业务沟通模式也提供给了技术部门。开发人员按照需求准确地完成开发后，系统之间的联系自然就与部门之间的沟通方式一模一样了。所以，这是很无奈也很现实的一个定律：需求实现越准确，系统关系就与企业组织结构越像。

业务架构师为什么要关注这件事呢？因为业务架构通常希望被设计成企业级的，而企业级设计经常涉及跨部门的问题处理，要考虑跨部门的协同。如果业务架构师把方案设计得过于理想，希望毫无障碍地实现跨部门协作，这种方案可能会不经意地触动一些潜在的利益边界，这些边界一般是没有在"台面"上充分暴露出来的。那么，方案很有可能在内部评审的时候无法通过，甚至有可能在评审之前就在业务讨论中被否决了，因为它与现有的组织沟通方式、组织边界不符，方案可能超前于组织结构了。这是业务架构师要关注这个定律的原因，有些大型咨询项目也会出现类似的错误。为甲方提出的业务改进建议、数字化解决方案脱离了现实，很完美但无法推行；甲方自己设计的一些改革方案有时也会出现这方面的问题，不是方案的方向不对，而是经常会"卡"在组织调整上。

## 二、第二定律、第三定律

在互联网上可以查到四种形态的康威定律，其中，第一定律与本节前边介绍的一样，也是流传最广的康威定律。第二定律说的是，现行系统和现行组织架构间有潜在的同态特性。这种说法比较复杂，但逻辑跟第一定律是一样的。

第三定律由前面的定律衍生，说的是大型系统组织总是比小型系统组织更倾向于分解。从技术层面上看，大型系统组织，经常会随着时间的推移演变成"大泥球"，系统越大，功能越复杂，膨胀越厉害，模块越不稳定。而且，随着模块的增加，系统本身的内部通信关系也会变得复杂难解。所以，系统一旦规模太大，就会出现分解的倾向，变成一堆小型系统，相对会更好管理。业务管理中其实也有这种倾向，如果一个业务部门过于膨胀，也会面临拆分的压力，因为这时管理半径的有效性、决策的及时性都会有问题。无论在系统设计上，还是在组织管理上，大型系统组织总是比小型系统组织更倾向于内部分解，从而提升管理效率。

## 三、第四定律

第四定律很有意思，它说的是，时间再多，一件事情也不可能做到完美，但总有时间做完一件事情。笔者也没有搞清楚是怎么从前三个定律衍生出第四定律的，无论这个定律是否应该算是康威定律的第四定律，它的内容是非常好的，笔者还是将其列在这里。

第四定律在开发工作中是极为常见的，以笔者的经验，但凡原始目标里有"追求"的项目，能够真正百分之百如期实现目标的少之又少。对于复杂项目而言，仅是如期做完都算得上大功一件了。这也是敏捷思维总是让人着迷的一个原因。很多项目经验丰富的人都会讲，即使把规划做得再细，项目也没法做到完美，只有不断前进、迭代，才有可能逐渐趋于完美。所以，不要过度追求项目完美。

但这并不是说让企业和架构师不去做深度思考了，而是要知道能力提升是一个渐进过程，有时候提升一小点都可能要付出很大代价。所以，并非不追求完美，而是要看付出的成本与所能达到的进步之间的关系，平衡好时机和预算。这个理念在 TOGAF 10.0 版本中也有一定的体现。该版本建议企业架构要先做宽度，把宽度研究好，再去做细节。因为细节每增加一点儿，花费的研究时间就要增加，企业要平衡好时间成本。

完美是否值得追求？笔者认为还是值得的，因为完美和不完美代表的不是同一事物，就像当年横空出世的苹果手机一样，它与之前的智能手机根本就不是同一个事物。这就是对"完美"执着的结果。但是大多数企业在大多数事情上是做不到，也不需要做到这个程度的，只有在"笃定命运"的事情上值得这么做。

## 四、小结

研究康威定律最主要的原因是，业务架构师所做的业务架构解决方案会受其影响。业务架构师要判断方案会与组织产生哪些作用，如果对组织的影响较大，就必须获得足够的支持，否则它会被组织结构所抵制，可能会造成业务架构解决方案设计失败，或者在后期执行过程中产生落地风险。

业务架构研究和实践本质上也是在探寻规律，毕竟架构的定义本身就包括规律。所以，对架构的研究也不要只停留在软件工程、系统设计的规律上，很多事情的规律都是相通的，架构师要拓宽研究范围，在更大范围内找联系、找答案。本节介绍的康威定律，与企业级系统设计关系很大，之前讲组织概念时介绍的经济学上的科斯定理也与方案设计关系很大。经济学上对于专业分工的研究其实对微服务设计也有借鉴作用。比如，杨小凯在关于分工的研究中曾经指出，专业分工有利于促进经济发展。但是分工的深度受到通信复杂度的制约，也就是分工太细，通信过于复杂，就会导致沟通成本上升而使效率下降，这时就需要降低分工的深度。这个研究"翻译"成系统设计就是，基于原子业务能力设计微服务有利于提升系统工作效率，但是服务粒度的大小受到通信成本的制约，服务粒度太小导致通信成本太大、通信结构太复杂，就会降低效率，这时就需要合并粒度过小的服务。微服务设计面临的问题其实在经济学上是有经过学术论证的结论的，选择微服务还是选择宏服务，是可以参考经济学分析结果的。计算机领域还比较"年轻"，可以向一些更"年长"的学科借鉴更多的东西。

## 第三节　常见组织结构

### 一、垂直型结构

如果对组织问题感兴趣，读者可以阅读《组织行为学》之类的书，了解相关知识。通常在组织结构设计方面，从专业化分工角度设计的组织结构比较常见，按照通常意义上的"前中后"进行职能部门设置，也就是垂直型结构。这里所谓的"前中后"只是相对概念，通常指的是距离"客户"的远近。专业化分工有助于提升生产效率，这是西方经济学秉持了至少200多年的主流观点。但分工一经形成，企业管理就可能会产生基于部门的割裂，专业化垂直管理会给企业横向整体管理带来影响。为此，企业需要建立指挥链。

指挥链是从最高指挥官到基层执行单位之间的命令传递链条，用于解决部门之间的垂直管理和横向沟通问题。但在设计指挥链时，企业又会面临一个问题，即任何一个管理者的管理范围都是有限的，一个管理者的有效管理半径可能是十几个人，即使管理能力再强，能直接管理二三十个人也就很忙了。可能有些企业存在一个人管上百人的情况，这可能是因为存在隐性组织结构。所以，管理就要分层级，但层级多了，指挥链长了，横向沟通、协作会更困难，容易出现信息传导速度和质量上的问题，但企业在解决问题时又经常需要将各部门的能力综合到一起。所以，管理经常面临两难乃至多难的挑战。

### 二、矩阵型结构

垂直型结构的进一步发展是矩阵型结构。矩阵型结构很理想化，强调的是专业能力建设和任务型组织的结合。矩阵型结构一般都会有两个维度，第一个维度是所谓的能力维度。企业可以按照产品设计、客户运营、质量管理、IT开发等不同能力划分专业方向的组织结构，每个能力维度上都是专业人员。第二个维度是任务维度，根据业务需要组成半永久部门或者临时团队，对能力维度的人员进行交叉组合，既实现专业培养，又实现能力综合。

矩阵型结构虽然设想很好，但在实践中可能会造成冲突。比如，人员的管理到底由谁负责，在日常管理中，基层人员到底应该以接受谁的管理为主。人终究是一个整体，很难分成两半去同时接受两个维度的直接管理。矩阵型结构的组织中，人的工作重心也不好分配，难以确定究竟是以能力训练为主，还是以完成任务为主。

所以，虽然矩阵型结构很理想化，但它往往不稳定，在实际运用中可能会偏向其中一侧。在大多数情况下，会偏向任务执行，因为这是具体工作，也是企业的重点。此外，对于人员的归属感而言，这种结构也会令人困惑。

### 三、扁平化与灵活型组织

考虑到垂直型结构的不足，管理上又研究了扁平化的解决之道，尽力减少组织层级。但是组织太过扁平，一定会有某一层级承担较大的管理半径压力，不会有万全之策。也有些企业在管理实践中推行自治组织的理念，扁平化加上自治组织，看似完美，实则既要基层单位自治，又要企业具有系统性，操作中的困难和对人的要求之高也是可想而知的。

扁平化加上自治组织其实很符合管理上希望实现的灵活型组织。这种模式强调组织结构可以灵活变换，弹性组织、柔性组织及灵活的事业部制都有些类似于这种结构。不过从架构设计的角度看，组织结构也许可以"随意"拆来拆去，但是，人的能力不会在短时间内快速变化。所以，组织结构的调整，从短期看，只是既有能力的重新组织。提高调整速度的合理方式可以是对基层岗位能力标签和人员能力标签的科学调整。从抽象角度看，岗位是能力集合，人员也是能力集合，重新组织则是重新定义部门能力要求，根据能力要求调整作为能力集合的岗位，再寻找匹配岗位能力标签的人员组成相对最优解，由标签匹配结果提供最初的组织调整方案，最后由管理者进行决策，这也可以算是数字企业的组织管理方式。

灵活型组织也可能不会真的高度灵活，毕竟人员一旦调整，新的人际关系、沟通渠道、指挥链都需要磨合。因此，企业不必贪求表面上的灵活，岗位、人员的专业性建设反而是企业提高竞争力、适应力的核心。企业过于灵活，人员无所适从，时间长了，人心散了，队伍也就不好带了。此外，灵活型组织的考核难度，也不会比矩阵型结构轻松，因为考核不仅是看当期效果，也要看对人的长期影响。

灵活型组织的建立要面对一个困难，就是隐性组织结构的存在和自然生长。企业的组织结构并不是看上去是什么样子，实际上就会是什么样子。组织中，非正规流程、非正式沟通所占的比例是相当高的，动用人际关系、注意管理的艺术性都是解决问题过程中的必要手段。处理好非正式沟通对提升组织效率、管理者的工作效率而言，是非常重要的，是正式沟通的润滑剂。灵活型组织是不是真能灵活运作，也与隐性组织结构的发展程度有一定关系。

### 四、产生组织结构差异的原因

不同企业为什么会有不同组织结构呢？造成这种差异的因素很多，包括企业选择的战略。有的企业已经是成熟型企业，希望朝着垂直管理的方向发展，以加强执行力，深耕现有领域；有的企业可能拼命想成为一个灵活型企业，希望不断探索新市场，不同的战略决定企业选择的组织结构。

规模也是一个重要因素。规模越大的企业，需要的管理正规化程度越高，以抵消庞大的组织带来的信息失真。通过近些年的观察可以发现，一些曾经"狂奔"的互联网企业随着其规模的增长，在逐渐提高管理的正规化水平，可以让一个几百人的企业高度自由，但很难让一个几万人的企业同样自由。信息失真会带来巨大的企业治理问题，自由也是有代价的。

技术应用也可以对组织形态产生影响。技术手段是否可以支持企业组织结构变得更灵活？随着协同办公工具的发展，灵活就业、弹性工作等方式正在逐渐获得更多认可，尤其是远程灵活就业。当技术增强了个体能力时，个体的选择余地就更大了，个人与企业之间的话语权会逐渐发生改变。这自然会影响企业的组织结构。许多企业会逐渐接受固定员工和灵活员工组合的组织模式，这种模式会要求企业更好地进行能力布局。数字化转型的深化最终会使企业组织模式发生变革。

社会环境也会影响组织结构。社会环境中的价值取向，比如是欣赏固定工作还是灵活工作，青睐大企业还是中小企业，是否愿意接受频繁变动，这些因素也会影响企业的组织结构、工作模式。这一点对跨国企业影响更大，在不同国家设立的组织结构也会略有不同，需要适应当地的法律环境和民间习俗。

产生差异的原因有很多，企业会根据这些因素的变化调整组织结构。关于组织管理的更多知识，读者可以从组织行为学方面去学习。这些因素在一定程度上会影响业务架构师对设计对象的理解。

## 第四节　业务架构对组织结构的关注

### 一、认清现实

康威定律决定了企业组织结构会影响系统间的沟通方式，至少会影响宏观结构，也就是子系统级的协作方式。这就决定了架构方案不可能超越组织结构的形态进行规划。也就是企业的系统结构不会比组织结构的协作更加优越，即便对技术实现有良好的目标愿景，最多也就只能做到比组织结构的协作略好一些。大多数情况下，不太能指望技术革命带来组织革命。也许不是通过技术升级带动组织升级，而是组织升级搭配了合适的技术升级。

业务架构师通过对业务的梳理，可以找到业务断点、信息堵点，可以找到企业组织上的改进方向。但是，业务架构师并不是组织设计者，没有组织决策权，甚至缺乏组织设计需要的专业知识。因此，能否解决这些问题，取决于企业对这件事的决心和投入，而非业务架构师的能力。如果企业认为这些问题应该解决、可以解决，业务架构师将其写到业务架构解决方案中就完全没有问题。如果企业认为这个问题暂时不需要解决，或者并不认为当前的割裂是一个严重问题，解决过程中遇到阻力就会后退，那么，在业务架构解决方案中强调这些内容就没有意义。

### 二、开拓未来

面向未来，业务架构在组织设计方面是否可以提供支持呢？从当前数字化发展趋势来看，国际著名咨询机构Gartner曾在2019年、2020年和2021年，连续三年将超级自动化视为战略科技发展趋势之一。这意味着，在未来的岗位设计中，自动化岗位一定会逐渐增多，人机协同是确定的大趋势。那么，自动化岗位该如何设计呢？按照软件的特性，设计自动化岗位关键在于明确并固化流程，清楚地阐述业务规则和业务数据。这样，就可以把人工岗位逐步转化为自动化岗位，即使业务有变化，只要仍在可预设的参数、逻辑分支控制范围内，自动化岗位依然可以胜任。

自动化岗位设计可以与业务架构设计很好地结合起来，可以从全局视角识别出哪些岗位、哪些流程更适合自动化。要设计人机协作模式，逐步扩大自动化岗位的范围，将人的工作更多转向知识萃取和创新领域。自动化岗位是纯数据驱动岗位，将它从人工岗位中分离出来涉及对岗位能力的持续标准化，要将岗位中的业务行为逐步提炼，避免将人为因素导致的业务变化频繁误认为不适合进行自动化设计。自动化设计理念也应该被置入系统设计理念，业务系统设计本身就应该以自动化理念为指导。当业务部门逐步接受自动化岗位之后，协作可能会更容易推动。

可以发现，企业越是能够在自动化、标准化方面做出努力，就越能真正支持岗位的自由变化。岗位变化之所以对个人是巨大的挑战，主要是因为不同岗位对能力的要求不同，人的知识切换、熟练度达标需要较长的时间。但如果每个岗位都能尽可能地分离出自动化部分，并提供智能辅助，那么，人在不同岗位之间的切换将会更加容易。

业务架构从当前来讲，会受到康威定律的影响，但从长期来看，业务架构有助于推动企业组织结构向真正的柔性组织发展。根据康威定律，柔性组织应该首先在业务侧实现以业务能力定义组织，这样更容易突破对边界的执念，组织越柔性，业务架构方案就可以越灵活；相应地，技术侧也以业务能力定义系统结构，业务侧的设计与技术侧的设计就越容易对应。所以，柔性组织会成为一个"半技术性问题"，柔性组织既是对业务架构设计的巨大挑战，也是对业务架构设计的巨大解放。在柔性组织的前提下，业务架构将从受组织结构约束的设计逐步走向用合理化设计去引导因约束改变的方向。

### 三、组织自己

除了总是操心其他岗位的组织问题，业务架构也得考虑自己，业务架构的实施离不开特定的组织结构。业务架构是一项集体工作，要企业推动，要业务架构师设计，要多部门协作，要投入一定资源，所以业务架构本身也是个"有组织"的工作。

对于很多企业来讲，首次实施业务架构设计，可能会从启动一个业务架构项目开始。这时就需要设计项目的组织结构，在企业层面成立一个项目推进组，指定一位高级领导担任项目总体管理者，在其下可以设立专门负责业务架构管理的业务架构管控委员会和负责技术管理的技术架构管控委员会，以及项目管理办公室。

业务架构管控委员会在架构项目中承担关于业务架构设计和实施的协调与沟通任务，包括总体管理、跨领域方案审批等工作；技术架构管控委员会负责建立技术架构、实施工艺等，并按照业务架构的设计组织技术侧的承接与实施，确保技术结构与业务结构之间形成良好对应；项目的组织和进度则由项目管理办公室负责管理。三者联合起来，确保项目落到实处。这是相对完整的管理模式，不同的企业可以根据自身资源条件决定组织方式，包括结合外部资源进行项目实施。

## 第五节　简要回顾

本章笔者介绍了关于组织分析的内容，要分析组织也就需要对组织设计有基本的了解。组织结构对业务架构设计会构成约束，而且，组织设计也是企业内部非常重要的工作，业务架构师需要适当关注。

企业的各类业务是否能顺利开展，成本是否能有效节约在很大程度上都受到组织结构的影响。业务架构团队本身也是组织设计的一个对象，需要考虑其在整个组织中的作用。业务架构师在设计业务架构解决方案时，需要遵循组织结构，这会更有助于平衡方案与组织结构之间的关系。

在企业的组织结构中，对业务架构分析最有操作性价值的元素是什么呢？其实是岗位或角色。因为流程的形成就是基于岗位或角色的，无论人工岗位还是自动化岗位。所以，为了更好地开展标准化管理，开展业务架构工作，企业应该持续梳理岗位的设置。

在笔者设计的聚粮架构平台中，组织信息通过组织单元信息表（图5-1）、岗位/角色信息表（图5-2）及组织单元与岗位/角色关系表（图5-3）这三张表组合完成，具体如下：

| | 组织单元名称 | 组织单元类型 | 组织单元ID | 组织单元定义时间 | 组织单元描述 | 组织单元状态 | 上级组织单元名称 |
|---|---|---|---|---|---|---|---|
| 1 | 辽宁分行公司业务… | 前台 一级分支机… | 0000004 | 2023-12-14 | 一级分行面向大型… | 有效 | 公司业务部 |
| 2 | 普惠金融部 | 前台 总部级 | 0000003 | 2023-12-14 | 面向中小微企业客… | 有效 | 总行 |
| 3 | 总行 | 后台 总部级 | 0000001 | 2023-12-14 | 总部级根节点 | 有效 | |
| 4 | 公司业务部 | 前台 总部级 | 0000002 | 2023-12-14 | 面向大型对公客户 | 有效 | 总行 |

图5-1 组织单元信息表示意图

| | 角色名称 | 角色类型 | 角色ID | 角色定义时间 | 角色描述 | 角色状态 | 角色权限 |
|---|---|---|---|---|---|---|---|
| 1 | 开发人员 | 技术操作层 | 0000005 | 2023-12-14 | 技术团队的开发人… | 有效 | 读 写 删 |
| 2 | 技术主管 | 技术中层 | 0000004 | 2023-12-14 | 技术团队的主管 | 有效 | 读 写 |
| 3 | 公司部信贷经理 | 业务操作层 | 0000003 | 2023-12-14 | 信贷业务经营 | 有效 | 读 写 删 |
| 4 | 公司部总经理 | 业务中层 | 0000002 | 2023-12-14 | 负责公司部经营管… | 有效 | 读 写 |
| 5 | 行长 | 高管层 | 0000001 | 2023-12-14 | 负责全行经营管理 | 有效 | 读 |

图5-2 岗位/角色信息表示意图

| | 关系ID | 组织单元名称（FK…） | 角色名称（FK） | 关系描述 | 关系状态 |
|---|---|---|---|---|---|
| 1 | 0000003 | 公司业务部 | 公司部信贷经理 | 包含 | 有效 |
| 2 | 0000002 | 总行 | 行长 | 包含 | 有效 |
| 3 | 0000001 | 公司业务部 | 公司部总经理 | 包含 | 有效 |

图5-3 组织单元与岗位/角色关系表示意图

这三张表的架构关系如图5-4所示：

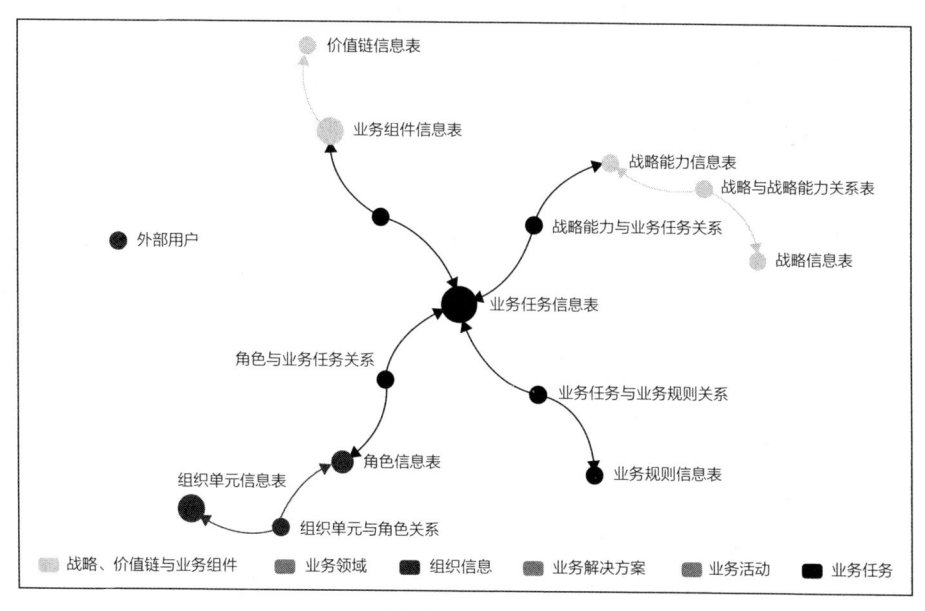

图5-4 组织分析相关信息表及其关系

» **本章习题：**

1. 战略与组织的对比思考。请读者收集所在企业的组织结构信息，根据五力分析模型分析结果确定每个部门该为企业竞争力提升所做的主要任务，根据战略拆解结果确定每个部门该负责澄清的最主要战略能力（建议每个部门选择优先级最高的三项）。
2. 将为每个部门选择的最主要战略能力汇总起来，分别思考是否满足企业目标、战略及五力分析模型的要求，思考其中的差异及不足。
3. 针对上述思考，你将为所在企业的组织结构调整提出什么建议？

» **本章参考资料：**

《组织行为学（原书第18版）》，斯蒂芬·罗宾斯、蒂莫西·贾奇著，孙健敏、朱曦济、李原译，中国人民大学出版社，2020年11月

# 第六章

# 业务架构设计之流程分析

企业业务开展是基于组织结构的，了解了组织结构之后，业务架构师就可以基于组织结构，尤其是岗位，去梳理、分析业务流程了。

## 第一节 企业一定要制定业务流程吗

这个问题当然不能一概而论。规模小的企业大多靠"沟通式管理"，决策集中在企业管理者手里，由于规模小，只要不刻意复杂化，基本上是天然扁平的。但是规模达到中型以上的企业，或多或少都需要基于一定的流程来进行业务管理，否则，权、责、利都很难定，件件事都要"沟通式管理"，沟通成本就会很大。流程管理是企业的基本管理需要，不必通过大道理去论述，只要读者自己想象一下，如果要您带着二三百人经营企业，您该怎么做就行了。什么流程都没有，员工并不会自发去工作，而是会事事都来找您请示。

有效运营一家企业是需要多种业务能力的，比如，管理客户的能力、提供产品与服务的能力、管理渠道的能力、管理物流的能力、管理财务业务的能力等。这些能力在不同管理层级上还会有不同的细分要求，比如，虽然同属市场营销这个大的能力范畴，领导者在制定市场战略时，中层管理者在策划营销活动时，基层员工在执行具体客户促销动作时，各自的业务活动会有所不同。这意味着不同层次的业务能力将体现为不同的业务活动，分析这些业务能力，自然就需要分析对应的工作流程。如何增强这些业务能力，体现在对当前业务活动的改善上。所以，对业务能力的研究和改进最终都会与业务活动有一定关系，即便是自动化流程也是如此。

当业务开展需要协同时，流程的存在更有其现实必要。企业中的一些复杂工作通常需要多人协同，乃至跨部门协同，这种组合过程是否能被清楚理解，会影响协同效率。因此，适当的流程管理可以帮助企业内部更好地协作。设想一下，如果召开跨部门工作会议时，将大量时间浪费在澄清一个本可以通过流程清晰展示的事项上，会是多么令人沮丧的情景。

流程是管理企业的重要手段，随着数字化的发展，企业需要将更多工作落实到系统中，以实现数字化管理。如果流程不够清晰，对应的工作就难以转移到系统中。在系统开发时，也经常出现最初的业务描述与最终交付的系统不一致，少数人描述的业务过程与更大范围使用者的实际感受不一致等情况，这些都会导致企业在数字化进程中遇到障碍。究其原因，可能是日常缺乏对流程的统一管理，而开发时描述的流程其诞生过程难免缺乏"代表性"，导致最终设计与业务操作方式大相径庭。基于"偶然"的流程描述做出的系统可能不符合业务实际及发展预期，这一点对提升传统行业的数字化转型质效尤为重要。就数字化而言，企业对流程的关注程度与系统的规范程度几乎成正比。关注程度越高，用流程管理业务的效果越好，制作的系统也越规范，系统与实际工作越接近。数字化创新与流程管理并不矛盾，应该说，好的流程管理更有助于发现数字化创新该去突破的点，精益生产的基本原理也是如此。

## 第二节　可参考的流程框架与建模方法

流程框架和建模方法看似很好区分，但有些框架并不强调建模方法，有些则是两者融为一体。笔者虽然试图做个区分，但界限也不是十分清晰。

### 一、流程框架

对于任何一家企业而言，首次大规模梳理业务流程一定是项非常困难的工作。有一些行业参考性框架可用，一定程度上能够降低门槛。笔者从不建议照搬任何框架，但是对于初次尝试该项工作的企业而言，还是有一定辅助作用的。

#### （一）APQC（American Productivity and Quality Center，美国生产力与质量中心）流程分类框架

APQC是由美国生产力与质量中心开发设计的通用业务流程模型，希望成为改善流程绩效的公开标准。尽管它可以不分行业、规模和地理区域使用，但APQC还是衍生了不少行业细分版本，以供各行业更好地对标参考。该框架提供了十二大类企业级流程，每个类别又包含了众多流程群组，最后到作业细节层面，流程多达一千五百个。所以，有些制造业企业梳理流程时，如果梳理得比较细致的话，可能会在一个企业里找到上千个流程。这是正常的，毕竟参考框架有这么多。但对于一个一千人左右的企业来讲，这可能意味着人均一个流程。流程毕竟不是越多越好，要看企业的实际管理需要和流程管理能力，而且，实际梳理流程时，其"粗细"也没有特定的标准，流程的数量未必代表在真实事项上的区别。

在APQC中的十二类作业流程包括：1. 开发远景和战略；2. 开发和管理

产品与服务；3. 营销、销售产品和服务；4. 交付产品和服务；5. 管理客户服务；6. 开发和管理人力资本；7. 管理信息技术；8. 管理金融资源；9. 获取、建造和管理财产（所有权）；10. 管理卫生和安全；11. 管理外部关系；12. 管理知识、改进和变化。笔者特别赞同对最后一类流程的关注，数字企业一定是知识型企业，管理好知识库就相当于做好了基本的知识管理，但很多企业在这方面做得远远不够。

APQC的流程分类可以从零级（十二大分类就相当于零级）到一级，再到二级、三级、四级。如果愿意细化，可以在这个基础上延伸企业自己的分类。在制造业中，流程分类通常采用类似APQC的方式逐级描述业务活动。但很多企业可能做得比较宏观，例如，图表上可能最小节点仅定义了一个业务活动，比如"识别经济趋势"，而没有进一步展开具体流程。如果再展开，一般会进入针对岗位的更细节的SOP（Standard Operating Procedure，作业标准书）的梳理。在流程分类时，企业可以参考APQC框架，但至于要梳理到哪一层级，该写得多细致，要取决于企业对流程的应用目的。

## （二）BIAN（Banking Industry Architecture Network，金融业架构网络）

BIAN由IBM提出，是一个由银行、解决方案提供商、咨询公司、集成商和学术合作机构组成的全球非营利性协会，其共同目标是为金融服务行业定义语义标准，并涵盖几乎所有众所周知的架构层。BIAN希望通过描述任何银行的一般构成，来进行业务功能、服务交互和业务对象的标准定义，成为整个行业具有一定标准化基础的参考架构。BIAN希望通过其松耦合、服务化的理念，帮助金融机构从流程思维转向松耦合的组件和面向服务的思维，强调基于能力定义架构。因为包含设计成分，所以，BIAN属于既提供参考框架，又提供建模方法的框架，其建模方法是结合两种符号标准来记录交付物：ArchiMate®和UML标准。

BIAN面对的问题与其他行业相比，其特殊之处在于，银行业的架构师在建模流程方面拥有丰富的经验，但对于业务架构师和应用架构师来讲，关键问题在于如何定义通用能力"构建块"（Building Blocks，在架构领域经常用来指最小构建单元，也可以理解为"原子能力"），才能实现与银行实际业务所需要的结构等效的"构建块"，即，不是过多地考虑技术化服务设计，而是要考虑业务化服务设计。这些"构建块"可以通过不同的组合支持业务流程的灵活变动与创新，这也是该框架强调面向能力设计的原因。业务和技术在"灵活"这个问题上，应该达成一致的是对"能力"而非"流程"的共同定义。基于服务化理念，该框架对SOA和微服务实现方式均适用。

BIAN提供的业务能力地图分为三级，银行可以此为参考，根据自身业务情况进行调整。它的第一级能力分类包括：1.企业管理与控制；2.产品与服务支持；3.企业支持；4.银行运营；5.客户与销售。这个第一级能力分类仅就其抽象性而言，其他行业也可以参考。

## 二、建模方法

流程框架不止一种，流程建模方法也是如此，笔者在此介绍两种，其中BPMN是本书后续介绍流程建模时采用的方法。

### （一）BPMN（Business Process Modeling Notation，业务流程建模标注）

BPMN最初是由BPMI（Business Process Management Initiative，业务流程管理联盟）开发的一套标准，即业务流程建模符号，1.0版本发布于2004年5月。随后，BPMI并入OMG（Object Management Group，对象管理组织），OMG于2011年推出了更新后的2.0版。BPMN主要目标是提供能够被业务用户容易理解的建模符号，以帮助业务用户完成流程分析、流程实现及流程管理与监测。BPMN提供了可从模型生成的BPEL4WS（Business

Process Execution Language for Web Services，网络服务业务流程执行语言），能够支持流程快速实现，填补了从流程设计到流程开发的间隙。

BPMN设计了丰富的图元，用于流程图表达，最常用的是泳道、事件、活动、任务、网关等，具体使用方法笔者会在本书流程分析部分详细介绍。

## （二）EPC（Event-driven Process Chain，事件驱动流程链）

August-Wilhelm Scheer教授在1990年左右，基于ARIS框架开发了EPC。该方法认为流程是由一系列事件触发的，针对事件的行为又将引发新的事件，故而，其流程描述采用的是"事件—功能—事件"结构。

EPC构建了由事件驱动的流程链，其开始和结束总要有一个事件来说明，即，每一个模型必须至少包含一个开始事件和一个结束事件（在活动级别，BPMN也是如此）。在流程图中，"功能"与事件总是交替出现的（这是EPC相对独特的地方），事件和"功能"永远只有一个输入和一个输出。流程的流向要使用"规则"进行分叉与合并，如果"功能"是由多事件触发的，也要通过"规则"进行表达。要避免在事件之后使用"或"（OR，分支可以一个或多个同时执行）和"异或"（XOR，分支只有一个会被执行）的符号直接进行分叉，要尽量使用"功能"来作出决策，也就是由"功能"连接分叉；做出某种决策的"功能"，其后一定要紧跟"规则"，通过"规则"体现某个决策之后的所有可能路径，而紧跟在"规则"之后的事件，体现了决策的一种可能结果。"规则"不能同时有多个输入和输出，尽量避免组合使用"规则"，以防止出现误解。在"功能"之后，除非清楚知道多分支结果事件会同时发生才用"或"，否则尽量采用"异或"。分支和合并通常使用同一个"规则"（与BPMN要求的网关"成对"出现类似），如果要合并分支，在事件之后合并会更容易被理解。

EPC比较适合描述有严密过程控制和结果导向的流程，只要满足建模语法规则，就能确保流程图正确。如果读者有一定的建模经验，就会意识到EPC会将大量分支直接展开在流程图中，流程图的结构相对复杂，面向系统开发做企业级标准化设计时可能会遇到一些困难。

### 三、关于方法和框架的选择

关于流程框架和建模方法就简要介绍这些，读者还可以学习 ISO、ARIS、四色建模、DDD 等梳理业务的方法。那企业该如何选择建模方法呢？

#### （一）方法的友好性

有些方法对业务人员还算友好，学习难度低，但是有些方法即便是对技术人员而言，都不一定算得上友好，虽然用久了都能掌握，但毕竟要在企业内部推广，尤其是面向数字企业建设，流程分析能力需要企业的业务人员尽可能多地掌握。所以，方法选择的第一考虑是方法本身的友好性，要尽可能易学易懂，这样才能成为业务和技术两侧的"共同语言"。

#### （二）方法的颗粒度控制

多数方法的建模目标都是说清楚业务，尤其是业务过程。但是，对业务结构的控制，也就是对流程图中关键元素，尤其是业务任务的颗粒度控制，是大多数方法并没有重点考虑的，关于这一点笔者在本书流程分析方法介绍中会重点说明。正如 BIAN 框架指出的那样，业务和技术两侧对基于业务能力的"构建块"的共识，才是企业在建模中该关注的重点，即，努力寻找业务和技术两侧等效的"构建块"是企业建模的核心任务。实现两侧的"对称结构"，是高效架构的基础。

#### （三）可标准化程度

方法是否具有达成企业级标准化建模的能力，是否可以在企业内部建立良好的横向标准化基础，而不仅是完成纵向甚至只是小范围的领域级分析，方法自身在这方面的表现也值得关注。如果仅是说清一件事情，不采用任何特定方法也一样能做到，但是方法的选择还要关注是否有在使用目的和范围方面的更高要求。

以上是选择方法的参考决策点，方法之间没有好坏之分，只有适用人群、适用目标的区别。上述决策点不是在比较方法的优劣，而是以寻找在企业内可推广的业务架构设计为目标时的考量，脱离这一目标，上述条件未必成立。此外，要努力在企业内部统一流程建模方法，尽量不要增加沟通难度。

谈过了方法的选择，框架该如何选择呢？去掉框架中融合的方法部分，笔者认为只要不是为了照搬框架，就没有什么需要纠结的。框架提供的是分析流程、定义业务能力的参考，所有企业在分析流程时都会有对如何进行入门启发和保证流程完整性的担忧，框架在这方面的优势是无与伦比的。对照成熟框架有利于更快、更好地启动工作，但是真要驾驭框架并不容易，本书后续介绍的流程分析方法是企业能够理解、掌握并持续改良框架的基础。

## 第三节 流程分析之"企业棋盘"

### 一、何为"企业棋盘"

"不谋万世者，不足谋一时；不谋全局者，不足谋一域。"这是清代人陈澹然在《寤言·迁都建藩议》中的一句名言，企业经营亦如此。企业战略需要带有前瞻性和全局性，企业规模也许会决定前瞻性可以覆盖的时间周期，但是对全局性的把控力则是各类企业都应具备的。从组织复杂度上来讲，中小型企业在全局控制力上反而会比大型企业表现得更好些。

近代象棋特级大师杨官璘在《弈林新编》中提到，善弈者谋势，不善弈者谋子。讲的是，善于下棋的人，应优先把握棋局发展的总体趋势，把能够左右胜败发展的布局谋划好，而不是总在个别棋子的得失上较劲。这句话包含的道理可以说是出自古老的《孙子兵法·兵势篇》："故善战者，求之于势，不责于人，故能择人而任势。"其意为，善于用兵打仗的人，总是努力寻求有利的态势，而不是对下属求全责备，并且能够选择人才去创造、运用有利的态势。

企业经营亦如弈棋，应在"谋局"中"谋子"，而不是从"谋子"中撞"局"。很多企业都觉得VUCA时代是不适合过度谋划的，但是缺乏必要的谋划肯定也是低效的，而且有可能陷入持续的低效循环中，难以成长。数字时代的企业既然是数据驱动的知识型企业，那也就必然是精益的企业。精益的企业不会是低效管理的企业，更不会是连自身结构都说不清的企业。持续的低效循环说明企业在管理上仍是粗糙的，还没有运筹帷幄的谋局能力，不能系统性地改善自己，只好辛苦地"谋子"。

虽然普遍认为适应VUCA时代的企业必须具有灵活变化的能力，但企业毕竟是个集体，不会说变就变，其转变是有过程的，所谓的"灵活变化"是由一个个长短不一的小周期组成的持续变化过程。所以，拉长时间周期看，这相当于一组静态目标架构连缀而成的动态演进过程。如果企业希望在变化中持续积累能力，就有必要让企业所经历过的大多数小周期都能够得以完成，而不是时常被打断。如果小周期时常被打断，企业每一次能力建设就始终处于未完成状态，这是不利于长期发展的。什么都试过，但是都没有做深、做透，就形不成竞争优势。企业应该努力下好每一局"棋"，在企业演进的时间轴上串起一系列阶段性的终局，而不是一系列残局。

企业架构方法能够帮助企业建设"企业棋盘"，将企业的能力布局可视化，让能力"棋子"清晰可见，让布局的改变可评估、可实现，乃至帮企业连缀起自己的演进历程。业务架构就是业务侧的"棋局"，尽管很多企业梳理过业务流程，但仍然不是完整的面向能力的布局，仍需要通过业务架构方法进行优化；IT架构就是技术侧的"棋局"，但这是一盘与业务"棋局"高度关联甚至对称的棋局，而非两盘独立的"棋局"。有了这两个高度关联的"棋局"，企业的战略"大棋"就不会只停留在愿景构想的层面，而是会"落子"到业务中、"落子"到数字化中。

所以，即便是为了提升管理能力，企业也应该引入架构思维，学会通过架构方法"谋局",再通过"谋局"来落实企业战略、分解企业目标、建设业务能力,更好地运用新质生产力,实现从战略到业务到技术的完整拉通。当前"谋局"能力的缺乏并非单纯的管理者素质问题,而是管理者缺乏对结构化思考方法的信任和长期运用。思考方法的训练如同跑步,能科学坚持就能获得极大提升。架构思维是数字时代的基础性企业管理思维,把它当成技术方法,仅用作IT规划,实在是一大误解。

## 二、企业棋盘的经线:价值链

棋盘通常是由横纵交叉的经纬线交织而成的,绘制"企业棋盘"也需要有"经纬线",本小节介绍棋盘的经线:价值链。

### (一)价值链源起

价值链分析框架由迈克尔·波特(Michael E.Porter)于1985年提出。最初,波特所指的价值链主要是针对垂直一体化公司的,强调单个企业的竞争优势。波特认为,每一个企业都是在设计、生产、销售、发送和辅助其产品的过程中进行种种活动的集合体,所有这些活动可以用一个价值链来表明。波特在所著的《竞争优势》一书中,对该方法进行了详尽的介绍,笔者推荐读者认真阅读该书,因为该书正是深度思考的典范,可以从中感受波特是如何运用一个看似简单的价值链分析框架详细解释企业是如何构建竞争优势的,论述了在各种情形下对该框架的使用,是对模型方法深入运用的范例。深度驾驭一个分析框架,有助于读者将所有知识串联起来,而不是被各类知识牵着跑。

价值链分析框架将企业的所有业务活动归纳为基本活动和支持活动两大类。由于最初偏向制造业,所以其基本活动包括设计、制造、销售、物流、售后等常见主要业务活动。支持活动通常包括财务、人力、IT、采购等非生产性活动。这些分类并没有严格标准,企业、架构师可以根据自身的业务活动与企业主营业务之间的关系进行分类。

价值链分析框架将业务活动进行归类是为了发现或者培育企业的竞争优势，"必须运用价值（不是成本）来分析竞争地位，企业经常为了实现差异化的溢价而有意识地提高其运作成本"。通过对价值链的全局性分析，找到与竞争对手相比企业可以为客户提供的差异化价值及更低的成本。由于将所有业务活动都纳入了价值链分析框架，波特也指出："活动融合的程度在竞争优势中发挥着关键作用"。所以，企业级流程管理、流程的联通性也是企业竞争优势的一个重要组成部分。在书中，波特也对不同业务活动的成本驱动因素进行了详细的介绍，虽然成书时间较早，但只要读者注意与现实的结合，该书在企业管理方面的指导意义依然很强，这也表明价值链分析框架如今依然是有效的。

### （二）价值链与战略的关系

价值链分析框架既然可以用来分析企业竞争优势，必然也可以用来承载和分析企业战略，因为制定企业战略通常就是为了获得竞争优势。在本书对战略的介绍中，笔者强调，战略落地的核心是有一个良好的拆解过程，并介绍了基于业务架构的拆解方法。如果企业在战略拆解时还没有建立完整的业务架构，那么可以先从价值链做起，价值链定义企业最高阶的价值创造过程，相当于企业流程体系的"零级"流程，是最高阶的抽象流程，是所有业务活动的"顶级分类"。通常这种"顶级分类"数量不会太多，建议控制在个位数以内。价值链有助于企业所有人员对企业形成一个统一的"顶层视图"，有助于对企业流程的拉通和设计。但如果环节太多导致员工记不住，就失去了在企业建立"顶层视图"的意义了。

基于高阶价值链环节，企业可以把实现战略必须具备的能力先面向价值链拆分一次。由于价值链是流程的最高分类，业务建模中会基于价值链展开业务流程，所以，按照价值链归类"能力"，最终会沿着价值链进一步分解到业务活动上，它是一个很好的"能力"传导方式。

在笔者设计的聚粮架构平台中，这一拆分结果是通过价值链环节与战略方向关系表（图6-1）记录的，如下：

| | 价值链环节名称 | 战略方向名称 | 关系ID | 关系状态 | 关系描述 | 关系创建日期 | 关系失效日期 |
|---|---|---|---|---|---|---|---|
| 1 | 产品管理 | 产品精细化管理 | 0000002 | 有效 | 包含 | 2024-03-26 | |
| 2 | 营销管理 | 个性化客服服务 | 0000001 | 有效 | 包含 | 2024-03-26 | |

图6-1 价值链环节与战略方向关系表示意图

看到图6-1，读者可能会想，当初是不是也可以用价值链分析框架拆解战略呢？确实可以，只不过笔者在战略拆解中讲的方式不仅是基于价值链的，更看重的是本书后面要介绍的业务组件，结合业务组件的拆分落地性更强，所以，并没有在战略拆解中突出对价值链的使用。

价值链的使用还可以向更前端延伸，也就是向制定战略延伸。如果读者对价值链更熟悉或者更感兴趣，也可以基于价值链分析框架研究和制定企业战略，毕竟，波特运用价值链框架就是要寻找竞争优势的。图6-2是笔者基于价值链对数字企业战略能力的一个构想，供读者参考：

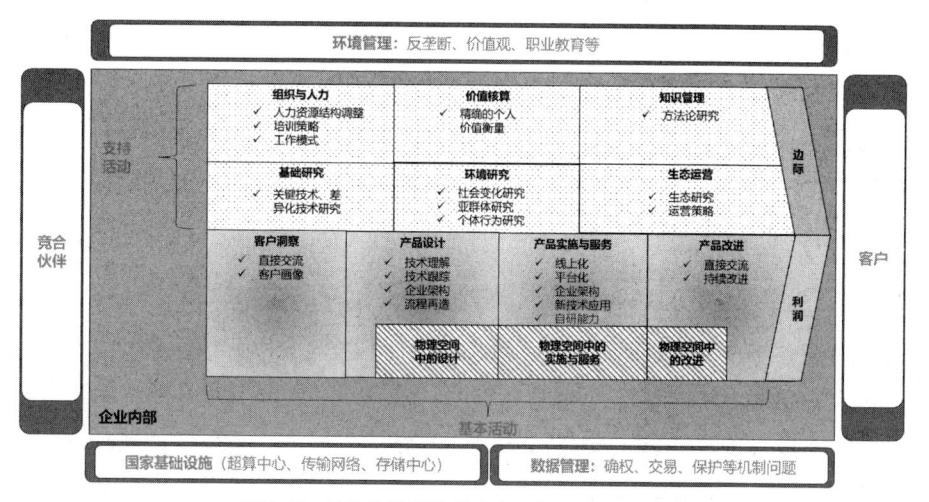

图6-2 基于价值链的数字企业战略能力分布图

## （三）价值链与流程的关系

价值链是企业最高阶的流程抽象，因此，可以沿着价值链向下拆分业务活动，或者对已经识别的业务活动按照价值链进行归类。价值链本身就可以视为一个流程，只不过它的颗粒度实在是太"粗"了，无法指导具体业务。业务架构对流程的梳理与一般流程管理追求的目标不同，因为业务架构要提炼的是业务能力，并且是以定义企业级业务能力为理想目标的，所以，并非厘清业务过程、分好层级就可以。

正因如此，在做流程梳理时，不能完全按照常见的流程梳理习惯，由业务人员根据自己的理解展开，而是要求一定的"手法"一致性，这个一致性最初是由价值链建立的。也就是说，价值链不仅用于流程分类，更要首先统一所有企业人员对企业价值创建过程的认知。比如，企业的价值链被定义为七个环节，那么，所有人员尤其是业务人员，都要清楚有七个环节，再向下定义业务活动时，只能在这七个环节内进行定义，而在定义每个业务活动时，最好不要跨越价值链环节，否则会造成不同业务活动在进行标准化工作上的困难。如果没有价值链在流程的最顶层做"统一标尺"进行流程分类、分段，那么，在流程梳理时就会经常遇到长短不一的流程定义，有时候业务部门自己都未必会意识到流程已经"越界"了，这会给企业级标准化增加很多困难。所以，要养成用价值链统一流程认知并控制流程边界的流程定义习惯。

### （四）价值链设计参考方法

知道了价值链的起源，价值链与战略、流程的关系，也就是要用价值链做什么，就可以谈谈如何设计价值链了。笔者在业务架构工作坊课程上常讲，业务架构方法并非一成不变的"定法"，而是灵活善变的，要根据目标、用途定义方法。这不仅指业务架构方法的大框架，也指方法中的各个环节，比如，价值链设计。

波特的价值链分析框架是二维的，包括基本活动和支持活动。这个分类如果从管理的角度看，用于拆解战略是没有障碍的，但如果用于展开流程并进行跨领域流程标准化、流程整合，则会有一定的困难。一方面是环节太多，不利于记忆；另一方面是二维结构也不利于讨论时做可视化展示。因此，在业务架构中使用价值链需要合并维度，将二维结构变成一维结构，即形成一条单链结构的价值链，这样的话，建立树状展开的流程结构也比较容易。

单链结构的价值链怎么设计呢？其实就是将基本活动和支持活动混合，将价值链压缩到五至七个环节，形成一条单链，如图6-3所示。但是具体定义几个、都有什么环节，没有严格统一的行业标准，取决于企业怎么看待自己的价值创造过程。唯一的要求是，一定要能够覆盖所有业务活动，不然，业务架构分析就是有遗漏、不完整的，除非企业刻意要这么设计。

产品管理 〉 营销管理 〉 业务运营 〉 风险合规管理 〉 决策分析 〉 综合管理 〉

**图6-3 价值链示意图**

因为要覆盖所有业务活动，这就产生了一个实操性的设计技巧，即整条价值链里，至少有一个环节是比较难以清晰说明范围的。这个环节相当于最终"收纳箱"的角色，别的环节不适合放置的业务活动都会被"放"在这里，相当于"不管部"，这样才能保证价值链不会有遗漏。这个设计技巧也说明，尽管业务架构是很注重标准化设计的，但其设计中实现标准的方式并非基于定义和概念，因为从价值链这类"顶级分类"开始，就有模糊之处。所以，做业务架构设计是很需要包容心和灵活性的。

做价值链设计有一个有趣之处，价值链一定程度上会反映企业的价值认知，即，什么环节比较重要、什么环节是第一位的，会投射到价值链上。比如，虽然很多企业都主张"客户第一"，很多营销理论也都强调要重视客户，但笔者在工作坊和咨询项目里，几乎没见到将客户洞察放在价值链第一环节的，第一环节通常是产品管理或者产品设计，有时也会是企业战略，但客户从未出现在第一环节。这大概是一种潜意识的表现。

在笔者设计的聚粮架构平台中，价值链框架是通过价值链环节信息表（图6-4）记录的，可以为价值链环节设置序号以代表先后顺序。但要注意,价值链环节的顺序并非严格的流程顺序,只是对"价值流动"的比喻。

| | 价值链环节... | 价值链环节ID | 价值链环节定义时... | 价值链环节状态 | 价值链环节描述 | 价值链环节序号 |
|---|---|---|---|---|---|---|
| 1 | 业务运营 | 000003 | 2023-12-14 | 待审核 | 包含全部业务办理... | 3 |
| 2 | 产品管理 | 000001 | 2023-12-14 | 待审核 | 包含设计、上架产... | 1 |
| 3 | 决策分析 | 000005 | 2023-12-14 | 待审核 | 包含业务分析、业... | 5 |
| 4 | 综合管理 | 000006 | 2023-12-14 | 待审核 | 人力、财务、IT等... | 6 |
| 5 | 营销管理 | 000002 | 2023-12-14 | 待审核 | 包括客户洞察、客... | 2 |
| 6 | 风险合规管理 | 000004 | 2023-12-14 | 待审核 | 包含风险测量、风... | 4 |

图6-4 价值链环节信息表示意图

### (五)小结

价值链是一种有效的企业竞争优势分析框架,由于其对企业所有业务流程的统领,也适合用作流程分类、分阶段的统一标尺,通过价值链的连接,也可以把战略能力向业务活动传导。虽然价值链很重要,但不同企业的价值链设计是个性化的,可以参考行业常见结构,但不必严格遵守,能够统一企业内部的共识即可。由于其可以承载战略能力,这意味着,大型战略调整也可能会重塑价值链,但由于其高度抽象的结构,对价值链本身的重塑幅度也可能有限,对其下内容的重塑更多。这未必是坏事,可能有助于企业更好地识别"变"与"不变"。

## 三、企业棋盘的纬线:业务领域

如果价值链成为绘制"企业棋盘"的"经线",那么"纬线"该由什么来充当呢?实践证明,业务领域可以成为"企业棋盘"的"纬线"。

### (一)为什么需要定义业务领域

"企业棋盘"是指要在整个企业范围内定义企业的能力布局,因此,需要利用一个结构看清楚企业全貌,并且识别企业中不同业务部门所需要的相同能力、共同信息,从能力和信息上尽可能管理好整体结构,减少不必要的重叠，使数字化工作保持较高效率。

如果以"高清晰、少重叠"为目标进行布局，就需要进行跨部门的比较，以识别个性化和共性化部分。在有了价值链这个负责纵向切分的"经线"之后，需要补充一个与之交叉的"纬线"，也就是横向切分维度，来更好地完成企业级比较。通过交叉，可以把价值链对流程做的分段纵向归类，再结合业务视角的横向分类进行分块比较，来确定个性化和共性化部分。补充了"纬线"之后就真的像个棋盘了，如图6-5所示：

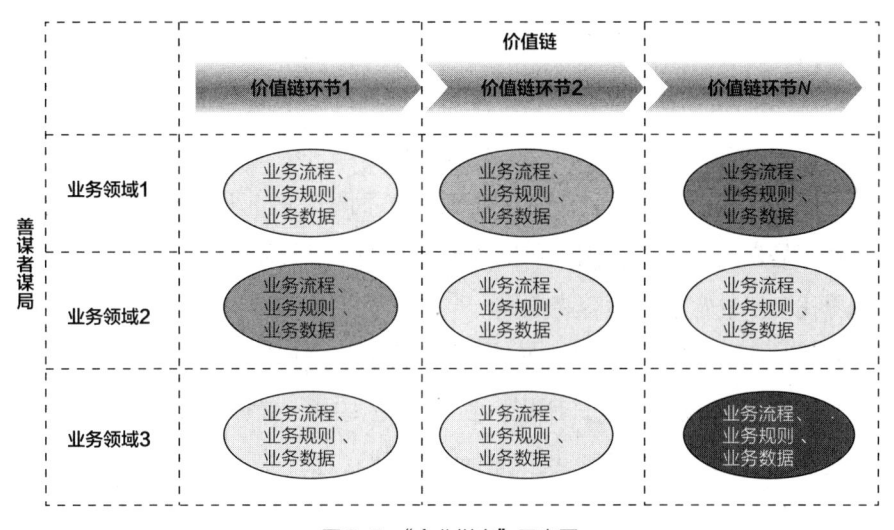

图6-5 "企业棋盘"示意图

是否可以直接把业务部门作为"纬线"来使用呢？还是有些不合适。如果将业务部门放在"纬线"的位置上，可能反而会有意识地引导建立"部门墙"。所以，直接用业务部门做"纬线"并非在设计上行不通，而是在效果上不建议这么做。

将对业务部门间的横向比较转化成对业务的比较有很多好处，除了淡化部门边界意识，业务还可以有更长链条。一个端到端的业务可能跨越若干个业务部门，高阶业务甚至可以贯穿整条价值链。这样有利于在更广泛的业务联系中识别个性化和共性化部分，也更有利于展现协作。本书后续介绍业务组件时读者还可以看到，这个协作正是对业务能力的企业级运用。

## （二）定义业务领域的困难

将业务做"纬线"，就需要对业务进行范围定义了，也就是定义业务领域。"业务领域"这个词看似很好理解，简单说就是一块业务。"领域"一词的常用解释是：一种特定的范围或区域，加上"业务"这个定语之后，简单说成一块业务并无不妥，但问题是"一块"到底有多大。

"领域"这个词有很明显的边界含义，但是在定义边界上有两个困难，一是边界并不稳定，业务领域边界也是利益边界，它与业务部门的责权利关系紧密，因此，一个领域中到底有什么经常会有调整。边界是动态的，在定义业务领域的过程中，也会对看似熟悉的边界产生很多争执，而且找不到很好的依据进行判定。二是边界没有标准，同样的一块业务，在不同企业之间是不一样的，即便是很成熟的财务管理，在不同企业的工作范围中也未必相同，就算是在同一家企业内，不同时期对它的定义也不一样。所以，试图去给边界找个标准定义是不容易的。

此外，业务领域也是可以嵌套的，就像从全国地图到省级区划，再到市级区划，乃至区级、街道。所以，在企业范围内，就算规模不是很大的企业，也能找出很多一层套一层的业务块，到底每一块该多大，也没有统一标准。

企业中有一些对业务术语的规范，这些规范可用于对边界定义的参考。但是实际执行上依然会有争议，如果有机会接触这些争议，读者就能体会到在企业内达成共识的困难及共识的脆弱。所以，笔者经常在项目、课堂中建议企业在有些问题上不要太较真，就像这种经常挂在嘴边、写在制度里甚至挂在办公室墙上的业务，其边界都是经不住互相碰撞的。这类问题在讨论到一定程度的时候，可以进行强制性决策，以推动架构分析进程向前走。在前进的过程中再逐步调整，不能总指望一次性讨论个明白。

## （三）如何定义业务领域

尽管定义有困难，但在业务架构设计中还需要这样一个维度，那如何定义业务领域比较合适呢？有两种常见的通用做法。

### 1. 面向客户服务定义业务领域

企业存在的意义即是为客户提供价值，所以，企业安排自己的组织结构、能力布局，是能够以客户为中心来考虑的。面向客户服务定义业务领域，就是通过对企业为客户提供的产品、服务的分类来定义"业务领域"。当然，这个分类指的是比较宽的定义，不是具体的某种产品、服务，而应当是大类，比如，银行业的存贷款、金融市场，或者批发、零售等，建筑业的房建、基建等，如果觉得分类太宽，还可以在其下进行适当的细分。至于分到多"细"合适，这就没有很好的标准了，也会出现前期分得太"细"，做到后边又整合的情况，相反的情况也有出现。

如果一定要制定一些辅助性标准的话，笔者根据自身经验认为，首先要保证分类之间有很明显的差异，这个标准有助于判断分类是否过"细"，差异太小，就不适合在"纬线"这个级别分开了，可以在后续设计中定义更细化的分类，作为"纬线"，它属于企业业务分类中的"顶级分类"，不应该太"细"；其次，要保证分类尽可能具备贯穿企业价值链的潜力，即沿着这个"业务领域"做后续的业务分析时，基本上对价值链的各个环节都有涉及，这样更能体现其"纬线"的价值，这个标准有助于判断分类是否具有可比性，如果分类经常是覆盖不全、犬牙交错的，互相之间进行比较的价值也就不大了。

### 2. 面向客户距离定义业务领域

这就是常见的按照"前中后"定义业务领域。前台是距离客户最近的，一般是销售类部门，通常也会在前台部门中进一步区分，类似一种分类方法的产品线，或者按照客户群做划分，这两种都有可能，也无法简单说哪一个更好。中台是为前台部门提供直接支持，有利于前台部门更好为客户服务的部门，比如，财务、风控、安全、产研等，这个中台不是"中台架构"中说的"中台",虽然提供的能力也有公用性质,但划分视角还是从距离客户远近去看的,并不是从能力公用视角看的。后台一般指服务于企业内部管理的部门,比如,运营、IT、人力资源等,不过,随着时代的发展,原有后台中的一些部门已经前置了,如IT部门。

面向客户距离定义业务领域,就效果而言,不如面向客户服务定义业务领域,其中的差别,从上文介绍的辅助性标准中就可以看出来。所以,就方法而言是不推荐完全按照这种方法来定义的。

但是,理论归理论,现实归现实,业务架构的分析过程处处体现着利益带来的矛盾,如在定义业务领域这个问题上,既然是设计业务的"顶级分类",这就难免掺杂"荣誉感"的问题。尤其是企业规模稍大时,会有哪个业务部门愿意被人认为不重要呢?主要业务部门更是如此,如果自己负责的主要业务没出现在"顶级分类"中,是否对得住颜面?尽管业务架构师可以反复强调这只是个分类方法,只是为了比较业务能力,没有重要与否的判断,但是,业务部门是否真心接受呢?所以,实际操作中会进行折中,比如,以面向客户服务定义业务领域为主进行划分,在这些业务部门的争议上,以抽象度为主进行判断;对于来自中后台部门的争议,如风控、合规、安全、质量,有时的确不能够完全体现在面向客户服务定义的业务领域中,因此,可以作为辅助维度集中归类。折中之后设计的"企业棋盘",可以视为在价值链中被压缩的综合管理之类的环节,在业务领域上又获得了一定程度的展开。所以,大可不必纠结于此,该"露头"的东西迟早还是会"露头"的。

综上,业务领域的定义总体上来讲没有严格标准,可以基于行业、企业的惯例进行。如果希望今后能够更多与外部做比较,就参考外部常讲的产品线、业务线;如果希望以内部特色为主,就基于内部讨论达成的共识来设置,不用管其他企业到底怎么看。与价值链一样,业务领域的定义最好能够包含企业所有业务,这样就能够做到一览无余了。

## （四）如何澄清业务领域

相较而言，与其在定义业务领域过程中花费太多时间，还不如把精力更多放在澄清业务领域上。在这个过程中，说不定之前遇到的困难也会有解决的机会。澄清业务领域需要做什么呢？核心工作是绘制业务领域背景图。

业务领域背景图展现了一个业务领域的外部关系全景视图，即所有与该业务领域有关系的内外部相关方、相关业务领域，都会在图上进行定义，以此厘清业务领域的边界和相互关系。

业务领域背景图的绘制方法比较简单，通常以待澄清业务领域为中心，左侧绘制与该业务领域相关的外部利益相关方，这个外部不仅是业务领域的外部，还指企业的外部，比如，客户、供应商、合作机构、政府管理部门等，但是，外部利益相关方的识别最好由企业统一进行，作为业务架构师的参考；右侧绘制与该业务领域相关的内部业务领域，定义其与该业务领域的关系。通过业务领域背景图的绘制，可以进一步确定该业务领域的独立性和边界。比如，如果该领域与面向客户服务定义业务领域直接关系极少，而与某个特定的中后台领域直接关系极多，其作为"顶级分类"存在的独立性是该重新考虑的。

业务领域背景图的绘制不仅有利于澄清业务领域边界，也会在后续分析流程时为业务活动的梳理提供完整性校验。业务领域之间的相互关系是应该体现在业务活动中的，如果后续梳理业务活动时，有些关系没有相应的业务活动体现，则说明业务活动梳理得可能不完整。当然，也会有反例存在，即通过业务活动梳理发现了业务领域背景图的缺陷，所以，业务架构分析过程经常存在反复。

也正是因为业务领域背景图与业务活动之间存在这种关系，有的企业在分析业务领域时，将业务领域放置于价值链环节之下，也就是价值链环节展开即是业务领域，再将业务领域展开为业务活动，没有用业务领域去做交叉分析；也有的企业将业务领域背景图的绘制过程置于业务活动梳理之后，基于业务活动分析结果整理业务领域背景图,也同样没有充分发挥其交叉分析的作用。这些操作层面的差异是企业基于对业务领域在业务架构方法论中的作用的不同理解产生的使用差别,没有对错之分。这也是笔者常讲的业务架构难学之处,不经过实操很难学好业务架构,实操中经常会有各种让人困惑的差异,让人有"理论是理论、案例是案例"的感觉。业务领域分析框架图如图6-6所示:

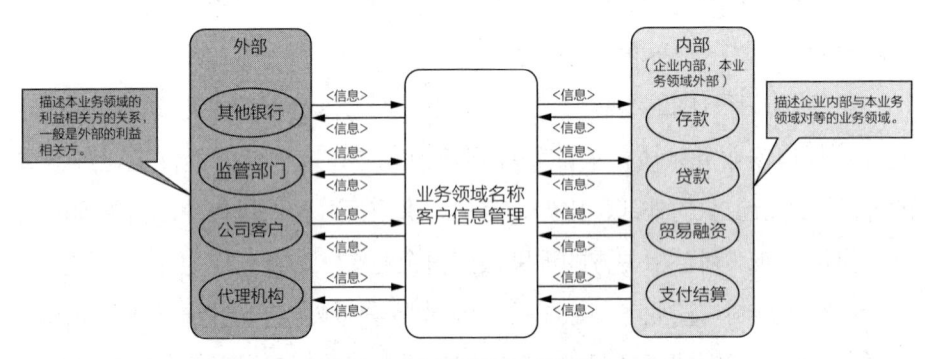

图6-6 业务领域分析框架图

在澄清业务领域时,也可以通过一些文字性手段进行限制,比如要求写清楚业务领域的价值、定义、范围等信息。价值可以从企业内部和客户两个视角进行描述,即,该领域对企业和客户的价值分别是什么;定义通常指本领域是通过什么方式、运用什么资源达成什么目的;范围一般描述"包含""不包含"两项内容,其中"不包含"通常用来描述业务领域之间边界存在模糊的地方,以这种方式来协商解决各自负责的内容,将"不包含"明确写出是为了避免今后在处理新业务分类、新需求分类时出现错分的情况。

这些文字性手段是为了更清楚地描述业务领域,也能提高随意新增业务领域的成本,提供更多用于评审业务领域的素材,但在实践中也会造就很多文字游戏。所以,要不要采用这种文字性手段,采用到什么程度,企业要从实际工作中的使用价值、可以负担的维护成本等角度来综合考虑,并非一定要采用。其他业务架构元素也都可采用类似的做法。

在笔者设计的聚粮架构平台中,业务领域是通过业务领域信息表

（图6-7）、业务领域与组织单元关系表（图6-8）来记录的，后者主要记录与该业务领域相关的管理部门，如下：

| | 业务领域名称 | 业务领域ID | 业务领域定义时间 | 业务领域描述 | 业务领域状态 |
|---|---|---|---|---|---|
| 1 | 数字金融 | 000005 | 2023-12-14 | 面向数字经济建设… | 有效 |
| 2 | 养老金融 | 000004 | 2023-12-14 | 面向老年群体及养… | 有效 |
| 3 | 绿色金融 | 000003 | 2023-12-14 | 面向绿色生态、环… | 有效 |
| 4 | 科技金融 | 000002 | 2023-12-14 | 面向科技创新、科… | 有效 |
| 5 | 普惠金融 | 000001 | 2023-12-14 | 面向中小微企业、… | 有效 |

图6-7　业务领域信息表示意图

| | 关系ID | 业务领域名称（FK…） | 组织单元名称（FK…） | 关系描述 | 关系状态 |
|---|---|---|---|---|---|
| 1 | 0000002 | 普惠金融 | 公司业务部 | 协同 | 有效 |
| 2 | 0000001 | 普惠金融 | 普惠金融部 | 牵头 | 有效 |

图6-8　业务领域与组织单元关系表示意图

## （五）两个需要注意的问题

定义和运用业务领域时有两个问题需要注意。

### 1. 业务比较单一的企业

从面向客户服务定义业务领域的角度看，有些企业可能只能定义一个"顶级分类"，这就属于业务类型比较单一的企业，但并不妨碍运用"企业棋盘"方法来分析企业业务能力布局。但是由于业务领域可能很少，所以，这类企业在业务架构上关注的重点就不是跨领域的整合、复用，而是全价值链信息流动的顺畅，关注不同价值链环节间的流程、信息衔接。

### 2. 业务领域是否可以变化

作为"顶级分类"，直觉上会认为业务领域不会轻易发生变化，实则不然，有相当多的原因都可能导致业务领域发生变化。读者可能担心，"顶级分类"变了是不是后续做的所有下级结构（如业务活动）都会随之改变？这

第六章　业务架构设计之流程分析

倒未必，笔者在《聚合架构：面向数字生态的构件化企业架构》一书中也曾提出，架构设计核心关注的是底层元素的稳定性，如果能够有效识别、独立设计底层业务能力，上层结构主要就是底层元素聚合的结果了。所以，从架构设计的角度来讲，业务领域这种上层结构应该是被允许灵活变化的。但这并不意味架构设计一开始就是这样灵活的，第一次架构设计确定的业务领域是相对稳定的，直到分解完底层业务能力，并且底层业务能力经过时间检验获得一定的稳定性后，业务领域才会获得自由。这时业务领域才真正是由业务能力组成的。

### （六）小结

业务领域可以基于行业、企业惯例去定义，但是无须在定义业务领域时花费太大精力，毕竟"吵"多了也未必有理想结果，不如在澄清时多投入些时间。在这个过程中，对企业所有业务进行一次高阶归类，弄清楚业务领域里到底放什么，这比争论业务领域该不该存在、该叫什么更有实操上的价值。其实，弄清楚业务领域里的内容，也能更好地判断其独立存在的合理性。

与价值链相同，业务领域在实操中涉及一些不是基于方法论本身的折中，所以，很多时候业务架构决策的结果并非理想化的（很多人都说业务架构设计过于理想化，其实这是一个误解，甚至应该说远不够理想），这也是任何一个业务架构案例都没有必要被当成绝对的"最佳实践"的原因，说到底，都是当时条件下所能接受的最优架构而已。

## 四、简要回顾

多维度分析通常会产生更好的分析结果，所以，尽管业务领域与价值链都存在难以精确定义的问题，但是，两个虽不精确但都很完整的维度交叉在一起时，却能够提供较好的分析框架，也许是"负负得正"吧。

从这一点也可以看出，企业和业务架构师在实操时，并不需要执着于每一步都产生精确结果的设计方式，而是通过渐进比较得出最终的架构设计目标——企业业务能力布局。如果深入实践过一次，读者可能会发现，当最终结果逐渐清晰的时候，走过的路径也就逐渐合理化了，也会更理解该如何重新修正走过的路径，反倒是过多地、不基于实践经验"坐而论道"得不出什么有用结果。

当然，为了在这个过程中少走弯路，最好还是由具有经验的业务架构师进行一定的能力导入和方法论设计支持，而基于这一点考虑，选择外部业务架构师时，要着重看对方的实操经验、理论萃取能力和方法适配能力，这些加起来也就是对方的内化能力。企业最需要的并不是对方带来的外部信息，而是对方提供的内化能力。这一能力才是方法论落地的保障，这也是笔者鼓励所有进行业务架构实践的企业、架构师要有信心最终产生适合企业自身的方法论的原因。经过内化，方法论自然就是企业自己独有的，不经过内化，既不能深入理解方法论，也很难产生好的落地结果。

细谷功和坂田幸树合著的《全局构思力》一书，从架构师思维的视角提出，商业领域也需要架构师，并将价值链与经营资源（人、财、物、信息）组合成了另一种"棋盘"式分析框架，结合数字化案例介绍了"棋盘"的应用方法。读者可以参考阅读，也适合做些借鉴，以在业务部门推广结构化思维。

## 第四节 流程分析之业务活动梳理

通过价值链和业务领域交织出"企业棋盘"之后，就可以做详细的业务活动梳理了。流程分析最主要的工作量就是从业务活动梳理开始的，与之相比，前边的"企业棋盘"设计不过是"热身运动"。

### 一、业务活动分析的层次结构

业务活动的定义是很模糊的，常见的定义中，业务活动指的是一个明确的工作流，通常是由多个角色共同完成的一件事情。由于定义模糊，所以，很难基于定义来确定到底什么样的工作流可以称为一个严格意义上的业务活动，比较现实的、可操作的分析业务活动的方法只能是逐级分解。

考虑到业务架构设计会对业务活动进行归类、整合，因此，不建议自下而上地梳理业务活动。自下而上的方式更适合在单个领域开展业务管理，或者基于业务流程阐述业务系统开发需求。但是在业务架构设计中，自下而上地梳理业务活动会在归类、整合时遇到巨大的障碍。笔者从"企业棋盘"开始介绍流程分析，就是因为业务架构的目标是建立可供"俯视"的全景视图，而不是只要聚齐了所有业务活动就行，需要总体保持自上而下的视角，自下而上的视角只会在实操中作为辅助性视角存在。

既然要自上而下地分析业务活动，那就要确定业务活动分析时的层级结构。价值链、业务领域都是"顶级分类"，也就是一级流程，都可以与业务活动建立联系。从梳理逻辑上看，以价值链为主更适合建立树形结构。

一级流程往下分，一些流程分析方法提出了价值流的概念，也就是将一个价值链环节再细分成一个二级的价值链结构，称为"价值流"，也有的方法将其称为"活动组"。其实无论叫什么，实质是一样的，就是对价值链做一个细分。为什么会有这个层级呢？笔者之前介绍APQC时提到过，按照APQC可以将业务活动分成1500多个，考虑到价值链可能只有六七个环节（或者按照APQC，"顶级分类"只有12个），如果直接对应起来，每个价值链环节对应的业务活动可能很多。而且，业务活动在价值链环节中的分布并不是均匀的，有些业务活动比较集中的价值链环节可能会覆盖半数以上的业务活动，因此，没有中间层级的话，无论业务架构设计时的分析还是日后的管理，都会很不方便，所以需要设计一些中间层级，对业务活动做进一步的分类管理。中间层级该有多少级呢？没有定论，不过一般情况下有一两级基本够用了，不用设计很多，多了会造成业务活动层次太深，也有麻烦的地方。

在笔者设计的聚粮架构平台中，中间层级定义为"活动组"，"活动组"是通过活动组信息表（图6-9）、价值链环节与活动组关系表（图6-10）和业务领域与活动组关系表（图6-11）来记录的，如下：

| | 活动组名称 | 价值链环节名称( | 活动组ID | 活动组定义时间 | 活动组描述 | 活动组状态 |
|---|---|---|---|---|---|---|
| 1 | 产品销售 | 营销管理 | 0000003 | 2024-01-27 | 用于合同签订、产… | 有效 |
| 2 | 客户管理 | 营销管理 | 0000002 | 2024-01-27 | 用于进行客户信息… | 有效 |
| 3 | 产品模型设计 | 产品管理 | 0000001 | 2023-12-14 | 抽象设计产品模型… | 有效 |

图6-9　活动组信息表示意图

| | 价值链环节名称 | 活动组名称（FK） | 关系类型 | 关系状态 | 关系建立日期 | 关系失效日期 |
|---|---|---|---|---|---|---|
| 1 | 营销管理 | 产品销售 | 包含 | 有效 | 2024-07-11 | |
| 2 | 营销管理 | 客户管理 | 包含 | 有效 | 2024-07-11 | |
| 3 | 产品管理 | 产品模型设计 | 包含 | 有效 | 2024-07-11 | |

图6-10　价值链环节与活动组关系表示意图

| | 关系ID | 业务领域名称（FK） | 活动组名称（FK） | 关系描述 | 关系状态 |
|---|---|---|---|---|---|
| 1 | 0000005 | 数字金融 | 产品模型设计 | 包含 | 有效 |
| 2 | 0000004 | 养老金融 | 产品模型设计 | 包含 | 有效 |
| 3 | 0000003 | 绿色金融 | 产品模型设计 | 包含 | 有效 |
| 4 | 0000002 | 科技金融 | 产品模型设计 | 包含 | 有效 |
| 5 | 0000001 | 普惠金融 | 产品模型设计 | 包含 | 有效 |

图6-11　业务领域与活动组关系表示意图

中间层级之下就是业务活动梳理的重头戏了，这部分有三级，分别是业务活动、业务任务和业务步骤。如果中间层级只有一级，合起来就是五级建模了。从分层的角度来讲，设计的关键是底下这三级，这三级是从流程视角定义底层业务能力的过程，上边的层级都是这三级的聚合，这也是笔者在介绍业务领域时提到上层结构应该被允许灵活变化的原因。

### 二、如何识别备选业务活动

上一节提到过，业务活动的定义很模糊，那么如何在实操中识别业务活动呢？可以考虑采用上下结合的方式先识别备选业务活动。

## （一）收集分析业务活动使用的信息资料

绝大多数企业梳理业务架构并非在企业最初成立的时候。面对一个全新的企业做设计，无论自上而下还是自下而上地梳理业务活动，都不能凭空梳理。企业中能够由业务架构师凭空梳理的流程并不多，如果到处都是这类空白需要填补，不一定代表企业创新速度快，更有可能是企业的流程管理基础比较薄弱，导致做业务架构设计时有一大堆空白需要填补。分析业务活动使用的信息资料包括业务流程、业务制度、业务碎片信息、系统操作手册，甚至设计文档。当然，业务活动信息最重要的来源还是业务人员，很多在纸面上找不到的业务活动只能由业务人员来说明。

## （二）采用自上而下视角做中间层级的分解

由于中间层级还没有涉及被具体执行的业务活动，而是对业务活动的细化分类，因此，可以从价值链出发对价值链环节进行展开，比如将每一个价值链环节展开为4~5个小的细分环节。这时可以将业务领域维度带入，分析不同业务领域下展开的细分环节，通过比较、讨论得出中间层级。但这时无须对中间层级的准确性过于纠结，可以作为后续分析业务活动的启发，这里暂时不去管它。

## （三）自下而上识别备选业务活动

业务活动就是业务人员要做的事情，因此对业务活动最初的识别可以采用头脑风暴的方式，先将某个价值链环节下，某个业务领域要做的所有事情罗列出来。这个时候既不需要确定它们到底是不是业务活动，也不需要非得沿着中间层级往下分，而是先让业务人员放开去想，有什么事情就罗列什么事情，这样更有利于业务人员按照自己的习惯来思考，唯一的要求是要采用"动词+名词"的方式确定业务活动的名称。当参考之前收集的信息资料，实在想不出更多的业务活动时，就开始将业务活动与中间层级进行对照、归类。这时可能会出现调整业务活动的情况，比如，不经意地发生了业务活动范围越界的情况、可以再被细分的情况等，也可能在对照过程中发现遗漏。那么如何保证识别备选业务活动信息的完整性呢？澄清业务领域时绘制的业务领域背景图可以用在这里，通过业务领域间的相互关系找出遗漏的点。

通过以上步骤，可以识别备选的业务活动，但是它们还不是最终确定的业务活动，还要经过进一步的定义过程，才能获得成为业务活动的资格。

### 三、如何精确定义业务活动

找到所有能想到的工作事项，是"精确"定义业务活动的基础。笔者在这里对"精确"二字加了引号，意思就是这个"精确"是相对而言的，相对于什么呢？相对于目的而言，对于识别业务能力而言，其精确程度是够用的，但如果脱离这个目的，只是单纯地谈精确定义业务活动，笔者觉得，可能怎么说都很难达成共识。方法皆为手段，不能脱离目的去谈论方法的有效性。

精确定义业务活动包括以下几个主要环节。

### （一）初步展开流程图

笔者认为判断一个备选业务活动是不是能够成为一个合格的业务活动，最简单的方法就是初步展开流程图。一个理想的业务活动应该是多个岗位共同完成的一个工作流，按照这个"目标性定义"，可以明确，只由一个岗位完成的一个任务或者操作，就不适合定义为业务活动了。因为这样定义的业务活动，其颗粒度太小，它属于比业务活动再低一个层级的业务任务（本书接下来就会介绍业务任务，本处不必在意其概念）。

可以采用BPMN语法，先简单绘制一个流程图，此时先不必追求细节的准确性，主要目的是检验该业务活动是否能被展开。在企业的组织结构中，对业务架构分析最有操作性价值的元素是岗位，因为它会被用于流程图绘制，将备选业务活动按照参与的岗位及岗位执行的具体工作，用BPMN流程图的方式绘制出来，只要能满足至少有两个岗位在共同完成该工作事项，就达到成为业务活动的基础条件了。当然，绘制的时候也可能发现一个业务活动可能被定义得太大了，这时可以拆分一下。

这个方法看起来过于简单，但是非常有效。因为笔者在实践中发现，只通过讨论定义去判断业务活动实在是费力不讨好，动手画个简单的流程图，会比讨论定义更直接、更省时。很多业务人员觉得属于业务活动的事项，甚至在一些流程体系内被认定为属于业务活动这个层级的事项，从业务架构的视角来看，未必是业务架构希望认定的业务活动。但是其中的差异，讲道理是没用的，因为从不同方法论、不同观察视角出发，得出的结论是不同的，耗费精力去争论其间的异同并没有太大意义。

在初步绘制流程图的过程中，业务架构师、业务人员也能感受到不同建模方法之间的差异。比如，一个使用EPC方法展开后看起来很复杂的业务活动，在BPMN语法下，如果严格控制其绘制标准，大量的逻辑分支会被"收纳"起来，可能绘制出来的就是个非常简单的业务活动，甚至有可能都达不到被定义为业务活动的条件。这就是不同建模方法之间的区别了，也是笔者认为从业务架构视角看，使用BPMN语法更合适的原因，会更有利于控制颗粒度。

## （二）初步识别业务对象

由于企业级业务架构设计采用的是覆盖整个企业的视角，因此，在通过初步展开流程图完成第一轮对业务活动的筛选之后，就要进入更为精确的业务活动判别环节了。但这时无法单独依靠流程来分析，毕竟，流程之间经常有很多相似之处，很难只从流程本身去判别两个工作事项到底有多接近：是属于重复工作事项，可以直接"干掉"一个；还是属于可整合的工作事项，可以求同存异进行流程优化；还是仅仅是相似，不具备整合的必要性。在做业务架构分析时，可以用一个口诀——遇事不决，增加维度。此处就可以引入数据要素了，新生产要素有其独特价值，在做流程分析时，可以通过数据模型来辅助判断流程的独立性。

但本处需要使用的数据模型还不是完整的数据模型，如果企业首次开展业务架构设计，这时一般还不会做出完整的数据模型。此时要使用的只是尚不完全的高阶数据模型，只会用到业务对象这个层次。本书在后边介绍数据模型时，会专门介绍数据模型的层次，但是现在，无法详细介绍数据模型，得先使用一下了。

业务对象指的是业务过程中参与、使用、处理、产生的对象，这些对象可以是很具体的，比如，岗位、零件、图纸、文件、原料、半成品、成品等；也可以是抽象的，比如，规则、概念、分类、条件等。总体来讲，一切对企业而言值得去管理、维护的事物，都可以称为业务对象。如果采用数据的方式描述并记录业务对象，就会形成相应的数据实体、属性，也就是较为完整的数据模型。

本环节为了更好地判断业务活动的独立性，可以确定一个基本原则，即，只有业务活动涉及的关键业务对象具有较大差异时，业务活动才适合独立存在。本书介绍理论融合发展倾向时，提到过基于业务对象定义业务能力这个观点。所有对能力的定义其实都离不开对象和过程这两个要素，有作用对象，才能观察能力的效果；有作用过程，才能有方法实现能力。由此出发，如果作用对象相同或相近，在此基础上，作用过程也相同或相近，那么作用过程就可以去重或整合。反之，作用过程相同或相近，但作用对象差异较大，对作用过程去重或整合就未必是合适的，需要进一步讨论。

针对初步展开的流程图，可以通过场景联想的方式，还原大致的业务过程。基于业务场景识别业务活动涉及人、事、物，毕竟，业务对象大体就是这三类，可以采用数据建模绘制数据实体关系图的方式，粗略记录业务对象识别结果。通过在相似业务活动间比较业务对象的差异来进一步判断业务活动在企业级范围内的独立性，进行业务活动的二次筛选。

这种筛选可能会识别出没必要存在的业务活动，就要看之前识别备选业务活动时到底找到多少"伪活动"了。笔者之前在各个环节的方法介绍中都提到过，做业务架构设计时会有很多与方法论本身无关的考量。比如，单独让一个部门梳理自己的业务流程，有可能会被部门视为工作负担，可能觉得少做点儿会轻松些。但是，当大多数业务部门都参加业务架构设计时，就可能产生竞争心态，毕竟，如果一个部门跟其他部门相比，业务活动都不在一个数量级上，是不是连部门地位的合理性都会受到质疑？

抱着这种心态会导致出现很多业务活动，以显得工作量饱满。但是，如果直接接受这种结果，那企业也就不必梳理业务架构，更不必提炼公用能力，按需开发、照单全收就行了。很多想做业务架构设计的企业正是希望改变这种状态。那有多少业务活动可能被优化呢？笔者亲身经历过的项目中，就有仅通过这种初步判别，就把备选业务活动总量从一万余个压缩到不足一千个的情况，且不论压缩结果是否完全合理，仅从下降两个数量级这样的降幅，就能看出可压缩空间的大小了。考虑到多数企业现行的流程管理方式，如果再加上对建模方法的调整，可压缩空间应该不会很小。当然，业务活动分析并非以单纯地压缩活动数量为目的，而是通过标准化减少不必要的业务活动，这本身就是在降本增效。

### （三）完整定义业务活动

经过前述两轮筛选，剩下的业务活动应该大部分都是合格的，这时就该完整定义业务活动了。尽管笔者着墨有限，但是，如果企业具有一定规模，业务架构设计开展范围较大，执行过程较为严谨，那么，前述两轮筛选的耗时也可以达到三四个月。因为其中涉及较多的横向对比、讨论、审核等工作，需要一定的过程，所以，笔者始终强调，在前述环节中的流程图绘制、业务对象识别都是初步的。否则，在经常需要反复的环境下，如果直接开展细节的业务建模，会导致很多精力被消耗。

风险降低后，就可以开始细化模型了，具体如下。

**1. 准确绘制流程图**

（1）确定"泳道"。BPMN流程图是采用"泳道"来表达岗位的，在初步绘制的流程图基础上，要进一步准确定义业务活动中涉及的岗位。"泳道"会被分为"外部泳道"和"内部泳道"，"内部泳道"通过岗位定义即可，"外部泳道"则要结合业务领域背景图绘制时确定的外部利益相关方列表具体识别，将业务活动中涉及的外部利益相关方分别作为独立的"外部泳道"绘制于流程图上。

（2）确定事件。每个业务活动都必须由事件触发，这被称为开始事件。开始事件分为两类：外部事件和内部事件。外部事件通常来自外部利益相关方的诉求，比如，客户的业务申请、政府管理机构的管理要求、合作伙伴的合作意向等。内部事件通常被分为时间事件和规则事件，即按照时间会自动执行或者按照一定的规则（也可以是状态，如业务对象处于某个状态时）会自动执行的触发事件。能够触发一个业务活动的开始事件可以有多个。当业务活动结束时，也必须有一个结束事件标志业务活动结束了，它可以是一个处理结果，比如，业务事项审核通过，也可以是个状态，比如，货物入库。一个业务活动的结束事件可以成为其他业务活动的开始事件，这就形成了一个通过业务事件串联的业务活动体系，可以称之为业务侧的事件驱动型架构。

正是因为业务活动可以通过业务事件串联，所以，笔者不建议在实操中绘制又长又复杂的流程图。这种流程图既不好绘制，又不好阅读。笔者见过不少画得像电路板一样复杂的流程图，这种流程图且不说他人阅读起来的感受如何，就算是绘图者自己，如果隔了一段时间再看，都未必能回想起来为什么要这么绘制。在业务架构领域，切不可以流程复杂度为荣。所以，结合事件驱动型架构的理念，一定要控制好流程图的长度和复杂度，要保持合理的可读性，毕竟业务模型是用来沟通的，缺乏可读性的流程图就失去了沟通的价值。

业务事件的识别并不完全局限于笔者的分类，企业、业务架构师可以根据实际需要进行调整。如果能够配合技术开发上的模块化、服务化设计，业务侧的业务事件可以与技术实现上的消息机制有良好的对应关系，帮助开发人员更好地承接业务架构设计。业务事件在业务活动中的传递，其实反映的是康威定律中的组织沟通机制，而且是更为细化的沟通机制，这个机制也一定会制约系统的通信机制。

业务事件的梳理可以通过表6-1来完成：

表6-1 完成业务事件的关键要素

| 事件名称 | 填写事件名称，外部利益相关方名称+动词+名词 / 动词+名词 |
| --- | --- |
| 事件作用 | 对外部相关方来说，描述其请求/获得的产品/服务；对内部相关方来说，描述其交互的意图 |
| 定义 | 对业务事件本身的描述 |
| 事件类型 | 描述具体的事件类型（内部、外部、时间） |
| 事件触发的流程 | 初步识别事件所触发的三级活动（动词+名词） |

在笔者设计的聚粮架构平台中，事件是通过活动信息表（图6-12）、业务活动与业务事件关系表（图6-13）来记录的，如下：

| | 业务事件名称 | 业务事件类型 | 业务事件ID | 业务事件定义时间 | 业务事件描述 | 业务事件状态 | 业务事件条件描述 |
| --- | --- | --- | --- | --- | --- | --- | --- |
| 1 | 新增客户 | 外部事件 | 0000002 | 2023-12-17 | 成功获取了新客户 | 有效 | |
| 2 | 定期画像 | 时间事件 | 0000001 | 2023-12-14 | 每周定期重新打分 | 有效 | 每周日晚12点定时 |

图6-12 活动信息表示意图

| | 关系ID | 业务活动名称 | 事件名称 | 关系描述 | 关系状态 |
| --- | --- | --- | --- | --- | --- |
| 1 | 0000002 | 创建新客户 | 新增客户 | 开始 | 有效 |
| 2 | 0000001 | 评定客户等级 | 定期画像 | 开始 | 有效 |

图6-13 业务活动与业务事件关系表示意图

（3）划分业务任务。业务任务代表每一个岗位、外部利益相关方在业务活动中执行的具体工作，有时也被称为责任，在业务架构中，它更是对底层业务能力的定义。所以，业务任务是业务架构结构划分中非常重要的一环，是业务架构落地的关键。但是现在还未到对业务任务进行详细定义的时候，下一节会详细展开这部分，本节只是从流程图绘制的角度，要求对业务任务进行命名和范围的大致确定，命名规则与业务活动相同，采用"动词+名词"的方式；范围主要看的是业务任务在岗位之间的切分，即一个业务任务是否存在需要由多个岗位共同执行才能完成的情况，如果出现这种情况，就需要按照岗位切分成多个业务任务。一个业务活动该包含多少个业务任务是没有明确限制的，从保持可读性的角度看，"7（+/-）2"的"注意力法则"可以参考，也就是独立任务的数量为5~9个。由于同一业务活动中也会出现对同一业务任务的重复使用，所以，表面上的业务任务数量可能会更多。

（4）使用连线与网关。将不同岗位执行的业务任务按照先后顺序用有方向的箭头线连接起来，形成完整的流程图。流程图以开始事件为起点，如果是横向绘制流程图，则采用从左至右的顺序依次连接岗位执行的业务任务；如果是纵向绘制流程图，则看起来像是从上至下、从左至右的顺序依次连接岗位执行的业务任务。在连接业务任务时经常会出现逻辑分支，也就是在某一个业务任务之后会出现根据不同条件执行不同后续业务任务的情况，这时就需要用到网关符号了。在笔者看来，BPMN语法总体非常简单，唯一需要花点儿心思琢磨一下的就是网关符号。网关符号只有三种（如图6-14所示），代表逻辑上的"与""或""非"（也称"异或"）。网关符号最好成对使用，即流程图出现以网关开始的分叉后，所有分支流程结束后，最好再用一个网关进行收束，这样会更有利于阅读。"与"表示网关之后的所有逻辑分支都要被执行，然后流程分支才能结束；"或"表示网关之后的所有逻辑分支至少有一条会被执行，然后流程分支才能结束；"非"表示网关之后的所有逻辑分支只能有一条被执行，然后流程分支才能结束。当流程过于复杂时，网关符号也会被嵌套使用，这时更应该注意网关符号最好成对使用的建议，可以更好地增加复杂流程的可读性。

通过以上几个环节，可以准确地绘制符合BPMN语法规范的流程图（综合使用三种网关的流程概念图参见图6-15，仅使用一种网关的流程样例图参见图6-16），绘图本身并不难，所以不用担心学不会，

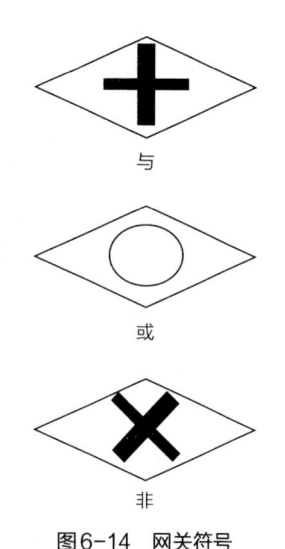

图6-14　网关符号

不仅业务架构师能学会，普通业务人员也能学会，毕竟各类企业都有流程，很多业务学习也都是从熟悉流程起步的。即便是在日常生活中，比如，到医院问诊、到政府大厅办事，都很容易见到公开介绍业务办理顺序的流程图。所以，根本不需要担心学不了绘制流程图这门手艺，更应该担心的是，缺乏基本流程管理意识的企业，是否能够充分运用数字化手段、新质生产力。

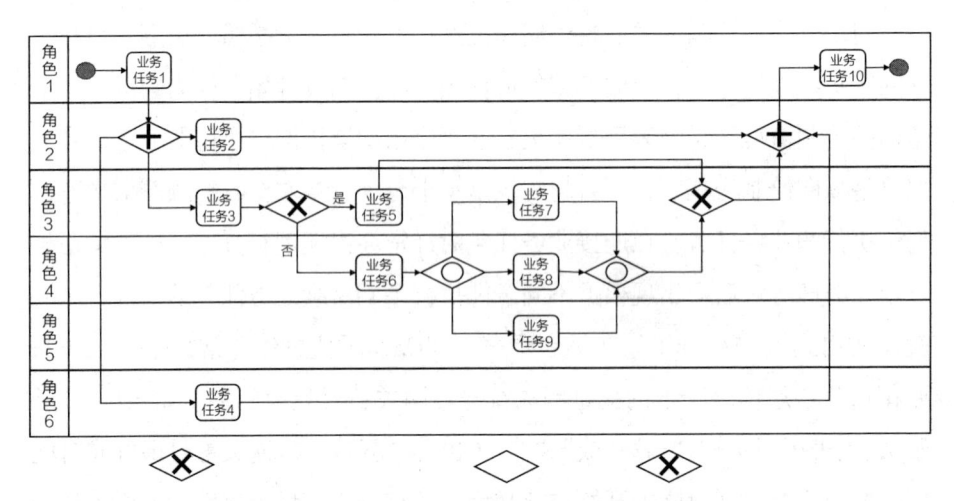

图6-15 综合使用三种网关的流程概念图

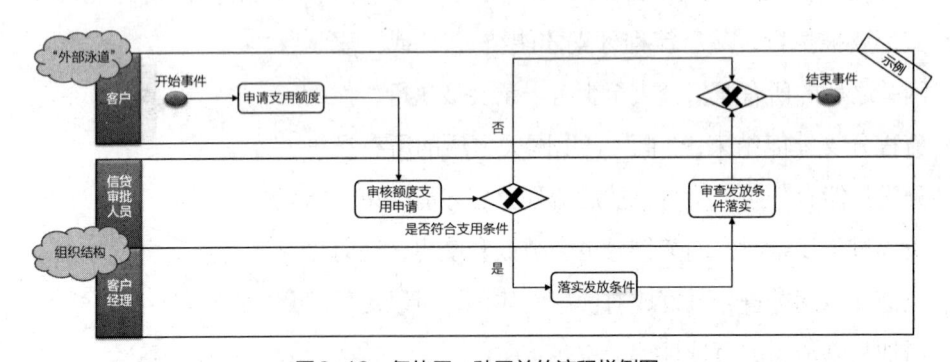

图6-16 仅使用一种网关的流程样例图

## 2. 完善文字性信息

完成流程图绘制，定义业务活动的主要工作也就完成了。为了加强对业务架构资产的管理,提升随意增加业务活动的成本,也可以像定义业务领域那样设置一些文字性信息,比如,描述业务活动的价值、定义和范围。价值可以采用内外部两种视角进行描述,但通常在业务活动这个层级,会更多基于内部视角描述;定义的描述方式也是相同的,介绍通过什么方式、运用什么资源达成什么目的;范围的描述通常会有一些省事的做法,如罗列业务活动包含的业务任务。所以,这些文字性手段是否要采用,描述到什么程度,一定要根据企业对业务架构资产的后期维护能力来选择。通常笔者建议,只描述业务活动的定义即可,这些要素虽然可以为业务活动管理提供更多素材,但是由此产生的工作量也是需要平衡的。读者可以试想,如果每个业务活动在描述方面少了100字的工作量,那么,1000个业务活动就少了大约10万字的编写和维护工作量。对于快速了解业务活动而言,定义、开始事件、结束事件是比较有用的信息。

在笔者设计的聚粮架构平台中,业务活动是通过业务活动表(图6-17)、活动组与业务活动关系表(图6-18)、组织单元与业务活动关系表(图6-19)来记录的。由于零代码平台暂时不支持直接绘制流程图,所以流程图采用附件的方式,"挂"在业务活动上。

| | 业务活动名称 | 业务活动ID | 业务活动定义时间 | 业务活动定义 | 业务活动状态 | 活动图名称 |
|---|---|---|---|---|---|---|
| 1 | 创建新客户 | 0000005 | 2023-12-17 | 建立新增客户信息 | 有效 | 流程图示意.png |
| 2 | 评定客户等级 | 0000004 | 2023-12-14 | 对客户进行打分评价 | 有效 | |
| 3 | 签订业务合同 | 0000003 | 2023-12-14 | 就某一金融服务与客户签订业务合同 | 有效 | |
| 4 | 构建客户画像 | 0000002 | 2023-12-14 | 定义客户画像需要的维度,分析维度关系,设计打分体系 | 有效 | |
| 5 | 设计产品模型 | 0000001 | 2023-12-14 | 定义产品条件及模型结构 | 有效 | |

图6-17　业务活动表示意图

| | 关系ID | 活动组名称(FK) | 业务活动名称(FK... | 关系描述 | 关系状态 |
|---|---|---|---|---|---|
| 1 | 0000005 | 客户管理 | 创建新客户 | 包含 | 有效 |
| 2 | 0000004 | 客户管理 | 评定客户等级 | 包含 | 有效 |
| 3 | 0000003 | 客户管理 | 构建客户画像 | 包含 | 有效 |
| 4 | 0000002 | 产品销售 | 签订业务合同 | 包含 | 有效 |
| 5 | 0000001 | 产品模型设计 | 设计产品模型 | 包含 | 有效 |

图6-18　活动组与业务活动关系表示意图

第六章　业务架构设计之流程分析　　115

| | 关系ID | 业务活动名称（FK... | 组织单元名称（FK... | 关系描述 | 关系状态 |
|---|---|---|---|---|---|
| 1 | 0000004 | 设计产品模型 | 公司业务部 | 牵头 | 有效 |
| 2 | 0000003 | 创建新客户 | 公司业务部 | 牵头 | 有效 |
| 3 | 0000002 | 构建客户画像 | 普惠金融部 | 协同 | 有效 |
| 4 | 0000001 | 构建客户画像 | 公司业务部 | 牵头 | 有效 |

图6-19　组织单元与业务活动关系表示意图

### 3. 对业务活动进行标准化

业务架构设计既然要识别个性化和共性化的业务能力，那自然要对梳理的业务活动进行一定程度的标准化处理，只有去除重复的业务活动，才可能产生对业务能力的共用。各类企业架构、中台架构方法论对自身的宣传很多时候都聚焦在能力复用上，其实，从方法论层面来看，能力复用并非架构设计的首要目标，能力复用是"果"而不是"因"，标准化设计才是"因"。如果所有的业务活动都实现了标准化，在企业内部都是唯一的，不想复用都不行。所以，不必总费尽心思去想如何才能被复用，而是加强业务标准化管理，减少不必要的个性化，此消彼长，复用自然也就出现了。设计是以识别业务共性为目的的，谁也不能指望没有共性的业务之间出现复用，那样也是不合理设计。

（1）命名标准化。对业务活动进行标准化可以先从名称开始，业务活动的命名规则是"动词+名词"。如果希望在命名环节就开始加强标准化管理，那就可以从对词语的使用限制开始，不允许随意使用词语，比如，动词要经过标准化，建立"标准动词库"，只有入库的动词才可以被使用。读者可能会觉得，业务活动的命名规则前文就已经介绍过了，怎么不在那里介绍如何建立"标准动词库"，而是流程图绘制介绍完了才讲这个问题？这是因为企业在首次进行业务架构设计工作时，很可能是从零起步的，如果借助外部力量做了一些基础性工作，如参考其他企业实践建立了"标准动词库"，这样还好些。如果没有借鉴，是没有必要一开始就去讨论如何建立"标准动词库"的。"标准动词库"通常含有100~200个动词，想要靠讨论的方式一次性建立是很困难的。在业务活动已经基本定义完成，要进行标准化的时间点建立"标准动词库"更合适，这个时候各个部门希望使用的动词基本也就出现了。在做业务活动的横向比对，确定其唯一性时，根据收集的动词和最后对同义词的判定、近义词的区分，形成"标准动词库"会更方便。这样也能够不在一开始就因为关于动词使用的问题，影响各个部门对业务活动的识别，经过这样的过程形成的"标准动词库"适用性也会更好。至于名词部分，常规建议是与企业术语进行对接。但是考虑到企业对术语的使用现状，这部分也可以不太关注，而要集中在对动词的限制上，这样也能够较好地完成名称的标准化。

在笔者设计的聚粮架构平台中，标准动词是通过标准动词表（图6-20）来记录的，如下：

| | 标准动词 | 动词解释 | 动词状态 | 动词创建日期 | 动词失效日期 |
|---|---|---|---|---|---|
| 1 | 审批 | 根据权限形成最终决定意见 | 有效 | 2024-03-04 | |
| 2 | 审核 | 检查事项内容并决定是否同意，但不代表最终意见 | 有效 | 2024-03-04 | |
| 3 | 授权 | 通过赋予权限允许做某事 | 有效 | 2024-03-04 | |
| 4 | 复核 | 重新执行一遍操作 | 有效 | 2024-03-04 | |

图6-20　标准动词表示意图

（2）定义标准化。通过名称的标准化可以发现命名相近的业务活动，这时可以进一步通过文字性信息去比较业务活动的定义。想在两个近似的业务活动中把抽象的文字定义写得不那么相似，是需要费一番功夫的。

（3）流程图标准化。第三步是对流程图进行标准化，这是在对命名、定义做标准化比较后，仍不能确定业务活动是否重复的情况下，进行的比较。由于流程图已经绘制完毕，可以比较流程图的相似度，开始事件、结束事件的异同，流程节点的主要差异，差异点的可优化性，来辨别业务活动的可独立性。

（4）结合业务对象的标准化。比较业务对象的工作其实在对业务活动进行第二轮筛选时就已经进行过一次了，但是随着流程图的细化，业务对象也可以进一步补充。流程图绘制完成后，理论上来讲，业务对象的识别也应该同步完成了。经过对流程图的标准化比较，对流程的重复性已经可以有一个大体的判断了，通过进一步比较业务对象来确认结论，完成业务活动层面的标准化工作。

经过以上环节，业务活动的完整定义工作就完成了。从中可以发现，业务架构设计的很多标准化工作都是基于比较实现的，而非基于概念实现的。笔者曾经开玩笑地讲，当年笔者在实践时，没有深究任何一个概念，也很好地胜任了业务架构师的工作，这是因为在实操层面，比较远重于概念，类似于会计中的实质重于形式这个基本原则。

**四、如何精确定义业务任务**

在定义业务活动的过程中，虽然对业务任务进行了初步划分，但还没有进行精确定义。业务任务在业务架构设计中是非常重要的架构元素，是业务架构设计能够落地的关键。所谓落地指的是，向业务侧延伸，业务模型能够用于业务管理；向技术侧延伸，业务模型能够影响系统设计，甚至能够进行继承式设计。两侧的延伸都很重要，向业务侧延伸是业务模型可以"保鲜"的基础，向技术侧延伸是业务模型可以实现的保障。

作为延伸的关键，业务任务中该包含什么样的内容呢？可以从对业务任务的精确定义过程来思考。

**（一）初步展开业务任务**

在定义业务活动时已经对业务任务进行了划分，但这时的划分是初步的，与初步识别业务活动时一样，暂时不关注它是否一定是一个合格的业务任务。在比较完整或者长周期的业务建模项目中，建模都是分阶段进行的，并且会存在一定的反复。

以前笔者参加的大型项目中曾经有一个"质量门"的说法，估计有些读者在其他项目上也接触过类似概念，即每个环节的工作都不会追求过高、过完美的质量目标，而是设置一个"质量门"，达到一定质量标准后就要尽快走到下一个阶段。随着推进，信息会不断增加，结构也会慢慢清晰。所以，分段推进是个很有效的手段，当然，代价是会反复，这是难免的。

其实质量问题是没有办法完全消除的，软件类项目大多如此。以高质量著称的NASA航天项目软件开发工作，即便在极度严苛的文档管理基础上，也无法做到完全没有Bug，只是与一般商业性开发项目对比，Bug的确很少。

业务建模工作也只能如此，尤其是在首次开展企业级业务架构设计工作时，大多数企业都会面临一个以前几乎从未遇到过的设计挑战：面向企业全局进行设计。无论要同时处理的分析范围、信息量还是要采用的方法，都是之前没有遇到过的，所以，分阶段反复推进，是很正常、很稳妥的方式。相对地，要付出的代价就是时间，而企业却对这个代价难以接受。

回到精确定义业务任务这个话题，接下来就要付出些时间推进定义业务任务的环节了。对于之前初步划分的业务任务，如何判断它们是否合格呢？参考判断业务活动的方法，最简单、最直接的方法就是"展开"。

用概念去确定业务任务是很难操作的，业务任务指的是岗位在业务活动中执行的具体工作。这个概念唯一的可操作性价值就是，一旦工作在执行过程中出现了岗位的变换，工作就要断开，分解成不同的业务任务。但是，是否在一个"泳道"中可连续执行的工作，会一直包含在同一个业务任务中，直到岗位变换为止？一定不会是这样的，因为这可能导致业务任务过大，以至于失去了必要的内聚性。这又产生了另一个问题，在一个"泳道"中可连续执行的工作，或者看起来是连续执行的工作，该如何划分成不同的业务任务呢？这就涉及一个没有标准答案的核心问题：业务任务的颗粒度该如何控制。

这个问题非常重要，它会决定一个架构设计方法论是不是真的具有落地能力，它也是迄今为止各类架构设计方法论都不能很好回答的问题。笔者曾提到，判断一个方法论是否可行，关键在于其V字形结构的底部是否能够有效连接起来，也就是分解的结果是否可以支持组装。业务任务是一个处于V字形结构底部的元素，具有适当的独立性、内聚性、可组装性。本书后续介绍业务架构与应用架构关系时，会进一步说明业务任务对应到应用设计的用例、服务时，是如何将业务侧的分解、组装传递给技术侧，成为技术的分解、组装，以构成对称的V字形结构的。可以说，业务任务的定义过程，就是业务模型寻找底层元素颗粒度的"探底"过程。

但令人遗憾的是，如此重要的问题，依然只能通过探索、比较去找答案。对业务任务进行展开就是探索的方式，既然概念无助于判断业务任务是否合格，那就展开吧。业务任务的展开如同业务活动的展开一样，可能发现业务任务比预想得"小"很多，这样的业务任务就可能降格成为业务步骤，合并到其他业务任务中了。在这个过程中，也可能会有些小惊喜，比如，发现一个业务任务确实没有存在的必要，这时就可以优化流程了。也可能发现低估了业务任务的规模，业务步骤很多，这时就要考虑业务任务的拆分了。

上述说法有些模糊，毕竟没有统一标准，能够作为参考的是"注意力法则"，按照"7（+/-）2"的原则控制一个业务任务中可能包含的业务步骤数量，少于五步的不建议作为独立业务任务，而超过九步的则考虑拆分。但是在实操中并没有那么严格，比如，只有四个业务步骤的业务任务也有幸存下来的，达到十一二个业务步骤的业务任务也有没被"腰斩"的。"注意力法则"只是提醒业务架构师，当业务任务达到阈值时应该考虑这个问题。

经过初步展开，可以完成对业务任务的第一轮"胜任力"筛选。

### （二）关联数据实体

与业务活动一样，业务任务的第二轮"胜任力"筛选无法单纯依靠流程部分完成，需要结合数据来进行。在分析业务活动的过程中，通过对流程涉及的人、事、物的分析可以识别业务对象，而到了业务任务定义阶段，数据模型也要更加精确了。这个阶段至少会完成"实体级"逻辑数据模型，会完成部分关键属性的定义，将业务对象精化为数据实体。

流程建模和数据建模的高度同步性是保证业务架构能够与数据架构实现融合的关键，毕竟，两者是对同一个设计对象的不同视角的观察，而观察结果又是具有高度关联性的。从业务能力的视角看，流程模型描述业务能力的作用过程，而数据模型描述业务能力的作用对象及结果，两者在建模过程中是不应该分开操作的，尤其是到了业务任务这个关键底层元素的颗粒度确定阶段。这也是笔者在《聚合架构：面向数字生态的构件化企业架构》一书中把数据架构分阶段合并到业务架构、应用架构和技术架构中的原因，不是因为数据架构不重要，也不是很多数据工作不用做了，而是因为它太重要，以至于不应该被独立看待，其他架构无法真的脱离数据去单独定义。笔者基于多年实践经验认为，企业架构领域中经常提到的四个架构之间的融合设计，并不是分开设计四个架构，然后进行一定的关联操作，而是要按照可融合的设计逻辑、可融合的设计过程去操作，业务架构与数据架构的融合，正是四个架构之间融合的起点。

在当前这个阶段，需要进行业务任务与数据实体的关联分析，基于业务活动与业务对象的联系，进一步看业务活动中的每个业务任务与数据实体的关系。这类关系通常是在谈论数据设计时提到的CRUD矩阵，也就是Create（新增）、Read（读取）、Update（更新）、Delete（删除）。Delete（删除）在这种分析中一般会被忽略，因为通常会把数据当作企业资产来看，轻易不会把资产Delete（删除）。但是随着《个人信息保护法》的颁布，Delete（删除）正在逐渐成为一个客户有权获得的服务，业务模型中也可以更多地考虑下这个关系了；Create（新增）和Update（更新）会被给予更多关注，要求必须完整标识此类关系。因为此类关系涉及数据管理权的判定，在业务架构设计过程中是要明确数据管理权的，而这一点对于高度重视数据一致性的企业尤为重要，是实现从源头进行数据治理的根基；Read（读取）关系虽然也重要，但在实操中，由于此类关系非常多，因此很难完整标识，底线要求通常是保证每个数据实体至少有一个业务任务去读取，以免数据端设计出一个没有业务过程会使用的数据实体，即避免记录一个不会有人查询的数据实体。

通过建立业务任务与数据实体的关系，可以明确业务任务执行时必需的输入和输出，输入主要是Read（读取），输出主要是Create（新增）和Update（更新），当然，Update（更新）也隐含了Read（读取），即隐含了输入。

与数据实体的关联可以进一步说明业务任务到底对谁做了什么，即，业务任务加上数据实体就可以描述一个相对独立的底层业务能力。按照笔者的项目经验，建议企业、业务架构师在设计业务任务时，保证每个业务任务至少会Create（新增）或者Update（更新）一个数据实体，这样的业务任务才有独立存在的价值。笔者在之前参加的工程实践中就是这样做的，也一直在这样讲。

这样做有优点，也有不足。其优点是设计业务流程的视角会发生很大变化，是在面向业务对象设计业务流程，会更反映业务流程的实质，不会仅浮于对表面工作的理解，也会将业务侧和技术侧的思维方式拉近；其不足是查询类业务任务（即仅描述查询过程的业务任务）就没有生存机会了，这类业务任务就需求表达而言是很明确的，对技术侧的开发工作是有价值的，但确实没创造任何新的数据实体。笔者之前参加过一个大型项目，这类需求都作为业务步骤融合在各个业务任务中了，当时的理念是，企业没必要做无目的的查询，而有目的的查询应该反映在对应的业务任务中，因为查询之后就应该出现业务操作。这样做在逻辑上没有问题，但会带来另一个操作性问题，是不是任何业务任务都有能力查询整个企业的数据？理论上可以，但在实操上，尤其是在后续的系统实现上是不会这么做的，这就带来了数据类需求的归属问题，本书在后续介绍业务组件设计时会再度讨论这个问题。

设计实践中也经常会发现，Update（更新）能力通常是由Create（新增）能力归属的业务任务或者至少是与该业务任务属于同一业务组件的业务任务提供的，因为 Update（更新）的数据管理权与 Create（新增）的数据管理权基本上是平等的，通常，不重要的信息很少有人会想去 Update（更新）。能力的分布在很大程度上就是通过对业务对象（也即这个阶段的数据实体）的管理权来划定的。但有一点要注意，因为本章还是在介绍流程模型，所以看起来像是在通过与流程的关联关系来划定数据实体的归属。其实不是这样，等读者看到本书数据模型的部分，这种感觉就会被"反"过来。

在笔者设计的聚粮架构平台中，业务任务与数据实体的关系是通过业务任务与数据实体关系表（图6-21）来记录的，如下：

| | 关系ID | 数据实体名称（FK... | 业务任务名称（FK） | 关系描述 | 关系状态 |
|---|---|---|---|---|---|
| 1 | 000005 | 产品 | 定义产品销售控制 | 创建 修改 | 有效 |
| 2 | 0000004 | 客户 | 定义产品销售控制 | 读取 | 有效 |
| 3 | 0000003 | 客户 | 创建新客户信息 | 创建 读取 修改 | 有效 |
| 4 | 0000002 | 客户画像模型 | 定义客户画像维度 | 创建 | 有效 |
| 5 | 0000001 | 客户 | 定义客户画像维度 | 读取 | 有效 |

图6-21　业务任务与数据实体关系表示意图

### （三）完善文字性信息

完成对业务任务的初步展开，关联数据实体之后，对业务任务的认识也更清晰了。为了加强对业务架构资产的管理，提升随意增加业务任务的成本，也可以像定义业务活动那样设置一些文字性信息，比如，描述业务任务的价值、定义和范围。价值也可以采用内外部两种视角进行描述，但通常在业务任务这个层级，大多基于内部视角描述，但是有些业务任务可能是由外部利益相关方执行的，这时需要额外考虑客户体验，尤其是由客户操作的业务任务；定义的描述方式也是相同的，介绍通过什么方式、运用什么资源达成什么目的；范围通常会仿照业务活动的做法，罗列业务任务包含的业务步骤、关键的数据实体等。关于这些文字性信息与工作量的平衡，其考量点与业务活动也是一样的，只不过思考得要更慎重些。因为从业务活动到业务任务，元素数量至少会增加五倍，这意味着更大的工作量。如果想要减少工作量，仅描述定义也可以。对于快速了解业务任务而言，定义、岗位、输入、输出是比较有用的信息。

具体工作中，如果考虑简化设计，则按照表6-2的方式定义一个业务任务的相关信息即可：

**表6-2　业务任务定义参考工具表**

| 任务名称 | 角色 | 任务描述 | 输入 | 输出 |
| --- | --- | --- | --- | --- |
| 信贷支用申请 | 客户 | 受理客户额度合同项下的单笔融资支用申请及相关材料 | 客户ID、合同编号、预定放款日期、金额等 | 登记支用申请信息 |
| 信贷支用审核 | 信贷风险审批人员 | 有权审批部门对客户的单笔融资支用申请进行审核确认；对于股票质押贷款，总行确定股票质押贷款的限额 | 支用申请表、审核相关材料 | 审核结果 |
| 落实发放条件 | 客户经理 | 完成抵质押登记手续，准备好放款需要的指标单、凭证；落实客户用款的所有前提条件；对于外汇贷款业务要提示客户办理外债登记手续 | 1. 抵质押登记<br>2. 放款所需指标单 | 信息登记 |
| 审查条件落实情况 | 信贷风险审批人员 | 审查客户用款条件的落实情况并出具审查意见 | 发放条件所涉及相关文档 | 审核结果 |

在笔者设计的聚粮架构平台中，业务任务是通过业务任务信息表（图6-22）、业务活动与业务任务关系表（图6-23）、角色与业务任务关系表（图6-24）记录的。

| | 业务任务名称 | 业务任务ID | 业务任务定义时间 | 业务任务描述 | 业务任务状态 | 被封装的业务构件 |
| --- | --- | --- | --- | --- | --- | --- |
| | 定义产品销售控制 | 0000003 | 2024-01-21 | 定义产品的销售条件、销售范围等基本控制条件 | 有效 | 定义产品销售... |
| 2 | 创建新客户信息 | 0000002 | 2023-12-17 | 建立新增客户相关信息 | 有效 | 创建新客户信... |
| 3 | 定义客户画像维度 | 0000001 | 2023-12-14 | 选择客户维度，建立评价权重 | 有效 | 定义客户画像... |

图6-22　业务任务信息表示意图

| | 关系ID | 业务活动名称 (... | 业务任务名称 (FK... | 关系描述 | 关系状态 |
|---|---|---|---|---|---|
| 1 | 0000003 | 设计产品模型 | 定义产品销售... | 包含 | 有效 |
| 2 | 0000002 | 创建新客户 | 创建新客户信息 | 包含 | 有效 |
| 3 | 0000001 | 构建客户画像 | 定义客户画像... | 包含 | 有效 |

图6-23　业务活动与业务任务关系表示意图

| | 关系ID | 角色名称（FK） | 业务任务名称（FK... | 关系描述 | 关系状态 |
|---|---|---|---|---|---|
| 1 | 0000001 | 公司部信贷经理 | 定义客户画像... | 执行 | 有效 |

图6-24　角色与业务任务关系表示意图

## （四）对业务任务进行标准化

流程模型标准化工作的重点在业务任务这个层面上，所谓个性化、共性化业务能力的识别，其在流程模型中的落脚点就是业务任务。

（1）命名标准化。对业务任务进行标准化也包括对名称的标准化，业务任务的命名规则也是"动词+名词"。动词在业务活动标准化的过程中已经形成了标准动词库，这时可以充分利用标准动词库约束对动词的使用，并对标准动词进行必要的补充。至于名词部分，可以是与企业术语、业务对象、数据实体名称等进行对接。业务任务的命名可能会出现一个略有尴尬的情况，因为限制比较严格，所以可能出现某个业务任务与其所在的业务活动同名的情况，在确实无法规避的情况下，也无须多虑，毕竟两者不属于同一个层级的架构元素，重名并不会在操作层面带来太多问题。

（2）定义标准化。通过名称的标准化可以首先发现同一业务领域内命名相近的业务任务，这时可以进一步通过文字性信息去比较业务任务的定义。至于跨领域的标准化，由于业务任务数量众多，需要先在严格完成领域内标准化的基础上再开展。

（3）结合数据实体的标准化。业务任务的颗粒度相对业务活动而言，已经小了很多。所以，通过对命名、定义的比较已经可以做出一定的判断，如果需要进一步增强结论，则可通过关联的数据实体做进一步的比较。

（4）跨领域标准化。虽然业务活动也涉及跨领域标准化问题，但是从操作上来讲，其工作量远没有业务任务的跨领域标准化工作量大。由于业务任务的颗粒度较小，所以，业务任务的跨领域标准化需要对不同业务领域之间很多似是而非的概念、事项进行深入的澄清，考虑到业务任务的总量，工作还是比较艰巨的。但是就结果而言，可能会让人失望，因为做了大量澄清之后，也许会发现可跨领域标准化的业务任务不如预期得多。这种结果也很正常，正如笔者在介绍业务活动标准化时强调的，没充分考察业务共性之前，对"复用"是没有发言权的。读者可能会担心，如果可标准化情况远不如预期怎么办？其实没什么需要担心的，企业会因此充分判定自己到底适合什么样的架构模式。业务架构的梳理能够帮助企业判定合适的架构模式，因为这一阶段的设计并不指向任何特定架构，这也是千万不要在这一阶段带着明确的指向去梳理业务架构的原因，因为这个"指向"很可能到最后就只是个"幻想"。

经过以上环节，业务任务的定义工作也算完成了。虽然业务任务十分重要，但依然只能通过探索、比较的方式进行设计。初步展开业务任务、关联数据实体、完善文字性信息都是对业务任务的探索，而在本领域、跨领域开展的标准化工作则是对业务任务的比较。在这一过程中读者也能感受到业务模型在企业层面的个性化特征，业务战略、组织结构、岗位设置、业务理解、工作习惯、架构决策的妥协等因素都会带来模型强烈的个性化特征，这也是跨企业照搬方法在业务建模领域无法奏效的原因。

### （五）关联战略能力

业务任务的设计基本完成后，业务战略，尤其是支撑业务战略最关键的战略能力就可以实实在在落地了。企业的"地"就是每一个岗位具体的"事"，战略能力就是要落到这些"事"上才算真有了"着落"。这不是下发会议文件等着各部门领任务式的落地，而是有业务架构资产可以追踪的落地，也与数字化有着更为直接的联系。将战略能力与业务任务进行逐项关联，这种操作也许很机械化，但对于大型转型工程而言，有更强的工程性色彩。

在关联过程中虽然提倡将一个战略能力分解落实到一个或者多个业务任务中，但是规模大了，能力多了，难免出现多对多的情况，即一个战略能力落实到了多个业务任务中，一个业务任务同时支持多个战略能力。这是很有可能的，虽然关系乱了些，但是有助于以后架构决策时评价影响范围，也更容易看到哪些业务任务担负的"责任"更多，变更处理需要慎重对待。

在笔者设计的聚粮架构平台中，这种关联关系是通过战略能力与业务任务关系表（图6-25）来记录的，如下：

| | 关系ID | 战略能力名称（FK... | 业务任务名称（FK... | 关系描述 | 关系状态 |
|---|---|---|---|---|---|
| 1 | 0000004 | 客户外部信息... | 创建新客户信息 | 主要实现 | 有效 |
| 2 | 0000003 | 分行客户画像... | 定义客户画像... | 协同实现 | 有效 |
| 3 | 0000002 | 合理控制销售... | 定义产品销售... | 单一实现 | 有效 |
| 4 | 0000001 | 客户画像 | 定义客户画像... | 主要实现 | 有效 |

图6-25 战略能力与业务任务关系表示意图

### 五、如何精确定义业务步骤

从业务活动细化到业务任务之后，还剩下一个层级要处理，这就是最后一层"五级建模"，也是工作量最大的一层，是对业务步骤的精确定义。但业务步骤设计是一个存有争议的环节，笔者会在介绍分析方法的过程中进行相关探讨。

#### （一）明确业务步骤名称

对业务任务定义过程中初步展开的业务步骤进行确认，明确每个业务步骤的名称，名称要与其执行的操作"名实相符"。但是对业务步骤的命名可以不再采用"动词+名词"了,因为业务步骤太多,业务步骤层级的标准化很难做得起来,所以,过于严格的命名法也就不必要了。

### (二)确定业务规则

业务步骤层级最重要的工作是厘清业务规则。业务规则很有可能是企业中重要的业务知识,但是很多仍属于经验驱动型企业,这些核心业务知识多数掌握在人的头脑中,少部分可能体现在文档中,进入业务系统的数字化的业务知识不算太多。笔者在本书序言中提到,只有按照"经验–知识–数据"的建设逻辑,将知识作为"经验驱动"转向"数据驱动"的中间桥梁,才能全面实现这一转变。而知识中有很大一部分是碎片化的,业务规则就是这种碎片化的知识,如果没有及时进入业务系统,知识会随着人的变动、信息的传递而逐渐消失,出现人的知识随着经验的增长而增加,企业的知识却随着人的更迭而不断遗失的情况。此外,业务规则代表的知识是碎片化的,就算企业有意识地去收集、整理,但如果没有类似流程模型这样的串联方式,知识管理也会是低效的。流程模型将业务规则融入业务操作过程中,从实际操作的角度连接了关键的知识,更有利于企业开展知识管理及自动化工作。

业务规则应该写成什么样子呢?没有固定标准,理想的业务规则应该是可以被清晰表达的判断逻辑,能够做到可判定、可计算、可比较,无论文字性的还是数据性的,都应该能够基于明确的条件得出对应的结论。这也是理想的业务规则在表述上的基本要求。提炼业务规则的方法可以分情形来看。

1. 简单判定的业务规则

在一个业务任务中,有可能半数左右甚至更多的业务步骤并不涉及复杂的业务规则,这很正常,没有规定业务任务必须很复杂。比如,一些业务受理类的业务任务,很多企业都有这类工作,而且经常是临时有人替个班都可以做的事情。这类业务任务中可能每个业务步骤的业务规则都很简单,只是一些诸如完整性检查、形式类检查的要求，可以被"清单化"执行，这些简单规则没有必要被复杂化。但即便是这种简单操作，也要时刻注意提炼可以被业务系统吸收而转变成可软件化实现的业务规则，比如，受理工作的分配，一个岗位已经堆积了几十个受理任务，就不应该再分配任务给这个岗位了，而应该把任务分配给其他岗位。这个阈值设置在多少合适？经过观察，就可以找到一个合适的值，从而将受理工作的分配转变成一个可计算的任务，再复杂一些可能还会根据事项、金额增加任务分配规则，这些判断条件被收集起来经过提炼就成为业务规则。这类业务规则的编写比较简单，但是养成提炼业务规则的习惯，可以让很多之前没有被注意到的工作环节、业务知识得以被更好地管理。

### 2. 复杂算法的业务规则

比如，金融行业对客户风险水平的判断，如果完整计算是要从行业、地区一直算到具体客户、金融产品的，其中一些复杂计算要被拆分成若干部分分别计算，再作为参数进行汇总分析；客户分类的规则也可以非常复杂，甚至要用人工智能去实现。每个行业都有自己的复杂之处，这类规则一般会难以描述，有时规则本身需要一定量的文档才能介绍完整，所以，没法在业务模型，尤其是业务步骤这么细颗粒度的架构元素中完整罗列。替代方法是在业务步骤对应的业务规则处，只介绍规则大意，再列上一个复杂规则编号，这个编号再对应一个完整的复杂规则文档，如果需要仔细研究对应的业务规则，可以查阅对应的复杂规则文档。

### 3. 矩阵式的业务规则

有些业务规则在针对不同客户群体、产品分类、渠道、合作伙伴时，会有执行上的区别，比如，线上服务和线下服务的不同规则，大客户和一般客户的不同规则，不同类型产品在同一优惠活动中执行条件上的差别，同一业务在不同规模的合作伙伴间合作条件的差别等，会需要一些矩阵式的表达方式，也就是为同一个业务规则设计针对不同因素的子规则。对于这类业务规则可以采用两种方式进行处理，其一是在业务步骤层面建立矩阵式（参见表6-3）的表达方式，罗列各类因子并建立矩阵关系，但这样做的缺点是，业务模型的阅读和维护会变得复杂；其二是在业务模型中不处理这部分信息，而是以保持一定抽象度的统一规则来表达规则本身，在后续的需求分析中再根据不同因素拆分需求项，将这类规则分阶段处理。因为业务模型的核心是服务于业务架构设计，业务架构设计的核心是分块、聚类，明确整体业务结构和关系，而不是澄清每一个需求的细节，这是业务架构设计与业务需求分析的不同之处。将规则统一在一起是指保留逻辑设计上可以将功能或者服务整合的可能性，后续可以在落地中进一步判断其可行性，并根据实际判断结果重新调整业务模型。关于业务架构设计与业务需求分析的区别，在本书后续会进一步阐述。

表6-3 矩阵式规则表达示意表

| 步骤名称 | 业务规则 | 因子1 | 因子2 | 因子3 | 因子4 |
| --- | --- | --- | --- | --- | --- |
| 步骤1 | 对因子1执行规则A；对因子2执行规则B | A | B | | |
| 步骤2 | 执行规则C | | | | |
| 步骤3 | 对因子3执行规则D；对因子4执行规则E | | | D | E |
| 步骤4 | 执行规则F | | | | |
| 步骤5 | 对因子1执行规则G；对因子3执行规则H；对因子4执行规则I | G | | H | I |

### （三）确定业务步骤的颗粒度

经过对业务步骤的命名和业务规则提炼，一个业务步骤中该写什么就大致明确了。这时可以回过头来整体检查下每个业务步骤的颗粒度是否合适。这个检查并不是要求每个业务步骤都一样"大"，而是根据对业务规则提炼的理解，检查下有没有业务步骤在规则方面过于宽泛，或者本该写业务规则，但实际上却把一个操作过程当成业务规则写在某个业务步骤中，导致这个业务步骤变成了一个小型的业务任务。在没有对业务规则提炼理解到位的情况下，这种写法是经常出现的，所以，做业务建模也需要时常回头看。

随着建模层级的深入、建模经验的增加，业务架构师经常会发现一些之前环节中出现的质量问题，可以随时进行修正。没有人能学一次就把业务建模操作得十分到位，尤其是当很多人在一起合作建模的时候，对业务建模的理解经常会互相影响。有些问题到项目结束都不一定有共识性答案，多年后反思可能还会有更多的理解。所以，业务建模虽不复杂，却是一件非常"耐嚼"的事情。

业务步骤确定好之后，也可以再次检视业务任务的标准化工作是否有不当之处，因为业务步骤建模为业务任务提供了更多细节信息，可以为业务任务的标准化工作提供更多判断依据。业务任务的标准化是流程建模的重点，所以，每当有更合适的信息可以提升标准化工作质量时，都应该考虑选择合适时机进行复检。

### （四）业务步骤与数据的关联

业务任务可以与数据实体进行关联，那么业务步骤可以与数据模型建立关联吗？可以，但是要考虑如何平衡工作量。

首先，业务任务与数据实体的关联完全可以体现在业务步骤层面，也即，具体的哪个业务步骤操作了哪个数据实体，CRUD矩阵关系是可以写在业务步骤层面的。不只是数据实体，在实操中，也有企业更进一步，将数据实体的下一层级，也就是"属性"直接对应到业务步骤，建立业务步骤和"属性"的CRUD矩阵关系。

其次，关联的优点。如果在业务步骤与"属性"层面建立关联，确实能将数据治理责任通过业务模型落实到"属性"级别，明确业务部门的数据管理职责。

最后，工作量的挑战。通常一个企业的业务模型资产在数量方面的估算上，可以从业务活动开始进行翻倍计算，也即，业务活动分解为业务任务大约单位数量会增长五倍以上，到业务步骤则要再增长五倍以上。如果从一千个业务活动算起，到业务任务就要达到大约五千个了，再到业务步骤就会到二万五千个以上；相应地，如果有一千个业务活动，从处理的业务对象角度看，大约找到二千至三千个数据实体是不成问题的，而从数据实体到"属性"，一般数量会增长八到十倍，也就是达到两万个至三万个。不同行业的企业可以根据经验进行适度的修正，但总体来讲，这仍旧可能是一个略带保守的估计。虽然不是要在所有元素之间建立全连接，但是不会有没被关联的元素，所以，设计的工作量和日后的维护量都是相当大的，不是不能这么做，而是需要足够的资源才可以做好。

### （五）业务步骤层面的不同实践

从笔者的介绍可以看出，业务步骤设计工作量是很大的，通常，如果做详细的业务步骤设计，其工作量大致可以抵得上业务活动和业务任务设计工作量的总和。如果控制得不好，有可能工作质量还不如业务活动和业务任务的设计质量。因为，越到细节，业务架构师之间操作手法的差异也会越大，到了业务步骤这个层级想要实现企业级控制已经相当困难了，必须依靠持续性的质量检查工作来保证对底层设计的标准控制。此外，这个层级又是一个业务架构设计和业务需求分析之间的尴尬地带，有时会让人怀疑做的到底是架构设计还是需求分析，是不是这个层级设计的元素都应该列入业务架构层级的管控范围。

正是因为有这些考虑，有的企业完整地执行了对业务步骤的详细设计，有的企业甚至做了更深入的设计，也有的企业只是对业务任务进行了轻度的展开，只做了较为初步的业务步骤描述。

对于这个问题，笔者的看法是，如果能够良好地分开业务架构和需求分析这两个层级的工作，业务模型是不需要很细致地去做业务步骤设计的，重点关注其中的关键业务规则即可。作为业务架构设计，其关注点是对于整体业务结构的划分和关系的澄清，分析详细需求并非核心任务。因此，业务步骤并不需要细致展开，而且，根据笔者的实践经验，不做细致展开也的确不影响业务模型的使用。

从标准化的视角看，通过业务任务的命名、关联的数据实体、定义、核心业务规则等方面的信息足以支撑标准化工作，并非一定要通过更细致的业务步骤去做标准化设计。此外，业务模型的设计要适当偏向整合，也即，尽可能保持模型的集约，才能为后续技术设计提供整合的方向。如果对业务细节考虑太多，导致从模型层面就开始分散化设计，后边的技术设计就更难以实现整合了。

综上考虑，再叠加对工作量的平衡，是否需要将业务模型完整建设到业务步骤这个层级，是要结合企业实际需要、可投入资源等因素来考虑的，并非设计越细、业务架构资产越多就会越好。如果超过了后期维护能力，资产多了反而会成为负担，即便企业通过引入外部力量、聘请咨询机构的方式开展业务建模，也不能单纯地认为既然花钱了，项目产出就应该越多越好，不可维护的资产拿到手里也没有意义。

如果分不开业务架构和需求分析这两个层级的工作，比如，有的企业希望开展业务架构工作，但又没有资源建立专职团队，只能让需求分析人员或者产品经理兼职做业务架构师，也就是两层工作都担在同一个人肩上。这时，兼职业务架构师可以将其视为两个阶段的工作任务来看，在业务架构工作阶段，先完成结构划分，再转入需求分析阶段进行详细需求分析。这个操作与之前从业务活动、业务任务到业务步骤的工作思路一样，分阶段推进。这种情况下，业务架构师没有必要在架构设计阶段对业务步骤花费太多时间，因为这些内容还是会写入需求规格说明书或者产品设计说明书的。

什么时候企业值得在业务步骤上花费较大精力呢？首先，企业有足够的资源，尤其是当业务人员、业务架构师的投入量足够大，足以建设并维护好细节较多的业务架构资产时，细节多些也无妨了，会有利于对业务架构资产的运用。其次，企业对业务模型的应用有更广的计划，比如，将业务模型用于"同源框架"建设，流程管理、质量管理、风险管理、合规管理、业务连续性管理等，凡是需要使用业务流程进行管理的工作领域，都不再单独建设流程模型，而是以业务模型为核心进行管理。这种情况下，业务模型能够发挥很大的业务价值，即便业务架构本身不需要很细致的业务步骤设计，其他管理用途也会需要，综合考虑，在业务步骤上多花费些精力就是值得的。

如果不对业务步骤进行详细建模，那么，定义业务步骤的相关工作，作为一个单独的建模环节就可以省略了。其核心工作，也就是对关键业务规则的描述，可以合并到定义业务任务的环节中，也即，在不需要关注业务步骤完整性的前提下，在定义业务任务环节中完成对核心业务规则和主要业务步骤的简要描述。

作为一个轻量级的零代码工具，笔者设计的聚粮架构平台中就没有业务步骤这个层级，业务规则是通过业务规则信息表（图6-26）、业务规则与业务任务关系表（图6-27）来记录的，复杂规则可以通过增加"附件"的方式记录。

| | 业务规则名称 | 业务规则ID | 业务规则定义时间 | 业务规则描述 | 业务规则状态 |
|---|---|---|---|---|---|
| 1 | 评分规则 | 0000001 | 2023-12-14 | 每个维度占比5% | 有效 |

图6-26  业务规则信息表示意图

| | 关系ID | 业务任务名称（FK... | 业务规则名称（FK... | 关系描述 | 关系状态 |
|---|---|---|---|---|---|
| 1 | 0000001 | 定义客户画像... | 评分规则 | 包含 | 有效 |

图6-27  业务规则与业务任务关系表示意图

通过对业务步骤的讨论，读者可以发现，业务架构实践有很多灵活之处，需要深入思考，不能急于求成。现在国内已经有不少大型业务架构项目实施经验可供企业、架构师去研究和借鉴了。

## 六、简要回顾

本节在"企业棋盘"的基础上，介绍了业务活动、业务任务、业务步骤的细化设计方法，解释了数据模型与流程模型的设计关系，以及与流程模型融合的点，其中也带入了很多笔者的反思，帮助读者全面了解流程模型的优点与缺点，以及建模方法的可调整之处。

简要总结下，业务活动、业务任务、业务步骤都没有可直接用于标准化判断的概念，所有标准化工作几乎都是通过比较完成的。在比较时，业务活动主要看命名、定义、流程图、开始事件、结束事件、业务对象；业务任务主要看命名、定义、输入、输出、数据实体（输入、输出也是数据实体）、核心业务规则（无论有没有业务步骤建模，业务任务的标准化都可以比较业务规则）；业务步骤的标准化主要是对其颗粒度的控制，建模核心工作是结合步骤提炼业务规则。

流程建模工作就是一个持续拆分、反复控制颗粒度的过程，这样的工作不可能不受到业务架构师经验的影响。因此，建模工作质量一定程度上会依赖建模经验。这也决定了，业务架构相关的建模工作是不太可能一步到位的，应注意设立好"质量门"的通关条件，处理好心态，控制整体工作进度。

流程建模部分涉及的主要架构元素，其关系如图6-28所示：

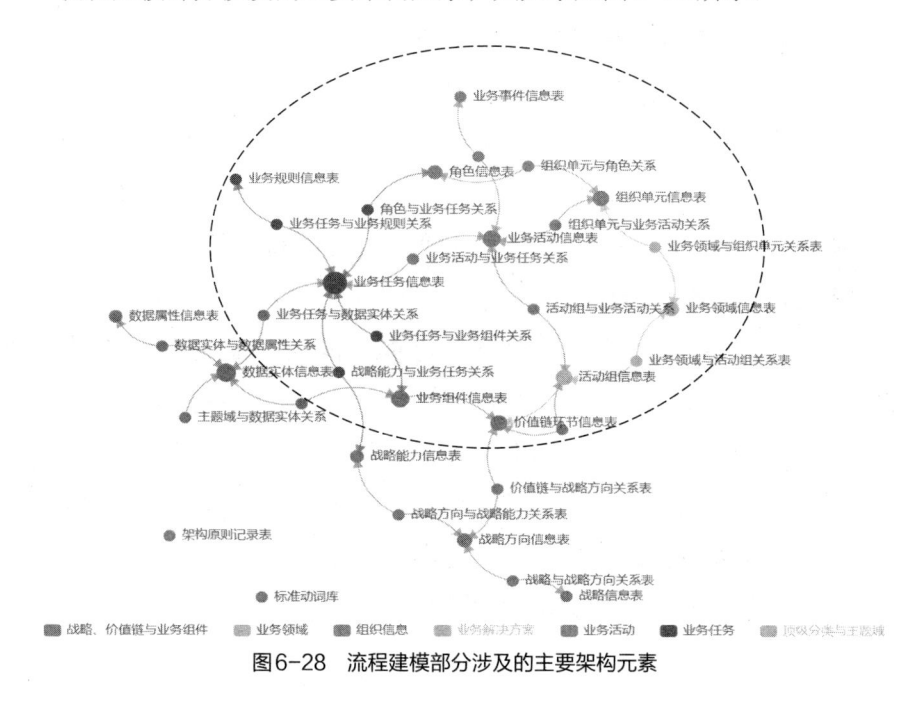

**图6-28　流程建模部分涉及的主要架构元素**

## 第五节 与用户体验的结合

许多企业都关注用户体验,并将用户体验分析方法引入业务分析、产品分析中,一些企业还会启动专门项目来研究和改进用户体验。那么,用户体验分析与流程分析,乃至与业务架构分析之间是什么关系呢?

用户体验分析与流程分析并不冲突。当企业通过用户体验分析发现业务改进点、创新点时,其最终实施还是会落在对业务流程和数据的改变上。所以,在实际操作中,如果存在流程模型,就不一定需要将用户体验分析单独作为一套模型来建立,而要将用户体验分析得到的结论融入流程模型中。

用户体验分析中也会得到一些看似不属于流程分析的结论。比如,对于界面设计的改变,这些内容看起来与之前介绍的流程模型无关。在较为复杂的流程建模中,有些企业采用的方法是,在定义业务任务时描述其对应的界面,所以,如果有必要,界面类需求可以反映在流程模型中。单就方法来讲,流程模型如果做得再复杂一些,可以在业务任务或业务步骤层面与界面进行关联。因为界面操作最终是为了触发某一个业务活动的,它本身就是一个业务事件。业务活动一旦触发,必然会在业务任务间进行流转,涉及用户交互时,又会从业务任务返回界面,无论涉及的岗位是内部用户还是外部用户。所以,如果有必要的话,确实可以把界面跟流程模型融合到一起,可以在业务任务中关联其涉及的界面。

但是,如笔者在介绍流程分析时强调的,并不是所有业务需求都有必要放在业务架构工作中,大多数界面改善类需求不太容易达到会改变业务架构的程度。通过业务架构承载和传导界面需求,反倒有可能降低开发反应速度。所以,对于用户体验分析得到的结论,可以用业务架构进行一个初步判断,通过业务模型进行定位、分工,提供业务架构解决方案。而单纯变更界面,则会快速"放行",直接走向技术实现。

用户体验分析是可以与业务架构分析相结合的，在方法和资产层面都可以结合。应该说，对最终用户行为和心理的深入分析是很多企业缺乏的，而互联网行业因为其最初起步时就是一个高度细分、依赖交互、依赖数据的行业，所以对最终用户的行为和体验特别关注，也催生了很多对用户体验进行分析的有效方法，是其他行业可以借鉴的。只是在借鉴的时候，不同行业对于同一个方法的运用方式和结果都会有些差别，不能完全以某一个行业的使用效果作为另一个行业必须达到的结果去看待这些方法。

## 第六节 流程分析该是谁的工作

流程模型的设计在业务架构乃至软件开发领域，一直是一件必须做却又经常不得其法的工作。毕竟，本质上流程模型不应该成为技术对业务的解读，而应该是业务对自身的基础性管理。从业务视角建设和使用的流程模型，与从技术视角为了理解业务而建设和使用的流程模型，注定会有不同的命运，前者是真正的业务，而后者只是从某个角度对业务形成的镜像。比如，本书介绍的流程模型就是为了看到业务结构而做的"业务镜像"，一个庞大的流程模型资产，如果只被技术侧掌握，就会永远犯愁"保鲜"与"保先"问题，技术侧与业务变化的源头之间始终是有一段距离存在的。

所以，笔者一直主张，业务架构应该成为一项业务工作，成为业务管理的基础性工作，成为数字企业的管理手段。将传统的流程管理升级为业务架构管理，使传统的企业管理理念、方法能够通过全局性结构化思维、业务架构升级为得以匹配数字时代的企业管理方法。业务架构师这个岗位应该属于业务侧，而不是大多数企业定位的技术侧。

流程分析的真正价值并不是为了帮技术开发找到一个关于业务的合适理解，而是为了从业务视角认识企业的能力布局，帮助企业做合适的数字化建设决策。比如，管理上时常借用二八定律来提醒企业应对关键流程加强管理，也即，只有大约两成的业务流程所代表的工作事项是企业竞争力的关键，是应该通过差异化管理树立竞争优势的。业务架构中的流程分析也应该帮助企业去发现和定位这部分关键性流程，并对支持这部分关键性流程的业务能力赋予更高的建设优先级，甚至要形成足够的自研能力，以具备能够反映企业差异的业务能力。

在笔者看来，随着技术的发展，架构设计能力的具备终将无关企业规模，而只有架构能力深浅、设计范围大小之别。因为，即便企业用的是低零代码开发，一旦应用数量足够多，也会引发架构问题。因此，应使架构能力融入业务部门，这样，在架构设计时也会很自然地从业务视角想问题了。

## » 本章习题：

1. 请读者收集所在企业业务信息，总结所在企业的价值链。
2. 请读者收集所在企业业务信息，总结所在企业的业务领域。
3. 请读者收集所在企业业务信息，分析各部门在"企业棋盘"中的作用，重点分析读者所在部门在价值链各环节中的作用。
4. 针对读者所在部门，尤其是所在岗位进行流程建模练习，并确定其在"企业棋盘"中的位置。
5. 针对上述梳理的流程在"企业棋盘"中的位置，选择邻近的上下游价值链环节中相关其他部门的工作进行流程建模练习，并注意业务活动之间的衔接。
6. 练习中注意仔细思考上述流程建模中对业务任务颗粒度的控制和业务规则的提炼。
7. 思考上述流程建模的结果有可能对应多少个系统间的协作。
8. 请读者将战略能力分派到业务任务上，如果分配关系不够清晰，请进一步拆解战略能力。

» **本章参考资料：**

《竞争优势》，迈克尔·波特著，陈丽芳译，中信出版社，2014年6月

» **本章推荐阅读：**

《流程的永恒之道》，辛鹏、荣浩著，人民邮电出版社，2014年6月

# 第七章

# 业务架构设计之数据分析

企业战略真的关注数据吗？企业的组织结构可能结合数据设计吗？企业的流程可能基于数据设计吗？数据思维到底是什么？这些问题都属于业务架构要谈论的数据分析吗？是的，今时今日之业务架构如果不关注和思考这些问题，未免就太"局促"了。业务架构要谈论的数据分析并非很多人直觉上的关于数据的计算、报表等，不是用数据去分析，而是更为基础的工作，是对数据本身的分析，是对数据的定义和管理。正因如此，必须回答前面那些问题。

读者不要因为本章标题中带有数据分析就认为业务架构师不需要深度了解，业务架构师必须掌握从数据视角分析业务架构的能力，这是业务架构设计中非常关键的一环，也是本书方法论有别于其他方法论的核心之处。

## 第一节　顺滑的数据驱动

很多企业都将释放数据要素潜力的期望寄托在数据平台、数据中台建设上，寄托在提升业务人员数据分析能力上，但是在转型过程中，却经常出现"建非所要""学非所用"的问题。笔者虽然不能给出万全的解决之策，但企业对自家数据了解不足，尤其是对数据与业务的关系了解不足，通常会是原因之一。没有定义清楚"材料"，但着急上了"工艺"，最后数据能力建设成了一道证明题，证明别人说的"工艺"是否足以加工自家的"材料"。

了解自家数据、挖掘数据与业务的关系到底该如何做呢？笔者认为，其过程应当始于数据定义，先将"业务叙事"转化为"数据叙事"，以此为基础，再将业务问题转化为数据问题，最终形成数据对业务的驱动作用。

几乎人人都用过外卖App，外卖App本身就是一个超大型的"数据集合"：从供给端，也就是提供饮食服务的商家开始，店铺名称、地址、联系方式、食物种类、价格、优惠信息、评分信息、评价信息、店铺视频、推荐视频等，对该考虑的所有信息都进行了分类收集；中间的物流端，商家自配送信息、骑手信息、骑手实时动态、天气信息等，也是一应俱全；最后在消费端，消费者所有的购买历史、点评信息、发票信息基本完整保留，以用于更好地进行相关推荐。可以说，外卖App基本上把供给端、物流端、消费端的所有"业务叙事"都以"数据叙事"的方式呈现出来，其范围也不再是过去人们选择饭店时所了解的几条街道、几个店家的信息，也不再是只通过广告方式进行的"叙事"传播，而是构建了全国范围、动态更新、实时可查的多媒体"数据叙事"。在此之前，还没有数据采集模式能够做到如此大范围且深入每个服务者、每个消费者的颗粒度去近乎实时地反映一个行业的数据，这是这个时代独有的"叙事"方式，以数据详尽地实时描述每一个行业、每一个企业、每一个个体。

将"业务叙事"转化为"数据叙事"，自然就为业务问题转化为数据问题创造了条件。每次通过外卖App点餐都是一个纯数据驱动的决策过程。读者可以回忆下点餐过程，依次会经历商家优惠信息推动的价格决策、食物分类信息推动的习惯决策、送餐距离信息推动的效率决策、用户点评信息推动的竞品决策、骑手路况信息提供的物流可见、用餐评价支持的体验表达等环节，其中的各类决策基本通过数据进行，每次决策都会转化成数据被记录下来，留待后续分析或者用户下次基于已有订单快速点餐。这是顺滑的数据驱动的决策，其过程也没有看报表的感觉，是很自然地在需要数据的地方用到了需要的数据。

当然，用户能有如此顺滑的决策体验，是因为外卖App的提供者（包括企业中的业务人员和技术人员）将更多的业务问题转化为了数据问题，这些问题可能涉及图7-1包括的这些内容：

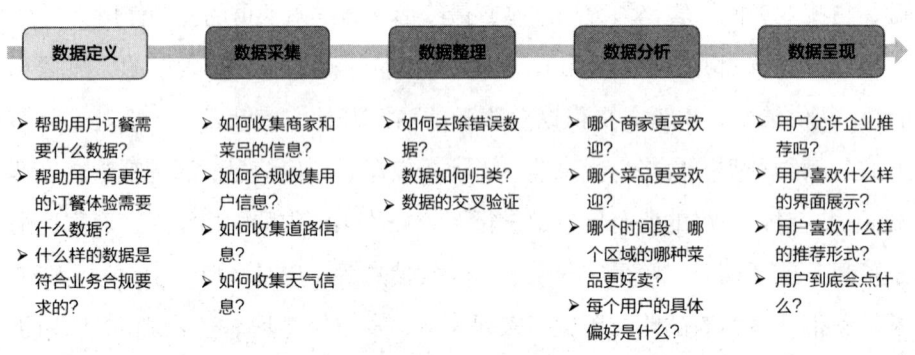

| 数据定义 | 数据采集 | 数据整理 | 数据分析 | 数据呈现 |
| --- | --- | --- | --- | --- |
| ➢ 帮助用户订餐需要什么数据？<br>➢ 帮助用户有更好的订餐体验需要什么数据？<br>➢ 什么样的数据是符合业务合规要求的？ | ➢ 如何收集商家和菜品的信息？<br>➢ 如何合规收集用户信息？<br>➢ 如何收集道路信息？<br>➢ 如何收集天气信息？ | ➢ 如何去除错误数据？<br>➢ 数据如何归类？<br>➢ 数据的交叉验证 | ➢ 哪个商家更受欢迎？<br>➢ 哪个菜品更受欢迎？<br>➢ 哪个时间段、哪个区域的哪种菜品更好卖？<br>➢ 每个用户的具体偏好是什么？ | ➢ 用户允许企业推荐吗？<br>➢ 用户喜欢什么样的界面展示？<br>➢ 用户喜欢什么样的推荐形式？<br>➢ 用户到底会点什么？ |

图7-1　涉及的问题

图7-1反映的只是一个思考过程，并不代表外卖App软件就是这么设计、开发的。这个思考过程反映了满足从"帮助用户订餐需要什么数据？"一直到"用户到底会点什么？"可能会问的各类业务问题，充分结合对数据的定义和采集，就能够提供一个将业务问题转化为数据问题的执行过程。对数据分析工作稍有了解的读者都知道，在数据分析工作中，所谓的分析环节其工作量在总体工作量中占比很小，大量时间都放在定义、收集、整理所需的数据上。所以，单独培养数据分析能力，是很难整体提升企业数据运用能力的，要从"数据定义"开始培养，培养完整的全生命周期数据能力。

笔者以外卖App来解释笔者对顺滑的数据驱动决策的理解，并非代表所有企业的应用都应该做成外卖App这种模式，不同行业有不同特点，可以借鉴之处是，深入思考如何先把本企业、本行业的"业务叙事"转化为"数据叙事"，这样才会有数据驱动的基础。但是，怎么能够把需要的数据都想到呢？怎么才能用数据视角完整地看待业务呢？方法肯定不止一种，本书中，笔者会回到业务架构中的数据分析上，介绍在业务架构视角下是如何做的。

## 第二节　可参考的数据建模方法与模型框架

据笔者观察，成熟的数据建模方法与数据模型框架似乎并不多。笔者在最初撰写《企业级业务架构设计：方法论与实践》一书时，由于对数据领域接触较少，曾经以为这个领域比流程建模要成熟得多，方法论是唾手可得而无需介绍的，因为笔者在工程中的实际感受就是数据建模比流程建模要严谨，数据项与业务活动、业务任务、业务步骤相比，要精确得多。虽然在数据实体层面会有些争议，但毕竟最底层的数据项是很具体的。

但笔者后来通过拙作与更多读者、企业交流后，发现笔者之前的实践不仅属于个例，而且还是特例。多数企业端软件的研发，在"源系统"一侧，也就是常说的"业务系统"侧，"逻辑级"数据建模只是徒有其名，基本都是在梳理"数据项"需求后，直接走向"库表"设计。而数据建模通常用在数据仓库、数据平台的设计中，也就是说，笔者在本章第一节介绍的，将"业务叙事"转化为"数据叙事"，只是数据仓库、数据平台的一个设计环节，而没有在数据源头——"业务系统"中贯彻这种设计思路，这种思路更没有通过系统设计过程传递到业务人员一侧，只是少数数据设计相关人员的工作。总体来讲，数据的基本认知还远不如流程的基本认知传播得广。

可以说，笔者通过近几年交流得到的行业印象，与笔者之前项目实践中的感受几乎是截然相反的。因此，本书中笔者会更为详细地介绍数据模型相关内容，并将主要精力集中在如何从流程模型快速推导数据模型上。这一能力对业务架构师而言是极为重要的，也是笔者能够持续创新业务架构设计方法的基础。希望读者在自己的学习、实践中能够高度重视它。

## 一、数据建模方法

笔者在自身实践中运用较多的是IBM的数据建模方法，该方法将数据建模的组织工作分为四个阶段、两大层级；模型资产则与流程模型类似，分为五个模型层级。

数据建模的组织工作包括规划阶段、核心设计阶段、应用设计阶段、应用部署阶段，其中，规划阶段、核心设计阶段在层次上属于"企业级"，也即需要整个企业保持高度的数据定义一致性，采用严格的"范式模型"进行设计；应用设计阶段、应用部署阶段在层次上属于"应用级"，为了满足系统需要，这一层次会进行数据"降范"处理，以"应用"为边界进行管理，但仍旧是"范式模型"的思路。"维度模型"主要用在数据平台设计上，业务系统主要采用"范式模型"进行管理。

数据模型的分类包括：A级，顶级分类，也就是企业所有数据的最高阶抽象分类，A级模型产出的设计阶段是规划阶段；B级，概念术语，会对企业所有的概念术语进行层次化的分类，但不关心数据间的交互关系，只有分类、分层，比如，企业有多少种类型的合同，这可能就会总结成一个"树形"合同分类表，B级模型的产出一般会在规划阶段就开始，但考虑到不同企业的术语量，术语较多的企业，可能会一直延伸到核心设计阶段；C级，完全遵守"三范式"要求的企业级逻辑数据模型，而且是纯粹的业务基础数据，没有任何技术数据，这部分是数据建模的重点，也是本书关注的核心内容，主要是划分并归类数据的主题域、数据实体、属性，绘制数据实体关系图（Entity Relationship Diagram，ER图），C级模型的产出在核心设计阶段；C'级，在C级模型的基础上，按照应用设计的需要增加冗余、衍生、派生数据，完成数据与应用之间的管理权归属划分，C'级模型的产出在应用设计阶段；D级，根据C'级模型，结合技术数据，按照"库表"设计逻辑进行物理模型设计，D级模型的产出在最后一个阶段应用部署阶段。

从对数据模型分层的介绍中，读者可以看到，大多数企业基本上没有C

级以上的数据模型，C'级的模型通常缺少必要的管理，基本上都是直接设计D级模型。在一些保留数据设计ER图的企业中，笔者见到的ER图基本上属于描述"库表"关系的ER图，而非以数据实体为核心的逻辑数据模型，更谈不上企业级逻辑数据模型。这是目前很多企业在数据管理方面基础相对薄弱的根本原因之一，没有按照能够有效支持数据管理的方法进行数据设计，而是以面向需求、面向"敏捷"实现、面向"数据债"的方式进行数据设计。这样的方式也许在企业发展初期或者业务快速膨胀期奏效，但是一旦脱离了这样的发展环境或者"数据债"积累到一定程度，数据问题就会迎面而来。面向"数据债"的设计也许是被迫的，但是不能长期将不合理设计合理化，毕竟，这个"数据债"始终都是企业自己的。笔者并非反对企业追求快速实现，笔者见过一些"急得不能再急"的项目，事后证明，晚上两三个月也不会出现恶果，倒是为这两三个月的时间而欠下的"数据债"对企业而言可能是永久的，欠的时间越久，越找不到该还债的"债主"。

除了IBM的数据建模方法，斯蒂夫·霍伯曼撰写的《数据建模经典教程（第二版）》也是一本非常好的数据建模参考书。霍伯曼先生是在数据领域深耕多年的数据建模专家，他在书中提到的"所有模型都是地图"让笔者深受启发，推荐对数据建模方法感兴趣的读者精读该书，它是一本数据建模领域非常少见的、业务人员也能轻松学习的专业书。

此外，从介绍数据建模方法开始，就有必要强调一点，逻辑数据模型主要是处理人、事、物的识别及其关系的，也就是围绕名词与名词之间的关系进行建模，大部分精力都用于对名词的定义上，只有对关系的研究会涉及动词，所以数据模型更注重精确性。

## 二、数据模型框架

本书介绍的数据模型框架仅限于数据分类框架，也就是数据模型的顶级分类。数据建模过程实际上就是数据的分类与聚合过程，以及在聚合过程中识别数据关系，所以，比较数据模型框架也可以从顶级分类的视角来看。

IBM的FSDM（Financial Service Data Model，金融服务数据模型）是基于金融行业的数据设计实践经验提出的，该模型框架将金融行业的所有数据总体分为九大类，也就是九大领域，分别是参与人、产品、合约、条件、位置、分类、资源项、事件、业务方向。通过这九大领域可以对数万个数据项进行分类，九大领域之间的关系也反映了数据之间的总体关系。著名数据服务企业Teradata曾经提出十大概念，分别是团体、团体资产、合约、产品、事件、财务、内部组织、位置、渠道、活动（一般指专项活动，如营销等），十大概念的作用与九大领域是相同的，十大概念之间的关系也反映了数据之间的总体关系。

虽然从笔者的实践看，九大领域、十大概念都可以向其他行业延展，但通用性更强的分类框架是笔者推荐的《数据建模经典教程（第二版）》一书中的5W1H分类，包括谁（Who）、什么（What）、何时（When）、何地（Where）、为何（Why）、如何（How）。5W1H本身是个咨询方法（也称"六何分析法"），所以，将其作为数据分类，从表现形式看，更像是给出了一个"询问"过程，通过"询问"过程来完成对数据的识别和分类。

虽然看起来表现形式有所不同，但本质上5W1H与九大领域、十大概念是相通的。理论上来讲，无论从什么分类方法出发，最终识别的底层数据项应该是一致的。由此看来，顶级分类之间的区别只是看问题视角的区别，读者可以回顾一下在介绍业务领域时提到过的，是否允许业务领域灵活变化的问题。如果对于那个问题还有纠结之处，那么看看数据侧的分类逻辑，会更有助于理解"聚合架构"理念的合理性。

除了笔者提到的内容，一些行业基于自身的实践也产生过行业性的数据模型参考框架，尤其是比较注重行业标准、数据交互，甚至关注互操作的领域，对于数据的定义尤为严格。这方面的范例可以参考DoDAF（Department of Defense Architecture Framework，美国国防部架构框架）。该框架是以数据为核心的企业架构框架，其架构师的核心任务就是以数据建模工作为主的。此外，也可以参考希尔瓦斯顿撰写的《数据模型资源手册》，该书中也提供了一些参考数据模型。

数据模型框架与流程模型参考框架的应用原则是一样的，不能简单照搬，而是要理解数据分类的逻辑，再结合企业自身对数据的定义去参考行业模型，只有需要全行业共同遵守的数据交互标准、质量相关数据标准是需要严格执行的，其他部分则是以实际需要优先来考虑的。不过，实践证明，数据模型框架相对流程模型而言，可参考性会更高，毕竟，数据定义的分歧总体上小于流程定义的分歧，数据模型的个性化程度相对来讲也会低于流程模型的个性化程度。

## 第三节　数据分析之"企业棋盘"

流程分析有"企业棋盘"，数据分析也会有吗？当然要有。笔者曾提到过，架构之间的融合要按照可"融合"的逻辑设计、可"融合"的过程操作，而不是只在各个分裂的架构设计结果之间进行"勾连"，不能用"割裂"的方法去设计"融合"的结果。那么，反映到数据分析方法上，也是从"企业棋盘"开始就要有可保持一致的设计逻辑，而不是等到建模结束之后"硬靠"在一起。

此外，企业的数据治理也需要采用"一盘棋"的视角，需要从全局视角划分"数据职责"，所以，数据分析也要提供数据侧的"企业棋盘"。那么，数据侧的"企业棋盘"该如何绘制呢？笔者还是从经线和纬线两个交叉维度进行说明。

### 一、"企业棋盘"的经线：顶级分类

数据侧"企业棋盘"的经线就是在介绍数据框架时提到的数据顶级分

类。笔者比较熟悉的顶级分类是九大领域，本书的介绍也以九大领域为参照，如果读者在实践中用的是其他分类方法，也可以参照本书的介绍进行理解。

尽管笔者强调数据模型的设计要与流程模型有"可一致"的内在逻辑，但并不意味着数据模型的"企业棋盘"会与流程模型的"企业棋盘"完全相同，因为两者是不同的视角，流程模型是"过程"视角，数据模型是"对象"视角。所以，两类模型在顶级分类上是有差别的。作为流程模型的顶级分类，价值链是企业运转过程的最高阶抽象描述，通过六七个抽象环节概括企业的运转；而数据模型的顶级分类则是通过九个最高阶抽象分类概括企业关心的所有"对象"。在最高阶抽象层面，"过程"和"对象"应该可以连接起来成为最高阶的业务能力，其大致关系如图7-2所示：

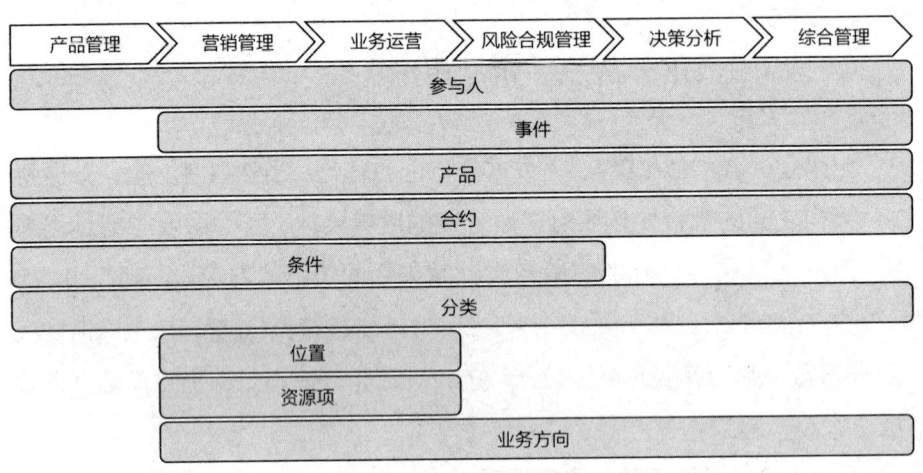

图7-2　价值链与九大领域间的参考关系

九大领域描述的是企业（参与人）与什么人（参与人）基于什么样的事情（产品）在什么样的地点（位置）产生了具有何种约束（条件）的权利义务关系（合约），企业为了履行这样的关系必须具有的资源（资源项），这一过程中的各种触发因素或产生的各种状态（事件），以及对客户、产品、合同等信息的管理（分类），最后还有一个用于处理各类杂项信息的"筐"（业务方向）。

通过对企业完整业务的抽象，九大领域能够把企业各类业务活动中涉的所有参与对象、处理对象、结果状态等信息进行归类。在归类所有信息的过程中，必然会出现有些信息看起来与哪个领域都不太"像"的情况。为了收纳这类信息，数据顶级分类的设计就跟价值链一样，也需要一个在定义上具有较大"弹性"的领域，比如，"业务方向"，将归类给其他八个领域都不太合适的信息统一置于"业务方向"这个领域下。

虽然从理论层面讲，分类是要努力做到边界清晰、类别穷尽的，但是实操中并不容易做到。相对而言，容易做的是主界清晰、对象穷尽，也就是对容易达成共识的常见业务对象给出一些边界相对清晰的"主要分类"，比如，参与人、合约之类的"领域"，继续向下"分类"也可以延展到一定的"深度"，但是很难做到对所有分类都一清二楚，不要因为有一些可参考框架就低估这件事情的难度；实操中业务对象基本是能够找全的，但并不是所有"分类"都能找全，尤其是在一个确定的项目周期内。毕竟，实际工作中存在很多"心领神会"就可以的事情，真到了要对定义"较真"的时候，确实有种"只可意会不可言传"的感觉。考虑到时间成本，这类情况也只能按照流程模型中的"质量门"方式处理，先过了"门"再说。

九大领域是一成不变的吗？当然不是，国内互联网银行提出过自己的"互联网金融信息模型"（Internet Finance Information Model，又称飞马模型）。笔者在参加项目实践时，也经历过从Teradata的十大概念转换为IBM的九大领域的过程，这也印证了笔者之前讲到过的，数据模型框架之间是可以转换的。当然，不是改个"标签"就可以无缝转换，底层数据项也经过了全面的重新定义。

九大领域不只是作为顶级分类高高在上，从对九大领域的介绍中，读者可以感受到，与5W1H方法一样，九大领域也可以作为一个询问过程的参考结构，在日常梳理数据需求时，用来探索数据项；如果担心有遗漏的数据需求，也可以基于九大领域的关系把业务过程再推演一遍，把已经梳理的数据项再检查一遍，看看是否有遗漏或是否有数据"稀薄"的领域。九大领域是很有实用价值的。

总结一下，数据模型中的A级模型，也就是顶级分类可以作为数据侧"企业棋盘"的经线，顶级分类可以与价值链之间有高阶抽象层面的连接，这也为细化层级的模型对接提供了理论基础。顶级分类的设计也要保持一定的弹性，不然很难对数据做到高度包容。随着企业、业务架构师、数据架构师对业务架构方法、企业数据环境的深入理解，企业最终可以自己定义顶级分类，它也会成为日常数据需求梳理工作的帮手。

在笔者设计的聚粮架构平台中，顶级分类是通过顶级分类信息表（图7-3）来记录的，如下：

| | 顶级分类名称 | 顶级分类ID | 顶级分类定义时间 | 顶级分类描述 | 顶级分类状态 |
|---|---|---|---|---|---|
| 1 | 产品 | 0000002 | 2024-01-27 | 用于归类与产品相关的所有数据项 | 有效 |
| 2 | 参与人 | 0000001 | 2023-12-14 | 定义银行业务的所有参与方的信息集合 | 有效 |

图7-3 顶级分类信息表示意图

## 二、"企业棋盘"的纬线：业务领域

数据侧的"企业棋盘"在经线方面可以与流程侧的价值链相结合，但是从融合的角度看，似乎还不够直接。在纬线方面，可以更直接些，数据侧的"企业棋盘"在纬线方面可以直接用业务领域作为纬线，这样两侧就有了相同的辅助维度。

用业务领域作为纬线是为了刻意追求融合的效果吗？从结果上来讲，是这样的，但从业务架构的视角看也有其必要性。

首先，作为A级模型的顶级分类其涵盖范围太广，如果没有辅助维度支持，总不能上万个数据项堆叠在各个顶级分类之下去直接使用。与流程模型一样，数据模型也需要具有清晰的细化结构才能具有实用价值。所以，辅助维度本来就是必须存在的。

其次，辅助维度应该有助于流程和数据的连接。单就数据建模而言，辅助维度未必非得是流程侧的业务领域，实操中数据维度的选取通常是为设计数据仓库、数据平台服务的，维度本身可以是多种类、多层次的，只是考虑到与流程模型的融合，维度相同，其分类结果之间的一致性会更高。通过相同的分类，可以把同一业务领域的行为和对象更容易地连接到一起。

再次，辅助维度应该超越单纯的数据应用视角。数据仓库、数据平台的设计中通常会以"维度模型"建模方法为主，面向数据综合应用做数据聚类，一般不会用于业务系统，也就是源系统的设计。所以，数据模型对数据治理、源系统设计的支持作用并不理想，这也导致数据治理与数据使用在源头上脱节，产生"数据债"。除了笔者在上一节介绍的过于追求系统建设速度，源系统数据缺乏有效治理也是一个重要原因。如果希望从源头上抓好数据治理，那就要在源头上做好数据建模工作。有些互联网企业是将维度模型也用于业务系统设计的，但由于维度模型在数据一致性方面的要求没有范式模型高，所以，对数据一致性有较高要求的企业未必能够很好地采用这种做法。

最后，还要区分一件事情，既然在数据模型中引入了业务领域这个维度，那设计出来的模型是否可以称为"领域模型"？概念上确实可以这么理解。如果可以称为"领域模型"的话，它与DDD之间是什么关系呢？其实没什么关系，毕竟两者是在不同思路下发展起来的方法论，只是碰巧都用到了"领域"这个词而已。不过两者在对领域的定义上区别还是很大的，笔者介绍的业务架构方法中，业务领域的范围是比较大的，适度抽象的话，一个大型集团企业可能只有三四十个业务领域。DDD中的领域并没有特定的颗粒度，但通常其涵盖的业务范围是比较小的。如果对比来看，业务架构方法中体量大些的业务活动有可能成为DDD中的一个"领域"或者"子域"。DDD比较讲求在细分领域中识别设计对象，有一定的自下而上特征。DDD对企业宏观结构（战略、组织、总体业务布局等）的解读并不具有DDD的独立特征（在其发展早期阶段也基本没有此类方法），需要借助其他方法完成，但在企业微观结构的解读上具有独立特征；相对而言，业务架构设计作为企业架构设计的一部分，要同时关注宏观结构和微观结构，既有较大的业务领域，也能细化到业务步骤。这也是笔者在介绍业务架构学习难点时提到过的，业务架构方法论比较注重自身的完整性。实践中也不乏对两者结合使用的探索，读者可以关注相关信息。

## 第四节　数据分析之企业级逻辑数据模型设计

企业级逻辑数据模型，也就是 C 级模型，是本书在数据模型方面介绍的重点。它在面向业务能力的业务架构设计中起着关键的锚定作用，可以笼统地讲，数据在哪里，业务能力就应该在哪里。

建设企业级逻辑数据模型需要收集大量的信息，除了在流程建模方法中介绍的要收集的信息，对于有一定信息化基础的企业来讲，数据模型信息最主要的来源通常是"遗留系统"。毕竟，通过对数据的重新定义完成历史数据迁移、提升数据治理能力，是所有以企业架构驱动的大型企业级工程项目的共同任务。笔者也经常讲，开展此类工程，如果其他目标实现得不好，也一定要保证通过逻辑数据模型将企业数据治理做好，这是此类项目必须达到的目标。

### 一、逻辑数据模型的层次结构

本章在介绍数据建模方法时已经提到过，数据模型分为 A、B、C、C′和 D 五个层次，本处再明确下各层次之间的关系，并对 C 级模型的内部层次展开介绍。

A 级模型是顶级分类，也就是九大领域，但其下一层次，也就是 B 级模型，它与 A 级模型之间没有明确的继承关系。也就是说，B 级模型不是基于 A 模型所做的细化。B 级模型是关于术语的分类关系，本身也不是必须阐述术语间的横向联系，所以，B 级模型在实操中用得并不多，虽然有助于统一"语言"，但只有对术语比较关注的企业才会认真梳理 B 级模型。当然，即便这类企业可能梳理的只是部分 B 级模型。

C级模型主要包含三个层次，主题域、数据实体、属性，它是对A级模型的细化，与B级模型没有直接联系。从业务架构的层面看，主要关注C级模型的主题域、数据实体两个层次，因为这两个层次对"结构"设计至关重要，对属性的关注有限，一般是为了区分数据实体、明确业务逻辑而关注一些关键属性。但是对数据治理而言，属性则非常重要，因为数据标准是要落实在属性层级的，而数据字典也是以属性为主的。构建完整的C级模型需要一定的建模周期，所以也可以分成两个阶段进行。第一阶段以业务对象（准数据实体）设计为主，第二阶段再填充全部属性，由此也会产生高阶C级模型和完整C级模型两个细分层次。

A、B、C三级模型是面向业务的数据模型，不考虑系统实现，属于非常纯粹的"业务性"数据模型。C′级模型就到应用级了，也即需要为系统实现多考虑，这就需要加入对衍生、派生、冗余数据的设计。C′级模型有时也可以分成两个阶段进行，第一阶段是为了明确数据的设计和管理职责，而将C级模型与业务组件（在后续讲解业务组件时会介绍相关方法）建立明确的归属关系；第二个阶段是在业务组件范围内完成对衍生、派生、冗余数据的设计，由于是两个工作阶段，也可以对其模型结果分别命名，从而产生两个细分层次的C′级模型。D级模型就是"库表"级设计了，由于本书的核心是业务架构，加上笔者能力有限，C′级和D级模型就不再重点介绍了。

在数据模型方面，读者经常会看到有关于概念级、逻辑级、物理级的划分方法，如果对应起来的话，A级、B级可以算是概念级，完整C级模型算是逻辑级，D级模型算是物理级，但是，两个过渡性中间层级在分类上就"可上可下"了。高阶C级模型由于完成度、准确度都有限，所以，本身依然偏向澄清业务概念，可以算作概念级。但是如果算作逻辑级，也挑不出十足的反对理由，毕竟也开始适当考虑"范式"要求了。C′级模型也是如此，由于还没有带入技术数据，也还没有完全面向"库表"设计，所以，继续算作逻辑级也可以。但是，C′模型设计毕竟是"降范"的，开始"去范式化"了，这个又是物理级的显著特征，往"物理级"上靠也可以。所以，对这类过渡层级的归类方法无须太纠结，企业内部统一即可，采取实质重于形式的原则。

笔者前文强调过，流程模型和数据模型的融合也需要"可融合"的过程，这就需要流程建模与数据建模保持一定的同步性。匹配流程模型的设计过程，在定义流程侧"企业棋盘"的过程中，要同步完成数据侧"企业棋盘"的定义，也即，完成对A级模型顶级分类的定义和对业务领域的引用，同时可以专题开展B级模型建设工作；在识别备选业务活动的过程中，要完成主题域和业务对象识别，条件成熟的，可以完成高阶C级模型设计；在精确业务活动、业务任务、业务步骤的过程中完成完整C级模型的设计，同时完成C′级模型中第一阶段的设计。进入需求分析、项目实施阶段，则是完成C′级和D级模型的全部设计。

上述对数据模型细分层级的介绍并非一成不变，可以根据实际项目管理需要进行层级定义和实施环节安排，比如，将C′级模型中第一阶段的设计直接并入C级模型设计工作中也是可以的，C′级模型也并非必须具有多个层次。结合流程分析和循环开发中的部分内容，本节介绍的模型设计总体过程可以扩展为图7-4，有助于读者理解"融合"设计过程与"反复"的含义：

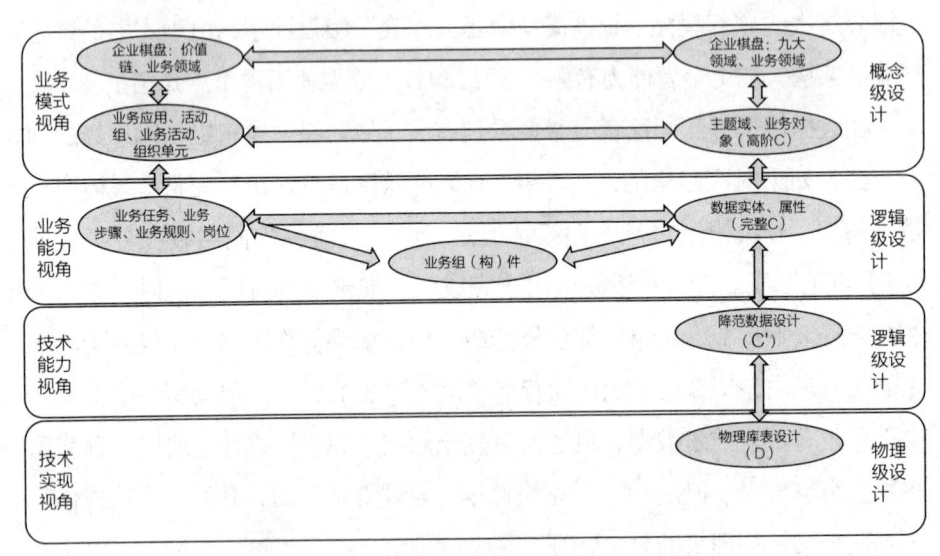

图7-4 流程模型与数据模型的"融合"设计过程

## 二、如何识别主题域

随着数据侧"企业棋盘"的出现，更深一步的结构划分工作就可以开始了。首先是对主题域的定义，其实关于数据模型建设过程的写法，笔者曾犹豫再三，因为数据模型看起来虽然比流程模型清晰得多，但是，其建设过程的反复性也是"不遑多让"的。而且，数据建模工作要比流程建模工作更容易受到遗留系统的影响。对于很多企业而言，做大规模系统重构、做数字化转型升级，可能没有企业愿意简单地把旧流程直接搬到新系统上，这样根本没有重构、升级的感觉，甚至为了面子都不一定接受流程原封不动，何况如果带入一些业务痛点的话，更是会去修改流程，所以流程设计反而有一定的自由性。但数据就不一样了，即便会重新定义所有属性，也要把旧数据尽可能迁移过来，都是业务历史，能少扔就少扔，数据再"差"也要尽可能"捞"过来。所以，笔者虽然可以写出一个"自上而下"的清晰设计逻辑，但实际操作会是"颠三倒四"的持续澄清过程，可能会毁掉读者对"自上而下"的印象。

识别主题域也是这样，主题域本意是围绕着一个"主题"聚类相关的数据，形成一个相对独立、有较完整业务含义的数据"区域"。这就涉及两个问题，一是主题如何确定，二是对什么数据进行聚类。其实在设计"企业棋盘"的时候，引入业务领域就相当于对九大领域进行了基于业务细分视角的"横切"，已经将九大领域分块处理了，每个分块就是一个备选的主题。比如，假定业务领域的名称为"住宅业务"，其与九大领域中"合约"的交叉，产生的就是关于住宅合约管理相关的业务主题，围绕这一主题，就可以聚类相关数据了。聚类的是什么数据呢？本书介绍的逻辑数据模型是面向行为的，所以，要聚类的就是与合约管理相关的业务活动涉及的数据，而不是以要对合约进行某种数据分析、报表计算为主要目的所考虑的数据。

是不是采用业务领域对九大领域进行过一次"横切"，主题域就定义清楚了呢？当然没有这么简单，还要考虑对主题域的颗粒度控制。如果一个主题域中的数据太多，也就是包含了太多的业务对象，也有可能出现与流程建模中一样的架构元素"内聚性"问题。包含的业务对象太多，可能主题也就不清晰了，需要再引入次要维度来进一步细分，"遇事不决，增加维度"。增加维度也意味着主题域是可以分层级的，建模过程接近逐级细化的方式。从建模的规范性来讲，同级别的主题域要保持互斥关系，也就是边界不可重叠。

颗粒度要如何控制才合适呢？很遗憾，没有严格标准，不能单纯以容量的"大小"来论主题域的合理性，设计流程模型时采用的"注意力法则"在这里也不管用了，因为没有人可以预先指定完整的业务对象关系该是什么样的，一切都要用事实来说话。所以，主题域的定义无法一步到位。为了辅助对主题域的划分，甚至会引入现有系统的边界、业务部门对业务系统拆分与合并的诉求等信息来一并考虑。其实随着建模的深入，甚至无法确定是在根据主题确定颗粒度，还是在根据颗粒度确定主题了，只能说是在不停地澄清目标和平衡负载。

由于主题域识别的早期阶段，其边界可能是非常不清晰的，所以，实操中也无须一开始就过于纠结对主题域的厘清。后边无论识别业务对象还是识别数据实体，甚至到属性定义层面，都有可能调整主题域的边界，这会是一个持续迭代的过程。

由于早期阶段产生的主题域很不完整，几乎没有什么具体内容，只是一个空的"容器"，所以，必须先给主题域下一个定义。否则，一个"空罐子"放在这里很容易出现对内容的误会，毕竟数据不像流程，流程就算不太明确，很多业务人员也知道大概有什么事情要做。但数据如果只放在一个"空罐子"里，很多参与数据建模工作的人员，无论业务人员还是技术人员，都不太知道"空罐子"里该有什么。

从这一点也能看出，虽然都属于抽象模型，但与流程模型不同的是，数据模型对定义的要求比较严格。这与数据固有的精确性有关。"三范式"要求下的所有数据项都是独一无二的，所以数据比流程更关注定义，哪怕暂时还不清楚具体情况，也要先给个定义出来，以后再修正。主题域的识别就是这样，可以持续地修正。其实数据建模全部完成后，主题域也很难给出一个让人绝对满意的定义，但是，就算不满意也必须有定义。

在笔者设计的聚粮架构平台中，主题域是通过主题域信息表（图7-5）、顶级分类与主题域关系表（图7-6）来记录的，如下：

| | 主题域名称 | 主题域ID | 主题域定义时间 | 主题域定义 | 主题域状态 | 实体关系图 |
|---|---|---|---|---|---|---|
| 1 | 产品管理 | 0000002 | 2024-01-27 | 用于记录产品相关... | 有效 | ER图示意.png |
| 2 | 客户管理 | 0000001 | 2023-12-14 | 客户信息、关系管... | 有效 | |

图7-5　主题域信息表示意图

| | 关系ID | 顶级分类名称（FK... | 数据实体名称（FK... | 关系描述 | 关系状态 |
|---|---|---|---|---|---|
| 1 | 0000002 | 产品 | 产品管理 | 包含 | 有效 |
| 2 | 0000001 | 参与人 | 客户管理 | 包含 | 有效 |

图7-6　顶级分类与主题域关系表示意图

## 三、如何识别业务对象

如何识别业务对象呢？笔者在介绍如何精确定义业务活动时，已经提前介绍过一些了，主要是识别业务活动中涉及的人、事、物，从而辅助判断业务活动的独立性。这个环节对业务对象识别的准确度要求并不高，所以，并不需要特别的业务对象定义方法。就笔者自身的经验来看，业务对象定义反映的主要是建模者的数据感觉，当然，这么说并非要把业务对象的定义方法引向玄学，而是建议读者日常多锻炼数据思维。

锻炼数据思维的最直接方法就是尝试用数据描述见到的一切事物，把数据当成语言，去表达所见、所想。日常训练不用非得对着业务流程去考虑数据建模，见到的事物、读的一本书、看的一部电影等，都足够当作建模素材了。如果能够用数据去描述这些东西及它们之间的关系，逐渐就会理解什么是业务对象了。本来业务对象也没有什么深刻的内容，就是业务过程中涉及的所有"对象"。如果试图"深刻"地解释业务对象，可能反倒把简单问题复杂化了。业务对象识别完成之后，就可以考虑再去修正一下主题域的定义了。

由于现在经历过实践检验的业务架构分析方法早就不止一种了，各实践方对业务对象也有不同的理解，笔者根据自己的交流经验对目前已经了解到的业务对象做些比较，方便读者理解。

笔者参加过的企业架构工程项目在数据模型建设方面是比较有开创性的，我们有可能是世界上首个完成企业级逻辑数据模型建设的大型商业银行，要比国外同级别银行公开宣布完成企业级逻辑数据模型建设的时间早大约五年。所以，该工程对企业架构领域中各类模型建设采用的设计方法实际上都带有一定的探索性，是在没有完整成例的情况下摸索出来的方法，带有一定的原初性。最初该工程对业务对象的定位是作为备选数据实体，也就是相当于高阶C级模型的层级，不同业务领域在业务对象层级的完成度也不完全相同，完成度相对较高的领域主要集中在需要通过业务对象进一步确认业务活动的领域，这些领域可以完成基于业务对象的数据实体关系图的初步绘制。该项目对业务对象的理解非常简单，就是一个过渡性的存在，是个半成品，完整C级模型设计完成之后，就很少在实操中使用这个概念了。

在该案例之后的一些企业实践中，笔者对业务对象的理解渐渐发生了变化。比如，某企业在实施过程中，以支持微服务设计为目标，将本属于过渡性存在的业务对象演化为用来定义一个微服务设计边界的数据概念，也即，业务对象开始超越单个数据实体，变成了一组有相互关系的数据实体，直观上看是一个比数据实体范围大，但是比主题域范围小的中间层级，该中间层级就成为一个微服务所要覆盖的范围。

也有的企业在实践中，同样出于能够更直接地向后延伸到服务、功能设计的目的，将业务对象规定为一组特定的数据实体。一个业务对象应当由核心实体、关系实体、附属实体、生命周期实体、约束实体和关联实体等一组实体来完整描述，成为一个小的数据域。与上边介绍的方法类似，也是产生了中间层级，只不过向后延伸时并不明确指向微服务架构模式。

后两种方法在演变过程中，不能排除受到DDD的一些影响，毕竟都是面向服务或者微服务的设计。DDD虽然没有在上述企业的工程实践中被采用，但是该方法在业务分析结果与系统设计结果之间达成强联系的特征，是很值得借鉴的。而这一强联系的关键是对业务对象（DDD中聚合根、实体、值对象及其相互关系组成的域）的识别，基于对象寻找行为，以及基于对象和行为的关系设计服务。这一设计方法本质上是面向对象的方法（OO）和基于"类图"的模型表达方式的结合。所以，对于开展逻辑数据模型建设的企业而言，如果对逻辑数据模型进行适当的改造，甚至只是改变解读和使用方法，也能产生与DDD类似的设计功能，这两个方法的演变也证明了这一点。

这些方法之间并没有高下之分，都是经过自家实践验证的，也都会有能解决的问题和不能解决的问题。在学习方法论的过程中，最好不要未经深入实践就轻易论证方法的高下，每个方法论的设计目标、诞生环境、磨合过程、信息背景、参与者偏好、项目规模、项目深度、实施周期等因素都是不同的。

学习方法论要尽可能透过个性化的工程现象理解共性化的方法本质，没有完美的工程实践，但每个工程都能令沉下心来学习的人进步。不要总让关于方法论和项目的各种评价影响自己。

**四、如何识别数据实体**

有了业务对象作基础，识别数据实体就不再是大海捞针，也不再是全凭想象，而是对业务对象的进一步澄清和补充。但是，从这里开始，也就进入了比较专业的数据建模操作环节。前边是可以凭数据感觉参与的，这里就要以相对专业的能力参与了。

**（一）数据实体的概念与识别**

本质上，数据实体是对业务对象的精化，所以，两者在概念层面并无实质性区别，数据实体指的也是从业务视角看，值得管理和维护的抽象或具体的事物。数据实体源于业务需求，是保存业务信息的业务数据概念，而非技术数据概念，尽管定义它是一项看起来具有技术性的工作。

由于数据定义本身是具有一定抽象性的操作，所以，大多数数据实体都是在描述一类事物，而不是单个的具体事物。比如，一般会将"茶壶"这个类别定义为数据实体，而不会将桌上摆着的一个特定的茶壶定义为数据实体，这个特定的茶壶是茶壶这个数据实体的数据实例，也就是通过数据实体可以描述出的实际事物。数据实体是在努力概括一类事物，提取描述这类事物的共性结构，也就是以属性形式展现的数据实体的信息结构，比如，茶壶的材质、形状、颜色、容量、生产日期、产地等，通过属性的具体取值去描述可以见到的任何一个"茶壶"。生活和工作中，这类可抽象描述的事物随处可见，所以，训练数据思维应当就地取材，久而久之，就可以通过数据思维来改变看待事物的方式，形成数据驱动的基本视角。

数据实体的概念反映了识别数据实体的一个关键点，也就是数据实体的独立性。数据实体描述的是不是一个独立的事物，这是数据实体是否应该被定义出来的基础。在数据实体识别过程中，确定数据实体的"主键"，最能反映数据实体独立性的某一个或者少量几个特殊属性，比如，查找一个数据实体的话，读者能最先想到的用来查找它的信息是什么，这些信息就是一个数据实体辨识度最高的部分。

"主键"可能是单一的，也可能是组合的，这取决于属性取值出现重复的可能性有多大。比如，用"姓名"去标识一个人是很难做到不重复的，无法保证一个人能被唯一识别，加上某个编号就会好很多。但与直觉反应不同的是，这个编号通常不会是身份证号码，因为身份证号码也是一个可以独立的事物，身份证号码是要用来识别身份证的。所以，可能会采用某种自定义的业务编号来增加对唯一性的识别，比如，参与人编号、客户编号、员工编号等，具体使用什么编号还要看如何定义角色分类。

在判断数据实体独立性方面，"主键"有很关键的作用，如果原本认为有两个数据实体,结果梳理完之后,发现"主键"一样,或者一个数据实体的"主键"只是另外一个数据实体"主键"组合中的一部分,就会影响对数据实体独立性的判断。这方面会不会有例外呢?会,笔者时常会遇到这种例外,甚至自己还会有意识地制造例外,因为笔者更愿意从是否需要让一个业务对象独立为数据实体的角度考虑,而非单纯判断它是否符合数据实体的独立标准。如果让一个业务对象独立为数据实体更有利于分离业务能力,笔者愿意制造例外,毕竟,方法不是律法,逻辑模型也不是"库表",它阐述的核心内容是业务结构和业务逻辑,而非一个僵化的数据设计原则。所以,在笔者看来,最大的数据实体独立性判断原则应该是考虑是否"值得",切记,如果一定要这样做,只能是"值得"成为例外的少数数据实体,大多数数据实体仍然是要规规矩矩地去识别的。

"主键"这么重要,那么,数据实体是不是只包含"主键"就可以了呢?当然不是,这就涉及定义数据实体的另一个基本要求,数据实体包含的属性不能太少,更不能只有一个属性。所以,与流程模型类似的判断方法是,如果认为一个业务对象应该是一个数据实体,那么就向下展开,看看是不是可以找到多个用于构成数据实体的属性,如果具有多个属性,就具备成为数据实体的基本条件了;如果属性太少甚至只有一个属性,就会失去资格。

简单总结下,数据实体就概念而言,与业务对象并无本质差别,核心都是描述独立的人、事、物,但数据实体反映的是一类事物,而非特定的一个事物。数据实体的独立性,从数据建模要求上来讲,主要看的是辨识度,也就是基于"主键"的独立性及属性的数量来判断,"主键"不够独立、属性太少都不适合作为数据实体。凡事皆有例外,数据实体的识别也一样,但如果要成为例外就必须"值得"。数据实体既然反映的是一类事物,其命名也要按照名词来进行。

在笔者设计的聚粮架构平台中,数据实体就是通过数据实体信息表(图7-7)、主题域信息表(图7-8)来记录的,如下:

| | 数据实体名称 | 数据实体ID | 数据实体类型 | 数据实体定义 | 数据实体状态 | 数据实体定义时间 | 被封装的业务构件 |
|---|---|---|---|---|---|---|---|
| 1 | 产品 | 0000003 | 基础实体 | 用于记录产品描述... | 有效 | 2024-01-27 | 定义产品销售... |
| 2 | 客户画像模型 | 0000002 | 基础实体 | 用于定义客户画像... | 有效 | 2023-12-17 | 定义客户画像... |
| 3 | 客户 | 0000001 | 基础实体 | 定义一个独立客户... | 有效 | 2023-12-14 | 创建新客户信... |

图7-7 数据实体信息表示意图

| | 关系ID | 主题域名称（FK） | 数据实体名称（FK... | 关系描述 | 关系状态 |
|---|---|---|---|---|---|
| 1 | 0000003 | 产品管理 | 产品 | 包含 | 有效 |
| 2 | 0000002 | 客户管理 | 客户画像模型 | 包含 | 有效 |
| 3 | 0000001 | 客户管理 | 客户 | 包含 | 有效 |

图7-8 主题域信息表示意图

## （二）数据实体的分类

数据实体有不同类别，而且在不同的建模方法中分类也有些差别，本书简要介绍其中最为基础的两种，"三分类"和"两分类"。

### 1. 数据实体的"三分类"

"三分类"是以前笔者参加的工程实践中采用的分类方法，也是IBM的数据模型建模方法中采用的分类。数据实体分为基础实体、属性实体和关系实体，基础实体有时也被称为核心实体，名称不同但意思相同。图例表现上，基础实体常用直角矩形框，属性实体和关系实体都采用圆角矩形框，常见图例如图7-9所示。

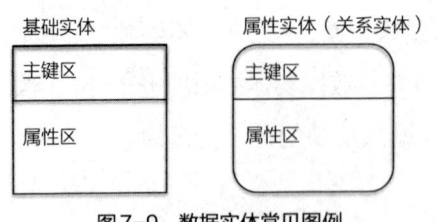

基础实体是能够完全独立存在的数据实体，尽管数据实体都有一定的独立性，但独立程度是有差别的。有些数据实体，其自身的存在会使其他数据实体的存在变得有意义，这种数据实体就属于基础实体。相对地，以它们为基础，其存在才有意义的数据实体就属于属性实体，相当于对基础实

体的延伸描述，但本身确实又是一个独立的事物。

这方面最典型的例子就是笔者在介绍数据实体概念时提到的人与身份证号码的关系。虽然很多人认为用身份证号码查找一个人效率会比较高，也与日常生活、工作中的使用情景比较相似，但从数据实体的角度来讲，人与身份证号码的确是两个事物。所以，从数据模型的角度看，身份证号码是用来查找身份证的关键信息，之所以能找到人，是因为人与身份证号码是有直接联系的两个业务对象，可以通过"联系"从一个数据实体查找到另一个数据实体，从而获得其中记录的信息。那么，这两个独立的数据实体地位是对等的吗？不是，毕竟，如果人不存在，那身份证号码就没有任何业务价值了，比如，假的证件信息是垃圾数据甚至是危险数据。所以，尽管都是独立的，但人是基础实体，而身份证号码是属性实体，与之类似，其他证件类数据实体也可以比照处理。

"三分类"中的另一个分类是关系实体。数据实体之间通常存在某种两两关系，毕竟架构的工作就是找结构和关系。找到了数据实体就代表分开了结构，结构分开之后，就是描述相互关系，而企业中庞大的数据关系其实是由所有临近数据实体之间的两两关系组成的，两两关系相当于数据关系大厦的基石。

数据实体之间的两两关系主要是一对一、一对多、多对多三种。所谓关系实体，实际上是用来化解多对多关系的，至于为什么要化解这种关系，笔者先把这三种关系介绍一遍，读者就会理解关系实体存在的意义了。

被识别为存在一对一关系的两个数据实体，在数据建模过程中通常意味着有可能需要被合并为一个数据实体，因为这种关系代表只要一个数据实体发生变化，另一个数据实体的主要信息一定会发生变化，变化频率、原因都是相同的，所以，两者很可能是同一个数据实体。这是继概念、"主键"、属性、价值之后的又一个数据实体独立性判断原则。所以，一对一关系并不需要特别处理，只会作为笔者介绍过的例外而存在，规范的数据模型中很少有这类关系。

一对多关系是大部分数据实体之间的主要关系，也是理想的关系类型，因为一对多代表的是非常清晰的关系。在建模时要注意，不同企业对于人与身份证的关系理解可以是不一致的，比如，不需要收集完整身份证信息，也没有实名制验证需求的企业，可能只采集一个身份证号码，至于证件是真是假也不会去核实，那么，其对身份证的理解就仅限于身份证号码，这时也就没有人与身份证的关系问题了，只会在人这个数据实体中设置一个名为身份证号码的属性而已。有些企业只会关注客户当前有效的身份证信息，在这样的环境下，人与身份证的关系会被认为是一对一关系，进而可能被合并。所以，同样的数据实体，在不同企业结合不同业务视角就会产生不同的模型设计结果。

多对多关系是"三分类"中最好不出现的两两关系，代表的是不能单独拥有或者被拥有的意思，无法形成明确的单向归属关系。还是以人与身份证的关系为例，如果人与身份证之间出现多对多关系，代表的是，一个人不仅可以拥有多个身份证，而且同一个身份证也同时会被多个人拥有。这就意味着，无论用人去检索身份证还是用身份证去检索人，都不一定会出现唯一结果，会形成一个低效的数据关系。这个例子也许不太恰当，但实际生活、工作中，这类例子很多，比如，凡是涉及共有产权的东西，很容易出现东西与人之间的多对多关系；凡是涉及多人协作的工作，工作与人或者岗位之间也容易形成多对多关系，包括管理上经常出现的多头管理，谁都管理的结果就是谁都不管。业务上，多对多关系容易让人心力交瘁，数据上也一样，多对多关系虽然从数据角度看属于导致低效检索的数据关系，但也是大量真实存在的数据关系。

为了解决低效的问题，"三分类"方法中专门设置了关系实体，也就是将抽象的关系当作数据实体，通过增设数据实体来拆分多对多关系，将一个多对多关系拆分为两个一对多关系。比如，在人与身份证关系的例子中，增设一个关系实体，将纠缠不清的多对多关系分解为两个一对多关系：一个是人与关系实体之间的一对多关系，表示一个人会拥有多个与身份证之间的关系;另一个是身份证与关系实体之间的一对多关系,表示一个身份证会同时被多个人拥有的关系。关系实体的"主键"通常是组合式"主键",两个需要连接关系实体的数据实体会各出至少一个"主键"来组成关系实体的"主键"。这样一来,从数据实体间的相互检索关系看,这就是一个延长了的检索链条了,会从人查到关系实体再查到身份证,反之则是从身份证查到关系实体再查到人。

以上是对"三分类"方法的简要介绍,该方法将数据实体划分为基础实体、属性实体和关系实体三类。基础实体的独立性最强,属性实体次之,关系实体的存在主要是为了处理两两关系中最不愿意见到的多对多关系。

### 2. 数据实体的"二分类"

理解了"三分类",就很容易理解"二分类"了。"二分类"最大的特点就是没有将关系实体作为单独的分类。

"二分类"中只包括两类实体,强实体和弱实体,其中强实体与"三分类"中的基础实体概念基本一致,都是具有较强独立性的数据实体。而弱实体的概念则与属性实体基本一致,是需要依赖于强实体才更有存在价值、更容易被检索到的实体,表示图例也与"三分类"相同。

"二分类"中没有关系实体,是否意味着该方法不需要处理多对多关系呢?不是,数据实体间的两两关系并非数据建模方法定义的,而是真实世界中客观存在的,数据模型只不过是对客观存在所做的略带抽象的描述而已。"二分类"一样要处理多对多关系,与"三分类"的区别主要在于没有特殊命名关系实体而已。

比如,员工与岗位之间的关系,在很多企业中都存在一人多岗、一岗多人的情况,而且还是同时存在的,员工与岗位之间可以是多对多关系。按照"三分类",设置一个关系实体,将员工与岗位实体中的"主键"各找一个出来,例如,员工编号、岗位编号,都作为关系实体的"主键",就可以将员工、关系实体、岗位连接起来,共同描述员工与岗位之间的关系。对于"二分类"而言，则是将关系实体作为一个弱实体来处理，可以设置员工岗位或者员工角色这样一个实体来发挥与关系实体同样的作用，员工岗位或者员工角色在"主键"的设置方式上与"三分类"中的关系实体也是一致的。

所以，"三分类"与"二分类"并无本质区别，实际上，如果在"三分类"中对关系实体都进行单独命名，"三分类"建模结果与"二分类"建模结果几乎是一样的。关于"二分法"的详细介绍，读者可以参阅笔者之前推荐的《数据建模经典教程（第二版）》。由于笔者实践的是"三分类"，而笔者推荐的书中讲的是"二分类"，所以在此帮助各位读者做个比较，以免混淆。这是方法论学习道路上经常会遇到的事情，要仔细比较各类方法的异同。

了解数据实体的分类是确定数据实体关系的基础，数据建模工作本身研究的就是数据的聚类和关系。聚类中最为关键的层级是数据实体，因为数据实体是精化的业务对象，而业务对象又是识别独立业务能力的基础。应该说，虽然数据建模理论一直很优秀，但是操作中其在系统设计方面的作用被严重低估，大多数企业用的是业务需求直通"库表"设计的快速实施模式，很少有企业会认真对待逻辑数据模型，更少有企业会用逻辑数据模型指导系统设计。DDD让很多人重新意识到数据对设计的作用，但DDD使用的还不能算是纯粹的数据模型。当然，这也会带来到底该采用什么思路建设数据模型的问题，笔者在介绍业务组件时会继续探讨这一问题。

### （三）如何绘制数据实体关系图

学习知识的过程通常是体系化的，逻辑清楚，逐层递进，但到了实际工作环境，经常是颠三倒四、不断重复的，绘制数据实体关系图也是如此。实际的数据建模工作中，在识别业务对象的环节，就已经开始绘制粗略的关系图了。在识别数据实体时，经常要讨论其间的两两关系，这种关系甚至会影响数据实体的独立性或者该包含的主要属性。所以，在这个阶段，不会只根据实体清单来讨论问题，不但经常需要绘制关系图，而且关系图的完成度已经很高了，大部分数据关系都会识别出来。在后续完整识别所有属性时，随着属性的增加，数据实体还会有分分合合的情况。当然，"分"居多。这个阶段结束，由于数据实体发生了变化，又要重新调整关系图。就知识点介绍而言，放在识别数据实体这个环节介绍绘制数据实体关系图会更合适些，因为这时比较关注数据实体的相互关系，而这些关系是通过关系图记录下来的。本节会介绍更多的关系类型，将这些关系类型与其表达方式合并讲述。

1. 基本关系绘制

在介绍数据实体分类时提到过，一对一、一对多、多对多是基本的数据关系类型。而在"三分类"方法中，经过处理，逻辑模型层面剩下的关系以一对多为主，也可能有少量一对一的特例，所以，关系图的绘制也以这两种关系的表达为主。

数据实体之间的关系又被称为"基数"，代表一个数据实体与另一个数据实体在实际业务中可能出现的数量关系，其表达符号常被戏称为"鸡爪线"，如图7-10所示。

图7-10 "鸡爪线"示意图

"鸡爪线"左侧的"Ⅰ"代表的是一对多关系中的"一"，像"鸡爪"一样的右侧代表的是"多"，"鸡爪线"的结构本身也代表了关系的阅读顺序，即从"一"开始向"多"来阅读，比如，人与身份证的关系，如图7-11所示。

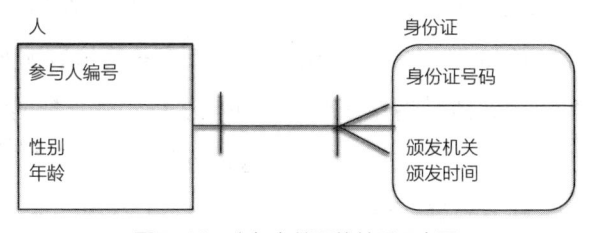

图7-11 人与身份证的关系示意图

考虑到人是万物灵长，一般涉及人的关系，会从人开始阅读；双方都是"事"或者"物"的，不成文的规矩是，看哪一方具有优先创建、更高概念级别、对另一方有控制力等可以支持"先读"的条件。

如果再细致一些考虑数据实体关系，会出现"O"符号，这个符号可以理解为"没有"，比如，人与身份证的关系换成图7-12的画法：

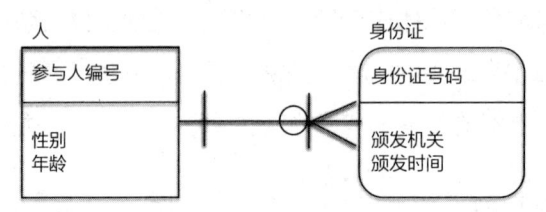

```
      人                          身份证
┌─────────────┐              ┌─────────────┐
│ 参与人编号   │              │ 身份证号码   │
├─────────────┤──┤──○──┼<──├─────────────┤
│ 性别        │              │ 颁发机关    │
│ 年龄        │              │ 颁发时间    │
└─────────────┘              └─────────────┘
```

**图7-12　有"O"符号的人与身份证关系示意图**

这就可以解读为，一个人可以没有身份证、拥有一个或者多个身份证。这种情况如果用是否为必备要件来解释可能会更好理解，也即，企业在办理业务时，可以采集客户的证件信息，但由于证件信息是敏感信息，企业在业务办理中并非一定要获取该信息，则该信息的采集采用了非"必须获取"的方式，客户不提供证件信息也不影响办理，但如果提供则可以获得一定的优先权益。对企业而言，人与身份证的关系可以表达成图7-6的方式，但对于必须获取客户身份证信息才可以办业务的企业而言，关系图就不能这么画了。

"O"符号出现在"鸡爪"侧，它可以出现在"Ⅰ"侧吗？理论上也是可以的，比如，抽象地看员工与员工之间的管理关系，那么，大量员工是不承担管理职责的，是没有"部下"的。

实操中"鸡爪线"不是只能从左往右画，方向换过来也可以。由于关系图中实体数量较多，而绘图空间有限，所以，关系连线经常还会出现拐上几道弯的情况。不过，这种情况在有数据建模工具软件支持的情况下会好很多，笔者日常大多使用PPT进行绘制，这种方法的优势是布局调整随心所欲，缺点是改动、保存比较麻烦。

了解了一对多关系的绘图方法，一对一和多对多关系表达也就容易理解了，一对一关系的画法就是两侧都是"Ⅰ"，示例如图7-13。

阅读方法也比较简单，而且没必要刻意强调左右顺序，毕竟关系对等，一个人只能拥有一个身份证，或者一个身份证只能被一个人拥有。

多对多关系的图形就是两侧都是"鸡爪"，如图7-14所示。

图7-13　一对一关系图例

多对多关系在逻辑模型中不受欢迎，它更多地出现在识别业务对象的时候。这个环节不会把业务对象认定得很精确，也不会花大量时间去拆解业务对象关系，所以，多对多关系用在这个环节是没问题的。到了识别数据实体的环节再具体处理它，就相当于将标记好的"雷"拆掉。

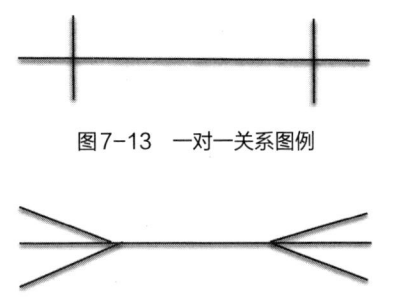

图7-14　多对多关系图例

### 2. "子类型"关系绘制

在识别数据实体关系的时候，会遇到一种类似于细分的关系，也就是一个数据实体是另一个数据实体中的一类，比较常见的如合约。在一个大的合约类型下，可以细分出多种合约类型，比如，销售合约、服务合约、产品合约、金融合约、劳动合约等，它们可能有一个共同的"父亲"，其下有各种"子类型"。当然，层级分得深，且能满足构成独立数据实体的条件的话，不排除再有"孙类型"。不过，一般不必绘制那么深，出现这种情况很可能要拆分主题域了，也就是顶层的"父类型"设置得可能过大了，要想整合设计可能会有难度，流程和数据两方面都会有困难，比如，本书选择的合约这个例子就极可能如此。

这种关系可以从B级模型的梳理中获得一定的线索，B级模型通常是树状结构，涵盖很多这类关系。但B级模型层次可能会比较多，所以不能完全按照B级模型来绘制，毕竟，B级模型在抽象性方面缺乏足够的考量，主要是在罗列分类对象。

一般在关系图中通常会出现"父子"两级关系，"子类型"数据实体关系示意图如图7-15。

图形中单线的方向连接的是"父类型",多线的方向连接的是各个"子类型"。这个关系比较像程序设计中的"继承"关系,所以,处于"子类型"位置的数据实体,其包含的属性并不只有自身的属性,会"继承"其"父类型"的属性。这样建模也意味着"父类型"的数据实体只含有该类别中的公用属性,而"子类型"在设计时,关注自己特有的属性。所以,并不是所有具

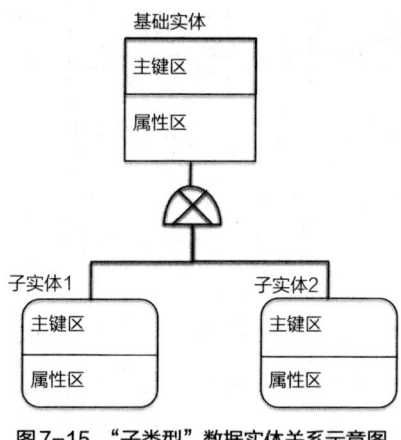

图7-15 "子类型"数据实体关系示意图

有细分分类特征的数据实体都可以表达成这种"父子"关系,只有当该类别数据实体的属性足够多,且不同细分类别之间采用的属性差别足够大时,才有必要考虑"父子"关系。这种情况下,抽象为单一数据实体会导致实体过于臃肿,且实际使用上会出现太多"空项",按照"父子"类型设计会更合理。"子类型"属于数据建模中相对复杂的关系设计了,使用时需要多思考。

3. "自引用"关系绘制

一个数据实体会与它自己产生关系吗?会,因为数据实体是对一类事物的抽象,也就是说它代表的是一组具体事物,那么,这些事物之间有关系是很正常的。比如,笔者前边举的例子,员工与员工之间的管理关系,这种关系就可用"自引用"来表示,"自引用"关系也称为"递归"关系。"自引用"关系可以是一对多关系,也可以是多对多关系,绘图上来讲,就是让"鸡爪线"的头和尾都指向同一个数据实体,围着自己"绕一圈",本处只列含"O"符号的一对多关系,如图7-16所示。

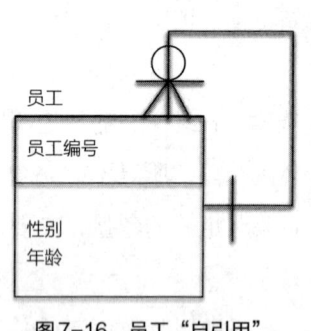

图7-16 员工"自引用"关系示意图

"自引用"关系具有很强的抽象表达能力,使关系图看起来更简单。但是,问题也在这里,因为太简单,可能隐藏了一些不该隐藏的逻辑,比如,员工之间的管理关系是否涉及组织结构、岗位、角色等数据实体。如果有了这些实体,还会不会这么绘制关系图?抽象是必要的,但要控制抽象度,不能过度隐藏业务逻辑,数据模型和流程模型都是如此。之所以这样讲,是因为抽象方法一旦使用熟练之后是很有吸引力的,尤其是当降本增效、集约化、产品化之类的企业管理目标加入之后,在模型层面抽象设计很容易实现,数据模型的抽象比流程模型更容易些。但是在实现层面,无论业务执行还是系统设计,都未必能达到同样的抽象度,容易出现过度抽象的问题。所以,在抽象的时候,要大胆,但也要心细、务实。

4. 引用关系绘制

通常每个主题域都是主题鲜明的,围绕这个主题用到的数据实体会通过两两关系聚合到一起,形成一个关系紧密的主题域。但是,主题域描述的毕竟是业务,业务不太容易被干干净净地切成"豆腐块"。而且,有的时候不借用其他主题域的数据实体,在叙事上可能会有不太完整的感觉,主题域之间的关系有时候需要通过这种借用表现出来,这就是引用关系。绘制关系图时,可以把一定要引用过来才能让本主题域叙事完整的数据实体也绘制在图上,但它与本主题域自家的数据实体之间是通过虚线连接的。这种引用在技术实现上,通常会以"副本"的方式或者实时读取的方式来获取信息。引用关系在绘图上比较简单,如图7-17所示。

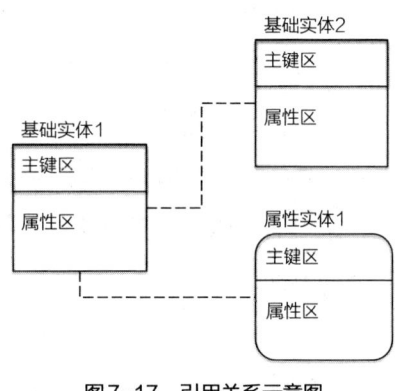

图7-17 引用关系示意图

## (四)相对完整的数据实体关系图示例

围绕一个业务主题,将数据实体识别出来后,按照前文介绍的绘图方法将所有两两关系类型绘制出来，组成一张完整的数据实体关系图，这张图也是完整的主题域全景视图，图7-18可供读者参考。

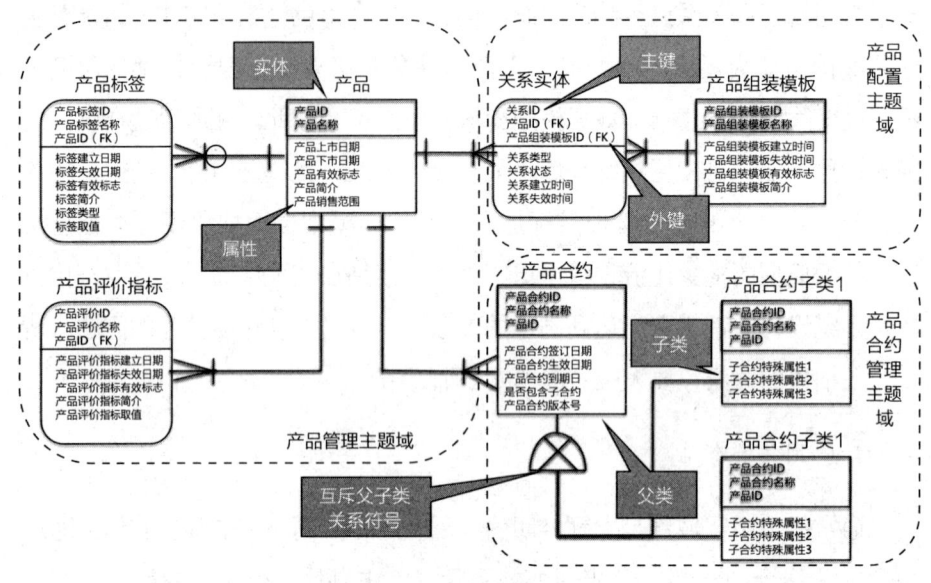

图7-18 完整主题域示意图

### （五）从流程图推导数据实体及关系图的示例

在逻辑数据模型部分，笔者重点想通过本书向读者介绍的是从流程模型出发快速推导逻辑数据模型的方法，针对的主要是推导业务对象和数据实体。不过作为方法而言，也许用"准方法"这个说法更合适些，因为需要以一定的建模工作经验为基础，所以笔者介绍的方法更像通过一种对视角的调整，来快速达成对业务对象和数据实体的初步识别，再以此为基础进行更为严谨的数据建模。

读者可能会觉得奇怪，为什么在介绍过相对完整的数据实体识别方法后，反倒要介绍一种不那么精确的初判方法？原因之一在于它非常有用，这种初判方法是实际工作中快速应用甚至是快速建立逻辑数据模型的有效方法。精确地识别数据实体是要花费一定时间的，但在实际工作中经常会遇到要对业务想法、业务需求进行快速分析和架构定位的情况，有的企业希望能够快速看看自家的逻辑数据模型大概是什么样子的，会怎么用在需求识别过程中，这就需要通过快速建立逻辑数据模型来达成。原因之二在于它并非独立方法，一般情况下，能够快速开展对一项技能的应用，其基本前提是充分熟悉这项技能。所以，在了解识别数据实体的完整方法之后，再尝试快速建模比较合适，以避免只想着快速学习方法，而长期快速建模之后，基本功却越来越不扎实，导致出现建模质量随经验增长而下降的情况。所以，读者一定要准确理解快速建模的作用和获得这种能力的基础。

这个相对快速地从流程模型推导数据模型的方法，实际上是将业务对象识别方法用于对流程图的解读上。在实际的数据建模工作中，为了追求效率，通常会将精力更多放在对数据项的识别和库表设计上，数据建模人员、库表设计人员很少在需求探索阶段就参与工作，需求分析人员、产品经理及应用设计人员也很少会在需求探索阶段采用逻辑数据模型进行需求研判。所以，这种对数据模型的使用和建设方法在实际工作中并不常见，尽管它可能非常有用。

识别业务对象关注的是人、事、物，这些元素是否蕴含在流程图中呢？以图7-19为例。

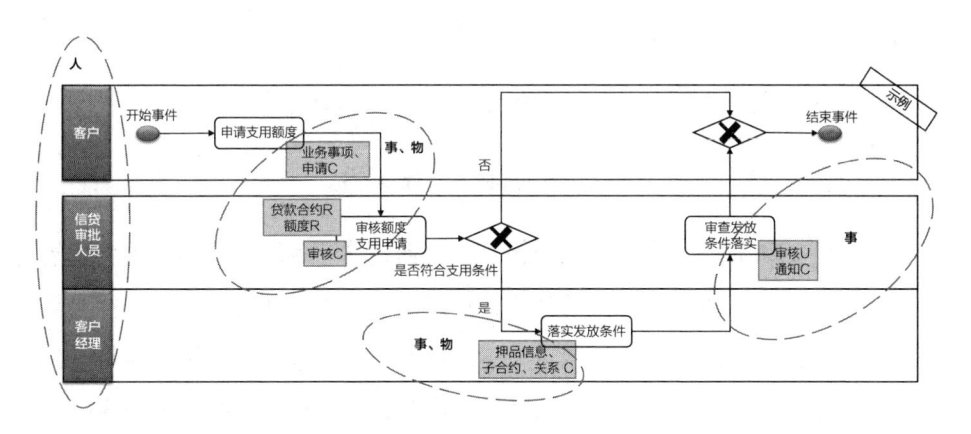

图7-19 流程图解读示例

首先，流程图中很容易识别到"人"，这就是流程图中的"泳道"，"泳道"反映的都是岗位，可以作为"人"的备选对象。其次，"事"和"物"的表达在图中看起来并不直接，但也都蕴含在流程图中，比如，每个岗位执行对应的业务任务时都有自己的具体过程，都在对着某个业务对象执行某个操作，或者通过某个操作创建、修改、读取了某个业务对象。这些业务对象可能是"事"，也可能是"物"，通过对流程图的解读，可以找到这些业务对象和它们之间的关系，而流程的开始和结束本身就是由业务事件表达的，其中蕴含的"事"也可以考虑是否进行业务对象识别。

该流程图中可以识别的数据实体及其关系如图7-20所示。

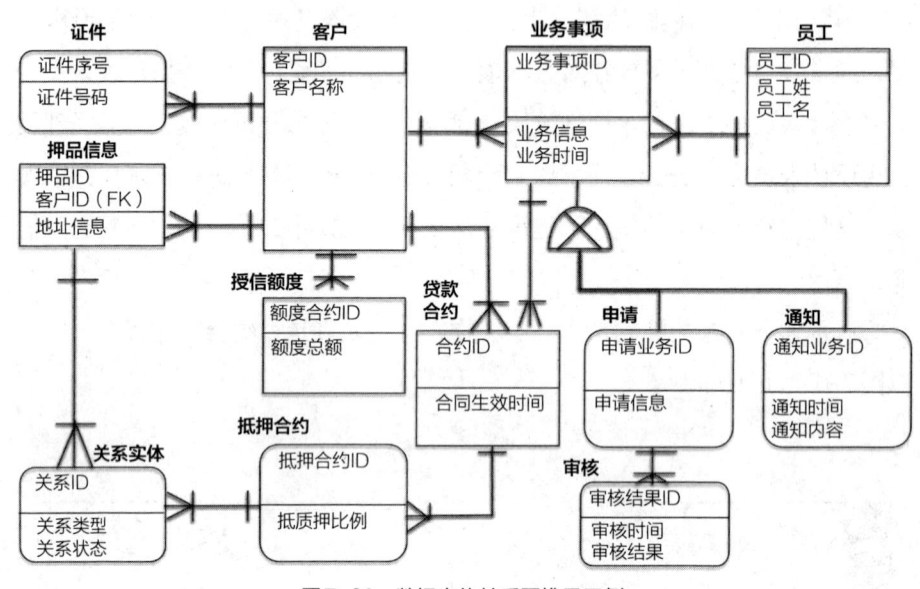

图7-20 数据实体关系图推导示例

将流程图和数据实体综合在一起，还原到具体业务场景，该流程表示的是，客户在已经与银行签订贷款合约，获得授信额度的情况下，当有资金需求，要提出用款申请时，员工会对申请进行审核。如果不符合用款条件，会拒绝用款申请；如果需要追加担保品，则由客户提供押品，签订抵押合约，建立押品与抵押合约的关系，审核通过后，发出放款通知。

从以上过程中可以看出，流程图中除了连线几乎都与人、事、物有关系，从对流程图的阅读中可以识别出业务对象及其关系。当然，这需要对流程图表达的场景具有一定的想象，最好是在与业务专家或者是能够提供一定业务信息的人的协同工作中进行想象，也需要对业务对象有良好的数据感觉。正是因为有一定的经验，笔者觉得称其为"准方法"更合适。

笔者在介绍业务活动识别时，提出要根据业务对象辅助判断业务活动的独立性，这里又在介绍根据流程图识别业务对象再判断数据实体，是不是有些逻辑混乱，到底谁先谁后呢？这就是方法论实际使用时的常见情形了，理论学习一般讲求的是逻辑清晰，而实际操作则是千变万化、方便第一。

可以分几种情形来看待笔者介绍过的两种方法会被使用的场景。

第一种情形，企业首次实施企业架构工程。这种工程一般都是从零起步的，架构设计方法、架构资产、工程组织管理从零开始建立。这时流程建模和数据建模应同步开展，其顺序笔者已经在本节开始时介绍过了。最好是流程建模人员与数据建模人员同步对着同一批参与建模工作的业务专家开展建模工作，避免信息输入不一致和节奏不同步，这时的工作方法就是笔者在流程建模阶段介绍的方法了。

第二种情形，企业架构资产已经建立，以其处理日常业务需求。这时会有两种细分情形，一种是业务人员或者业务专家已经完成了对流程的初步梳理，毕竟业务人员在构思业务需求时一般会先想到对过程的描述，尤其是在没有旧流程可参照的时候，可能会拿着新构想的流程图来谈思路。这时为了定位需求，判断架构的影响范围，就可以从流程图出发，结合业务描述快速推导业务对象及数据实体，再配合架构资产进行分析。另一种是业务人员或者业务专家只有概念式的想法，尚未具象化。这时需要结合流程图的绘制和业务对象识别过程来确定需求范围，可以根据业务描述先找出相近的流程图，以此为参照进行调整，形成目标流程图，然后进行业务对象识别，结合原有业务任务已关联的数据实体和新增的业务对象共同进行需求分析和架构定位。

第三种情形，咨询顾问的工作场景。比如，为了帮助客户快速体验建模方法的工作过程，或验证模型方法在需求分析与架构定位中的作用，咨询顾问会处理根据不充分的信息快速建立逻辑数据模型的情况。这时，基于一个初步绘制的流程图乃至根据一段业务描述直接识别业务对象并绘制数据实体关系图，都是可能会出现的情况。

以上是笔者自己在工作中遇到的情况，应该还会有其他情形也需要这么做，所以，建模方法的应用是多种多样的。

笔者本处之所以屡称其为快速建模，是因为大多数时候，这种建模过程都是很短暂的。笔者一直认为，一个合格的业务架构师是应该熟悉数据工作的，一般要在理解了流程之后，直接识别业务对象，绘制高阶的数据实体关系图。此时不必太关注具体的数据项，因为做的是架构层面的分析。这是业务架构师的基本功，而不只是数据架构师的基本功。

这个"准方法"也反映出流程模型和数据模型的内在联系，读者经常会看到一些讨论关于架构之间该如何设计、如何融合的文章，无论如何，融合一定不是独立设计两套模型之后再去做关系对应，笔者本书介绍的流程模型与数据模型的融合是从"企业棋盘"开始一直延伸到微观的业务对象、数据实体上的设计逻辑的融合，而且非常注重设计过程的融合，以及体现在架构师身上的能力融合，这些才是融合的基本保障。而且，从设计过程上来讲，架构师也要多做逻辑设计，不要轻易陷入细节设计、库表设计中。

数据建模工作非常重要的一点是，对技术侧而言，数据建模不是在设计数据库表，而是在分析业务对象，这两种设计在实际工作中经常会被混淆。

**五、如何识别属性**

属性就是常说的数据项，无论出现在凭证、文件、表单还是屏幕、手持设备上的每一个单独的数据项都有可能成为属性。但是，逻辑数据模型中的属性定义是很严格的，因为逻辑数据模型处理的都是基础数据，不包含通过各种加加减减产生的计算结果，是最原始的、非常独立的数据项。而且，一旦定义为属性，与数据实体一样，也是在全企业范围内唯一的，所以，数据建模也有烦琐之处。

### （一）属性的来源

属性的来源，从正向的数据模型梳理角度来讲，应该来自对业务的分析，如同笔者在本节业务对象、数据实体部分介绍的识别方法一样，从流程涉及的人、事、物寻找"名词"。数据处理的都是对象，自然也都是"名词"。就这一点而言，从九大领域到主题域，再到数据实体、属性层级的操作处理的东西本质上是相同的，是从代表范围的"名词"细化到代表具体信息的"名词"。所以，数据建模一定程度上也可以看作一个"名词"分类过程。只不过，与B级模型的概念、术语相比，加上了业务对象之间的横纵关系后，就形成了一个网状的业务对象关系地图，其中最为常用的层级是数据实体层级，也就是数据实体关系图。这张图再向下展开，就是以数据实体关系为主要连接方式的属性关系地图。但是这一层级太细了，架构层面的分析往往不需要完整的数据模型信息，通常在数据实体这一级就可以应付了。

除了对制度、办法、文件、记录、表单、流程图、口述信息等业务信息的分析，由于大多数打算采用业务架构方法论的企业都是为了重新规划系统布局的，大规模重构才是业务架构的重点。因此，实际工作中，最大的属性信息来源是"遗留系统"，也就是企业架构的重构对象——现有业务系统。如果企业有一定的信息化基础，业务系统寿命较长，系统中通常会堆积大量的库表，包括数据仓库中的表，这些表是定义属性的重要基础信息。但是表中的数据项是不能直接搬过来当作属性的，由于数据管理不规范的问题普遍存在，各类表中的数据关系、口径也经常是不一致的，所以，"遗留系统"中的库表既是属性的主要来源，也是开展数据建模工作要处理的核心问题，要从企业层面解决库表中存在的基础数据治理问题。

数据库表除了提供属性信息，也是检验数据建模质量的一个途径。在整个企业范围内开展数据建模工作，并没有什么万无一失的方法能彻底解决数据建模的完整性问题。所以，要通过检查属性对现有数据库表中基础数据的覆盖情况，来保证数据建模的完整，或者说至少保证数据模型能"兜住"现有业务。

### （二）如何定义属性

明确识别一个独立的属性是一项很烦琐的工作，属性定义的核心就是解决"同名不同义"和"同义不同名"的问题，既要消除二义性，也要消除冗余性，所以只能是逐个去定义、比较候选属性。当属性的数量很庞大时，定义属性就成为一件非常耗时的麻烦事。

#### 1. 区分"主键"和"非主键属性"

在识别数据实体的过程中已经识别了一部分"主键"，也就是用于区分、标识一个数据实体的最重要的属性。其实逻辑数据模型阶段是不必将此类属性称为"主键"的，称为数据实体的"标识符"等也可以，因为"主键"是库表设计中使用的概念。但是笔者通过实践发现，这些"标识符"通常在数据建模人员的印象里就是"主键""外键"这类库表概念，而且后续设计中转化为"主键""外键"的概率极大，确实没有必要增加一个逻辑概念。因此，笔者在本书中沿着"主键""外键""非主键属性"介绍数据建模。

虽然"主键"是定义数据实体唯一性的关键，但如此关键的建模对象，其明确也依旧是个以讨论为主的过程，有一些原则可以用于辅助讨论一个属性是否应该是"主键"。比如，"主键"应该是稳定的，在数据实体存续期间很少变化，如身份证号码、合同编号等；"主键"不应该是空值，任何时候都应该有值；"主键"应该广泛地获得权限，创建、使用数据实体的任何用户都可以查询、使用；"主键"要努力保持范围最小，也即一个数据实体不要有太多的"主键"；"主键"的取值尽可能不是复合信息，不要将若干个信息拼合成一个"主键",等等。这些规则有助于判断"主键"是否合格,但无法用来推导一个数据实体的"主键"该是什么,所以学习和使用这些规则时还是要多思考、多实践才行。

在属性定义阶段,备选属性信息的收集比较完整了,这时可以再总体进行一次"主键"和"非主键属性"的区分。由于有些数据实体会引用一些其他数据实体的"主键"来建立关联关系,这些被引用的"主键"称为"外键",也就是外部引用过来的"键"。

区分"主键"和"非主键属性"是为了进一步明确属性之间的依赖关系,以满足逻辑数据模型特有的范式要求。

### 2. 明确属性的取值类型

属性是非常具体的数据项,所以建模中必然要考虑其取值问题,这也是进一步判断其唯一性的依据。毕竟,要承认一个建模对象是数据,就必须取到某种类型的值。

属性取值类型比较多,主要有以下几种。

(1)编码类。编码是用少量、简单的基本符号,按照一定的组合规则来表示具有多样内涵的信息,如客户编码等。这类属性是否符合之前提到的"主键"判断原则,需要在应用时多加考虑。客户编码常常会成为"主键"的属性,将其当作"主键"还是"非主键属性",如何设计可以更好地作为"主键"使用,都需要思考。

(2)代码类。代码类数据是指一套经过预先定义以用来描述一个确定集合内事物的属性的数据,比如,行业代码、区号等。代码类数据通常代表的是一组分类,所以应当能够保持一定的稳定性,因为代码类数据经常会成为关联、参数等重要设计的使用对象。

(3)指示器类。指示器类数据通常是"标志"的表达,比如,1表示"是",0表示"否",将其作为逻辑判断结果的表述。

(4)文本类。文本类数据是指需要以文本的形式进行说明的数据,也就是说，属性的取值就是一段文本，比如，产品描述、岗位职责描述。

（5）金额类。金额类数据是指以货币金额的形式体现的数据项，主要适用于各类财务信息、价格信息、管理信息等。金额类数据通常包含货币单位，但多币种情况下，一般币种会定义为另外的属性。如果剥离了货币单位，金额类数据也有可能转化为数值类数据。

（6）数值类。数值类数据是指以整数、小数等数据形式体现的属性，用于反映单纯的数量信息，比如，人员数量、设备数量等，与金额类数据类似，可以拓展度量单位。

（7）百分比类。百分比类数据是指以比值的形式体现属性的数据，适用于各类比率信息，比如，税率、占比、增长率等。

（8）日期类。日期类数据是指按照特定日期格式记录属性的数据，比如，出厂日期、审批日期等。

（9）时间类。时间类数据是指按照特定时间格式记录属性的数据，比如，登记时间、发生时间等。

以上是属性比较常见的取值类型，不同企业、不同建模方法也会有差异，主要是看应用需要，也可以进行组合定义，比如日期时间类，将日期和时间合并作为取值。

### 3. 明确属性的唯一性

这是属性识别中非常重要的一环，数据建模的专业书籍中对此有详细讨论，笔者在本书中主要介绍一些属性建模的规范性要求。正是这些规范性要求，使属性能够在全企业内充分达成唯一性，但是取值的唯一性往往需要在确定了取值之后才能判断。

（1）避免有隐藏含义。属性的取值中可能包含一些隐藏条件，该类问题常见于日期类属性，比如，YYMMDD（年年月月日日）格式，属性取值隐含了关于年份的完整信息。当取值为680711时，无法确定是1968年还是1868年，虽然企业中的人可能不认为会有1868年的情况，但是从数据质量的角度还是应考虑完整表达年份信息。

（2）取值的颗粒度应保持一致性。在文本型属性中容易出现取值颗粒度不同的情况，比如，将"架构类型"定义为一个属性，取值可能出现孤岛架构、企业架构、单体架构、服务化架构、业务架构、应用架构、数据架构、技术架构等。这些值的颗粒度并不一致，常见的概念中，业务架构、应用架构、数据架构、技术架构是企业架构的一部分，而单体架构、服务化架构通常会被认为是一种应用架构类型，有时也会被看作技术架构，此处笔者暂定其为应用架构。显然，这样的属性需要被拆分并重新定义，比如，定义架构类型属性，将其取值定为企业架构和孤岛架构；定义架构领域属性，将其取值定为业务架构、应用架构、数据架构和技术架构；定义领域模式属性，将其取值定为单体架构和服务化架构。

（3）是否会在同一时间内存在"多值"现象。此类问题产生的原因通常是属性具有一定的抽象度，比如，"地址信息"这个属性，家庭住址、办公地址、邮寄地址、邮箱地址，都可以称为"地址信息"，如果没有进一步拆分，那么就会在一个属性中同时存在多个有效取值。这种情况下，应该进一步拆分，以保证属性含义的单纯。

（4）信息粒度是否足够单一。此类问题在"地址信息"中比较常见，比如，"地址信息"中包含省、市、区、县、街道等信息时，可以考虑是否将各项信息拆分为单独的属性。

（5）是否会在不同时间取不同的值。此类情况多见于需要保存历史状态信息的业务对象，比如，合约，根据办理合约的过程及合约的存续期，经常会有草稿、待审核、已审核、已生效、已执行、已暂停、已履约、待回款、已作废、已延期、已续签等多种状态信息。有时为了简化处理，它们可能会以"状态属性"的形式安置在合约实体中。但如果需要对各类状态进行统一管理，可以将其设计为"××生命周期"类数据实体，根据对属性管理的不同业务要求，可能会出现不同的设计方法。

（6）是否为衍生数据。逻辑数据模型针对的是基础数据，因此通过两个或者多个数据项计算之后得到的结果数据一般会被视为衍生数据，不被当作逻辑数据模型中的属性。财务报表类数据需求中常见此类属性，因此大部分财务报表的计算结果类数据都不在逻辑数据模型的属性范围内，而是会列入C'级模型的设计范围内，属于"降范"设计的数据。稍微特殊一些的是"余额"，有些时候，在金融机构的数据模型中，"余额"会被当作数据实体或者属性来处理。

以上是一些常用的判断原则，这些原则的核心是使属性保持唯一，仅包含一个明确而特定的含义，也就是"单值"。满足"单值"只是满足了范式建模的第一范式要求，范式建模经常被称为"三范式"，第二范式要求是每一个数据实体的"主键"应当是必要的最小集合，这一点在介绍"主键"和"非主键属性"时已经有所提及。第三范式要求是"非主键属性"依赖且只能依赖于其所属数据实体的"主键"，也就是说只能通过先查找该数据实体的"主键"才能找到它，而不能从其他"非主键属性"直接找到它，这也是为什么关系紧密的数据实体间会引入"外键"的一个原因。如果不满足第三范式要求，则可能会出现重新设计属性或者调整属性归属的情况。"三范式"的设计要求能够充分保证属性的唯一性和数据实体的内聚性。

对于初次接触数据建模的读者而言，"三范式"有些不好理解，这是因为"三范式"引入了一定的数据库表设计理念，毕竟逻辑数据模型最终是要指导数据库表设计的。因此，数据之间的关联关系和实现关联关系的方法都要在逻辑数据模型中体现。为了保持数据一致性，就必须建立比较单一的数据查找模式，这样才能确保不会在同一数据实体中出现多个满足查询条件的属性。此外，这种模式间接起到了明确数据归属的作用，可以根据数据实体确定属性的管理责任，保证数据一致性。

通常逻辑数据模型是不同于数据库表的，只有在一个数据实体对应一张数据库表，且不考虑衍生、派生、冗余、技术字段这样的极端条件下，数据实体才会完全等同于库表，这种情况有时候可能会出现在结构设计非常清晰的零代码应用设计中。正常情况下，一张数据库表可能有几十项甚至数百项字段，涉及几个乃至十几个数据实体，因此，逻辑数据模型与数据库表的差异还是很大的。

### 4. 明确属性的命名与描述

在明确了属性的取值类型，确保了取值的唯一性之后，就该认真考虑属性到底该怎么命名了。笔者选择在此处阐述命名问题，并非是指到这个时候才想起来给属性命名，而是做到这一步的时候属性的信息已经一清二楚了，有条件给属性取个经得起推敲的名字了。

属性的命名基本采用业务词语，但与数据实体不同的是，属性的命名会稍微复杂一些。从规范管理的角度来讲，可以将属性命名看作合成词结构，也就是"用途+类词"的结构。"用途"指的是属性要用于记录与什么相关的数据，比如"入职日期"中的"入职"，"身份证编码"中的"身份证"，这两个"属性"分别是用于记录与"入职""身份证"相关的数据，而"类词"主要指的是取值类型，如前例中的"日期"和"编码"。

将"类词"从属性命名中分离出来有助于更好地进行数据的取值管理，那么，是否"类词"部分的名称一定要与本节介绍的取值类型保持完全一致呢？当然不是，业务习惯还是有主导性的，比如，"身份证编码"更常见的命名是"身份证号码"，而"号码"是编码类的；就算在不规范的情况下将"客户编码"命名为"客户代码"，其实这个"代码"也可能还是编码类，而不是代码类，命名不规范会妨碍对数据的理解，能纠正则要尽量纠正。

属性的命名中不建议出现特殊字母、缩写、字母组合等，也不建议名称过长，这样有助于更好地、规范地管理数据。

确定命名之后可以进一步确定属性的描述信息，比如，描述属性的业务定义、业务规则等内容，以便更好地展示属性的含义，支持对数据的标准化管理。

## （三）通过属性对数据实体进行最终明确

完成对属性的"三范式"建模后，实际上相当于对数据实体做了最终的明确。此时的数据实体已经接近最终完成版本了，再次更新要等到系统实施过程中对数据提出重新定义或者变更需求时了。数据实体明确后，也需要重新检查数据实体关系图，做出调整。到此，逻辑数据模型的主要建模工作也就基本完成了。

代入完整属性后，图7-20可能演化为图7-21。

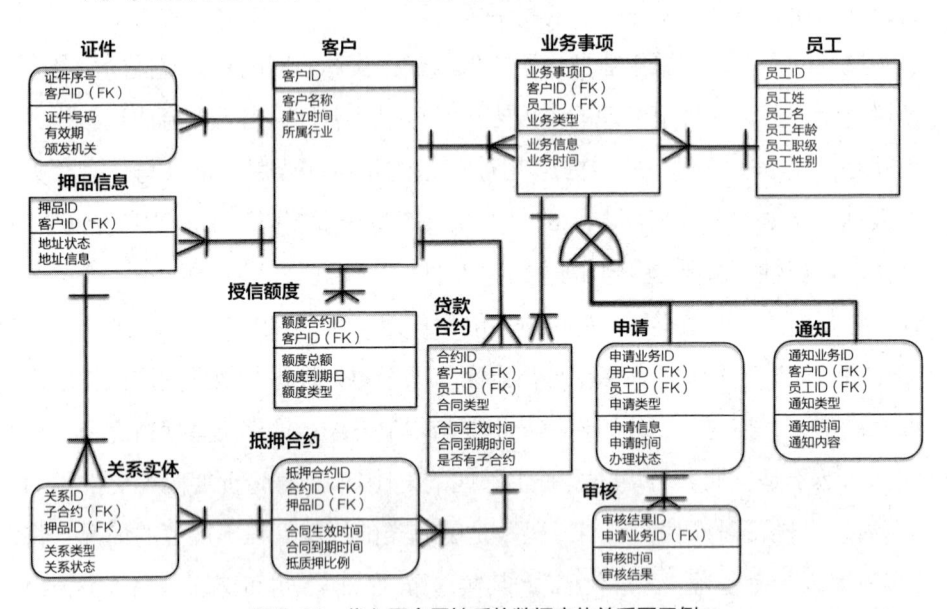

图7-21 代入更多属性后的数据实体关系图示例

在笔者设计的聚粮架构平台中，属性是通过数据实体信息表（图7-22）、数据实体与数据属性关系表（图7-23）来记录的，如下：

| | 数据属性名称 | 数据属性ID | 数据属性定义时间 | 数据属性描述 | 数据属性取值类型 | 数据属性取值规则 | 数据属性取值 |
|---|---|---|---|---|---|---|---|
| 1 | 产品计价方式 | 0000004 | 2024-01-27 | 用于记录产品可采用的价格… | 文本型 | 应采用列表描述 | 按业务发生频率计价 |
| 2 | 年龄 | 0000003 | 2024-01-21 | 记录客户实际年龄信息 | 文本型 | 0-200 | 16 |
| 3 | 客户画像模型编号 | 0000002 | 2023-12-17 | 定义客户画像模型的标号 | 文本型 | 按数字编号 | 000001 |
| 4 | 客户名称 | 0000001 | 2023-12-14 | 记录客户名称的字段 | 文本型 | 不能超过30个字符 | 北京天润聚粮咨询服务有限公司 |

图7-22 数据实体信息表示意图

| | 关系ID | 数据实体名称FK | 数据属性名称 | 关系描述 | 关系状态 |
|---|---|---|---|---|---|
| 1 | 0000004 | 产品 | 产品计价方式 | 包含 | 有效 |
| 2 | 0000003 | 客户 | 年龄 | 包含 | 有效 |
| 3 | 0000002 | 客户画像模型 | 客户画像模型编号 | 包含 | 有效 |
| 4 | 0000001 | 客户 | 客户名称 | 包含 | 有效 |

图7-23 数据实体与数据属性关系表示意图

### （四）属性定义与数据标准的关系

属性的定义过程确保了其在企业中的唯一性，而确保了唯一性也就相当于提供了数据标准化的基础。如果企业在进行逻辑数据模型建设前已经发布了数据标准，那么，数据标准中规定的标准是可以成为属性的定义依据的，而且识别出的属性在命名、取值类型、描述信息方面也需要遵守数据标准。如果在进行逻辑数据模型建设前尚未制定数据标准，那么，可以等到属性定义完成后，基于工作成果再建立数据标准。

### （五）属性定义与元数据信息的关系

属性的定义只实现了元数据信息的一部分内容，元数据信息可能包括分类信息、名称信息、业务信息、技术信息、管理信息等，分类信息包括数据项的分类类别，如业务数据、技术数据、外部数据、基础数据、派生数据、衍生数据、顶级分类等；名称信息主要是数据项的中文名称、英文名称、简写等；业务信息主要是业务定义、业务规则、参考标准等；技术信息主要是具体的取值类型、数据格式等；管理信息包括管控分类、数据项申请人等。元数据清单包含的具体信息根据不同的企业管理要求、系统环境有所不同，仅从上述信息来看，逻辑数据模型中的属性定义支持了分类信息、名称信息、业务信息、技术信息中的部分信息定义。但元数据还包含更多涉及数据实现、数据管理方面的信息，这些信息不在本书介绍的逻辑数据模型设计关注的范围内，属于完整的数据架构设计及其落地实施包含的内容。

### 六、简要回顾

设计逻辑数据模型一定要先明确一个基本要领，虽然设计过程中处理了大量的数据需求和数据项，但逻辑数据模型设计不是数据库表设计，这是很多从事专业数据工作的读者需要调整的设计思路，非专业数据工作的读者只需意识到这一点就可以。数据库表是打破了数据实体边界进行设计的，所以，如果不能从数据库表设计习惯中脱离，会容易分不清数据实体的边界，控制不好数据实体的大小。

此外，更重要的是，如果不能摆脱数据库表设计习惯，还会混淆设计目的，逻辑数据模型设计是整体架构设计的一部分，是"主动性"工作模式，要去划定业务组件的职责边界，或者简单理解为应用系统也可以，要去划定应用系统间的职责边界。但数据库表设计是不负责应用系统间的职责边界划定，更多情况下会混淆边界，这是一种"被动性"工作模式，也即，根据被指定要处理的数据范围去设计数据库表结构，不承担整体架构管理职能，提供的是数据方面的实现支持。这一点会对工作方向上有很大影响。笔者自己服务过的企业客户中，有些数据专家在学习了逻辑数据模型设计之后，不清楚自己的工作方式要有什么变化，为什么一定要设计逻辑数据模型，原因就是没有从数据库表的设计转向架构工作，没有给"其他人"划定边界，还是在按照"其他人"给自己划定的边界思考。

在明确这个基本要领之后，一定要意识到逻辑数据模型的本质，它的本质不是数据，而是一张地图，是描绘所有业务处理对象间相关关系的地图。设计逻辑数据模型本质上是在以数据形式描绘建模者看到的业务世界，逻辑数据模型完整性就是业务处理对象识别及其关系描述的完整性，逻辑数据模型准确性就是完整性基础上的数据取值定义的准确性，逻辑数据模型规范性就是在完整性、准确性基础上遵守对形式表达的规范要求。虽然这"三性"同等重要，但从数据工作本身的特点来讲，准确性是第一位的，其次是完整性，最后是规范性。当然，准确性会受到完整性的影响，比如，数据识别范围扩大，原有的属性乃至数据实体、主题域的定义都可能发生变化。所以，业务模型的建模结果通常会受到建模范围的影响，这也是建模范围是企业级时，建模效果最为理想的原因。

逻辑数据模型的设计也具有"自上而下"特征，面对大型企业级系统重构工程时更是如此。大型重构本身就是在对之前的设计边界进行纠正，因此，要采用尽可能理想的视角重新划定边界，"自上而下"的设计更符合重构的需要。在此也会引入业务领域辅助进行数据主题域切分，以保持流程和"企业棋盘"的内在一致性。

尽管可以从主题域开始，结合业务活动、业务任务继续进行"自上而下"的设计，但是，由于在实际设计工作中需要处理"遗留系统"问题，因而，属性信息的最大来源是已有"遗留系统"数据库库表。所以，在主题域、数据实体、属性的展开设计中，会根据实际工作需要多次反复，将现状与目标需求融合。所以，逻辑数据模型设计不会一次性完成，需要一个迭代过程，并且迭代会一直延伸到系统落地实施阶段。

逻辑数据模型设计的最终结果是，整理出企业的数据资产，包括从顶级分类开始，逐级展开的主题域、数据实体、属性。这份数据清单就是企业最核心、最基础的数据资产。

最后需要明确的一点是，逻辑数据模型设计面向的是业务处理对象，所以与业务行为是直接关联的，也即，本书介绍的范式模型设计最终要面向的是业务行为分析，而非数据仓库、数据集市考虑的数据分析。所以，逻辑数据模型设计会用于业务组件边界划定而不是以构建数据集市、数据主题为主要目标。正因为是面向业务处理对象的设计，所以，主题域中包含的是两两关系比较紧密的数据实体，而数据实体中包含的是与其"主键"关系直接的属性。逻辑数据模型有其自身的设计逻辑和很强的内聚性，笔者在介绍业务任务与数据实体关系时，曾提到一种错觉，也就是经常看起来像是在通过与流程的关联关系来划定数据实体的归属。在本章介绍了数据建模方法之后，可以初步破除这种错觉了。在后续关于业务组件的介绍中，读者可以发现，这种关系其实是反过来的。

数据建模部分涉及的主要架构元素，如图7-24所示。

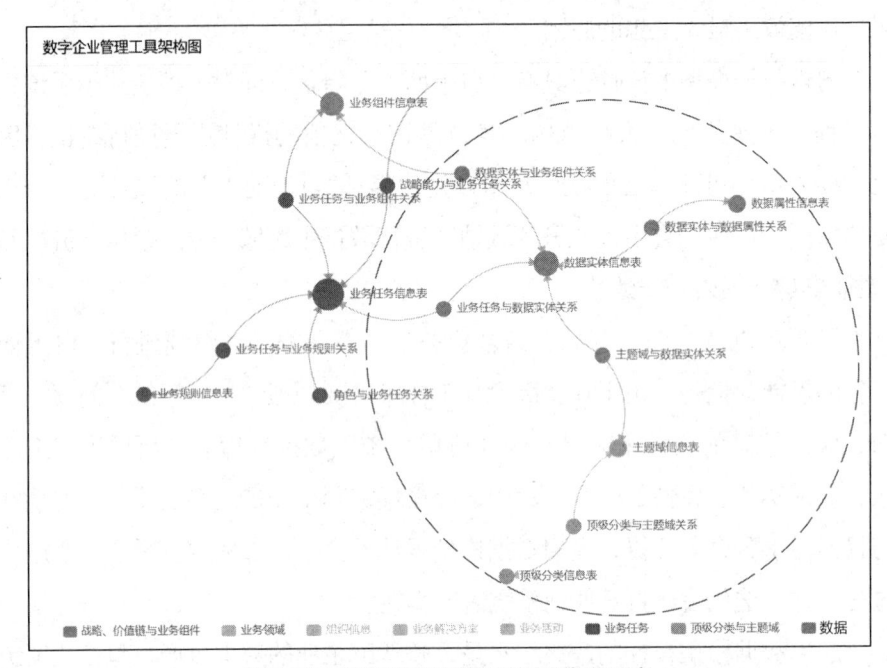

图7-24 数据建模部分涉及的主要架构元素

## 第五节 数据模型与流程模型的结合

数据模型与流程模型的结合在表面上看来是很机械的，代表的是业务行为与业务对象的结合。在介绍流程分析时，流程模型各个层级与数据模型的对接方式已经介绍过了，笔者在此做一些递进说明。

数据模型与流程模型的具体结合方式要看对建模深度的选择，如果企业的流程模型以业务任务层级为主，不在业务步骤上耗费太大精力，那么，流程模型在业务任务中定义与其相关联的数据实体即可，一般也不会处理属性级的关系，笔者的零代码架构管理平台也是如此设计的。如果企业的流程模型以业务步骤层级为主，则可以在业务步骤层级定义与其相关联的数据实体,一般可以不去处理属性级的关系。如果企业对数据治理的要求非常高,且流程模型以业务步骤层级为主,则可以在业务步骤层级定义与其相关联的属性,只是这种关联关系的建立和维护工作量不小。

数据模型与流程模型的结合,从数据模型的角度看,是对逻辑数据模型完整性、准确性的检查。如果一个数据实体无人创建,那么其存在的正当性是会受到质疑的,要么流程模型有缺陷,要么数据模型有缺陷,总之不会存在无人创建的数据实体。如果一个数据实体有人在创建,但没有被使用和维护,其存在的正当性也是会受到质疑的,不应当存在创建后既不会被使用也没有被维护的数据实体。这两个看起来很朴实的要求,其实反映的是逻辑数据模型最基本的定义。逻辑数据模型是企业认为有必要管理和维护的业务对象的数据表现,所以,创建、使用、维护都是需要有相应业务行为的,缺了任何一项都说明存在问题。

数据模型与流程模型的结合,从流程模型的角度看,是对流程模型完整性、准确性的检查。如果出现没有业务行为创建的数据实体,那么,流程模型可能是有缺失的;如果出现没有业务行为使用的数据实体,那么,流程模型可能是有缺失的,也可能是出现了业务任务、业务步骤、业务规则的定义错误,导致应该被使用的数据发生了遗漏;如果出现没有业务行为维护的数据实体,那么,对业务数据更新不及时的情况就可能出现,这有可能是业务中的薄弱环节,需要评估是否应该采取改进措施。

数据模型与流程模型的结合,从模型质量管控的角度看,在大型企业级工程中,由于覆盖范围过大,在有限时间内几乎没有万全之策可以保证各类业务模型的完整性、准确性。所以,通过模型关联的方式进行互相校验,是质量控制的可选之策。即便是在中小型工程中,如果实在担心工程质量问题,模型之间的交叉验证也是可以考虑的措施,只不过由于工程规模不大,很少有人会如此大费周章。

数据模型与流程模型的结合是较为完整的业务架构设计方法中的关键动作,以往流程分析通常与业务上的单、证、书、表相结合,或者与不够明确的业务对象结合，加上传统流程建模普遍不重视对业务任务的颗粒度控制，这就使传统流程模型无法与具体的应用设计结合。传统的数据设计从源于单、证、书、表等信息的数据需求直接进入数据库表设计，这种讲求颗粒度的流程模型和逻辑数据模型设计方面的缺失，是很多企业即便采用某种形式的架构方法论，也没能实现架构融合的根本原因。说到底，没有实现融合是因为没有按照可以融合的逻辑去设计，只是分裂地做了流程模型和数据模型而已，较为标准的融合设计过程是要两个模型的建设保持适当同步、密切联系的。

## 第六节　数据分析该是谁的工作

数据建模通常是数据专业岗位的工作，这一点似乎天经地义。毕竟，从笔者介绍的方法来看，与流程模型相比，数据建模似乎具有更强的专业性，所以学习难度更大。但是，数据是新生产要素，是新资产，国家的各项政策正在日趋鼓励数据的大范围交易。可见，业务数据不仅仅是反映业务的，也是业务人员要去掌握的。如何对数据资产进行评估、定价、折旧、交易，这些事情并非企业中的技术人员可以解决的，笔者一直认为这方面会诞生新工作岗位或者岗位技能要求，而关于数据方面的众多技能，最基础的还是数据定义，也就是逻辑数据模型的建设。所以，尽管有难度，但逻辑数据模型的相关技能是需要业务人员掌握的，如同笔者曾提到的，无论业务人员掌握多少数据分析方法，如果不会自己找数据、定义数据，这些分析方法就可能不会持续发挥作用。业务人员的数据思维并不仅指分析数据，而是应该先把一切事物都看成数据。

那么，业务人员到底能不能掌握数据建模方法呢？至少以笔者自己的工作经验看，这并非难于登天的事情。其实学习流程建模、数据建模的难度可能远比真正解决一些业务难题要容易得多，都是有路可循的。笔者自己从事过的项目中，不乏将业务人员培养成专业数据建模人员的例子，可能"没信心""不打算""没必要"才是真正的障碍。

## » 本章习题：

1. 请读者收集所在企业业务信息，总结所在企业的顶级分类。
2. 请读者收集所在企业业务信息，总结所在企业的主要主题域。
3. 请读者收集结合上一章的流程建模结果，分析数据实体，并将流程模型与数据模型的分析结果进行对接。
4. 再次思考业务任务的颗粒度是否合适。
5. 练习关键属性的识别。
6. 完善数据实体关系图并填充主题域。
7. 结合数据建模练习思考所在企业的数据治理工作如何改善，并系统性地写出工作建议。

## » 本章参考资料：

1.《领域驱动设计：软件核心复杂性应对之道》，Eric Evans 著，赵俐、盛海艳、刘霞等译，人民邮电出版社，2016年6月
2.《实现领域驱动设计》，Vaughn Vernon 著，滕云译，电子工业出版社，2014年3月

## » 本章推荐阅读：

1.《数据模型资源手册（卷1）》，Len Silverston 著，林友芳译，机械工业出版社，2004年6月
2.《数据模型资源手册（卷2）》，Len Silverston 著，林友芳译，机械工业出版社，2004年8月

# 第八章

# 业务架构设计之业务组（构）件分析

笔者在上一章的开始提出了几个问题：企业的组织结构可能结合数据设计吗？企业的流程可能基于数据设计吗？这几个问题在上一章并没有正面回答，因为上一章介绍的内容是回答这两个问题的基础，也就是逻辑数据模型及其与流程模型的关系。本章笔者将在介绍业务架构非常重要的一个设计元素——业务组件的过程中继续探讨这几个问题。在业务组件之内，可以进行更为低阶的业务构件设计，本章也会介绍相关设计思路。

## 第一节 如何与数字化"裁缝"打交道

### 一、与数字化"裁缝"打交道存在的问题

笔者一直在想是不是能用定制衣服这件事情来为企业软件开发打个简单的比方。最大自由度的个性化服装定制，应该是到一对一定制的服装店铺

里进行量体裁衣。在定制过程中，消费者可以对服装的细节做出一些个性化选择，比如领子的形状、服装的纹饰、服装的风格等，只要消费者肯付钱，觉得满意就可以。裁缝也许会给出些不同建议，但不会很执着地与消费者争执。但是，如果消费者一定要把几块布料按照某种特定形式缝合成一件衣服，这个实现难度就与之前的需求不太一样了，裁缝考虑到生存问题，可能会努力帮消费者实现，但做出来的东西恐怕就不敢恭维了。

企业端软件开发工作对技术人员而言，就像做一名数字化"裁缝"，在自研程度相对高的企业中，"裁缝"要按照消费者，也就是业务人员的要求"量体裁衣"开发业务系统；在自研程度相对低的企业中，"裁缝"则要按照消费者的要求采购最接近要求的成衣，之后也可能自己再动上几剪子，改一改。

如果业务人员的要求类似对一些服装细节做出改变，那么，实施难度并不高，业务人员也不需要对系统设计有很深入的了解。但如果业务人员的要求类似一定要按照某种特定结构去缝合几块布料做出衣服，这就有些困难了。如果消费者不懂服装设计，那么提出来的需求可能是不符合服装设计基本原理的，可能会做出一件七扭八歪、穿着不舒服、看着也很难受的衣服。是否了解如何设计衣服，这是业务人员和技术人员在专业分工上的区别。但是，创新从哪里来呢？重大创新的机会很可能在那件七扭八歪的衣服里。

## 二、是不是该学习些"裁缝"技能？

为了不浪费创新机会，业务人员到底该如何与数字化"裁缝"打交道合适呢？

首先，业务人员如果完全不管系统实现，一切交给"裁缝"处理，似乎也可以。但是这种信任不一定就是好事，因为"锅"就完全在"裁缝"这边了。不幸的是，实践证明企业端软件开发比做衣服要复杂得多，也无法像做衣服那样快速看见效果。哪怕只是在业务稍微复杂一些的企业，"裁缝"对业务的理解就开始有偏差了，尤其是在研究业务能力该如何合理布局方面，始终存在短板。这种短板与技术能力本身无关，是工作经历和感受问题。没有实际执行过具体业务处理，对业务的理解就必然会有差异，一些企业采取业务人员和技术人员轮岗的操作，就是要解决这方面的问题。但轮岗既耗时，也并非所有企业都有条件做。更为严重的是，有些企业的技术中层管理者会觉得自己企业的技术人员是很了解业务的，但实际执行的基层技术人员却没这么自信，这种情况也是有的。所以，与做衣服不同，把"锅"完全扔给"裁缝"未必是合适的。

其次，业务人员目前很难直接做个"裁缝"。毕竟今天的"裁缝"不同以往，按照开发分工，"裁缝"的岗位分化也越来越细致，不是会画线、敢用剪子、能缝线就可以当"裁缝"。"裁缝"已经不再只是一个个体，而是一个有组织的"手工作坊"了，不同专业的"裁缝"合作才能做出衣服来，不是会写代码就代表可以当好"裁缝"。

综上，如果把"锅"完全交给"裁缝"和业务人员亲自下场当"裁缝"这两者都不是理想选择的话，那么，可行的方案也许就是让业务人员把要求说得更清楚些，更有"裁缝"的样子，但不需要达到能做"裁缝"的程度。或者更准确地说，是让业务人员做个业务"裁缝"，有清晰的"图样"可以与数字化"裁缝"交流，提升数字化"裁缝"理解的准确性。

读者可能会觉得，这是让业务"裁缝"学好了本领给数字化"裁缝""打工"吗？当然不是，业务"裁缝"是衣服的最终用户，这是对自己要的东西更负责而已。而且，业务"裁缝"本来就要经常研究业务战略、业务格局、业务优势、业务能力、业务组织等需要结构化思考的问题，只不过研究方法五花八门。不如让业务"裁缝"适度统一研究工具，以更加一致的结构化方式研究这些问题，并把业务"图样"做出来。

各级业务人员都需要学习"裁缝"技能，笔者认为，流程模型中最重要的"裁缝"技能是关于业务任务颗粒度控制及其衔接设计，数据模型中最重要的"裁缝"技能是关于数据实体颗粒度控制及其相互关系的识别。但是两者在模型层级上有些偏微观了，微观元素会在分析具体业务诉求方面产生关键作用。很多场景下需要进行高阶分析，比如业务战略、业务格局、业务优势，以及数字化项目大致的范围识别，这就需要宏观架构分析中最重要的"裁缝"技能：业务组件的颗粒度控制及其相互关系的识别。

如果读者结合以往的工程经验仔细阅读本书后续的内容，会发现业务组件这个层级的设计更接近服装设计，是在做领子、袖子这些相对大的结构设计。与之相比，业务任务、数据实体更像做扣子这个层级的设计。

如果企业希望业务人员能够更好地与数字化"裁缝"打交道，那就以业务任务、数据实体、业务组件为核心研究对象，增强业务人员的宏观、微观"裁缝"技能，从中也能发现根据数据设计流程乃至设计组织结构的思路。

## 第二节　如何识别业务组件

业务组件代表的是一组关系相近、适合聚在一起实现和管理的业务能力，所以，对业务组件的识别就是将业务能力按照关系远近进行聚类。正因如此，业务组件很难有，也不必有很严格的定义。业务组件的边界必定是动态、开放的，注定是基于共识、基于管理的。正如"企业棋盘"中业务人员非常熟悉的业务领域一样，它难以准确定义，业务组件更是如此。

### 一、业务组件的识别及其边界特点

识别业务组件虽然无须严格定义其边界，但还是要给出合理的聚类方法。通过聚类，从包含的内容上可以进行精确管理。这就是业务组件有趣的地方，不能准确定义但可以精确管理。

业务组件既然聚类的是业务能力，业务能力主要是通过业务对象定义的，业务对象经过精确的数据建模就演化成了数据实体，而数据实体间具有两两关系，可以根据两两关系聚类成主题域。那么，数据实体就可以成为业务能力聚类的依据，而关系较近的数据实体构成了主题域。所以，主题域就可以成为识别业务组件的基础边界，它代表了关系足够相近的一组数据实体，从而能够保证据此定义的业务组件具备适当的内聚性。在此基础上，再根据一定的平衡策略确定业务组件的最终边界。

业务能力的定义当然不是只有识别数据实体，还需要一个展现过程，所以必然包含相应的业务行为。无论使数据实体中的属性取值发生改变，还是令数据实体中的属性在任何条件下都有能力保持不变，这些都依赖业务能力，都需要一定的业务行为来处理。所以，业务组件作为业务能力的聚类，不会只包含数据实体，也要包含业务行为。业务行为如何识别呢？流程分析和数据分析过程中已经完成了对业务任务和数据实体关系的反复识别，此时，可以根据业务任务和数据实体间的创建和修改，也就是C和U的关系，将处理数据实体的相关业务任务聚类到业务组件中。这样，业务组件的内容就比较完整了，同时包含了行为和数据两个部分，由这两个部分共同描述业务组件中包含的业务能力。

通过这段介绍，读者可以发现，业务组件的边界是以主题域为基础的。主题域边界具有一定的开放性，如果其包含的数据实体所代表的业务对象关系发生了改变，无论数据实体新增还是减少，主题域边界都会随之改变。相应地，业务组件边界也会改变。虽然数据实体关系相对稳定，但不代表就是一成不变的。业务组件也不是一成不变的，其边界具有动态性、开放性。但由于数据实体的定义是非常清晰的，而引入业务组件中的业务任务又是根据其与数据实体的关系代入的。所以，业务组件的管理可以是精确的，以数据实体为主、业务任务为辅，可以精确、迅速地判定业务需求改动的位置。这种管理方式在以流程分析为主导的需求分析及开发模式中是难以如此准确的。因此，不精确的定义并不妨碍精确的管理，现实中很多事情都是这样的。

业务组件是开发管理中需求统筹方面的有力工具，也要靠开发管理对其的遵从来保持适当的稳定。所以，业务组件边界也是基于共识、基于管理的。正因如此，每个业务组件都需要指定一个对其承担业务管理责任的业务部门，可以根据业务任务对应的岗位所属的部门来进行分配。一个部门可以主管多个业务组件，但不建议出现一个业务组件由多个部门共管却没有主管部门的情况，这容易导致管理上的推诿。一些企业在落实中台的过程中出现了"公用能力中心"无部门主管的情况，这种情况在业务架构方法中是不允许出现的。

### 二、对业务组件的命名

理想的业务组件设计，主要包含的元素应该是业务任务（及其包含的业务步骤）和数据实体（及其包含的属性）。由于数据实体和对其进行处理的业务任务关联在一起组成业务能力，如果愿意为此引入一个抽象概念的话，笔者将这个抽象概念定义为业务构件。也就是说，一个独立的基础性业务能力就是一个业务构件。业务任务、数据实体、业务构件就像一堆有关但又具有一定独立性的业务零件，零散地放在业务组件这个"筐"或者"抽屉"里。业务组件既然是一堆具有离散特征的业务零件的聚合，自然也就不会有太精准的定义，以"筐"或者"抽屉"的方式去理解业务组件反而是很形象、很准确的。

给"筐"或者"抽屉"贴上个标签，就是给业务组件定名了。这个名字通常会跟主题域有一定关系，是对主题域的某种管理。业务组件的命名要求是比较宽松的，没有"动词+名词"的限制，也没有"用途+类词"的特定结构，它的命名跟业务的管理职责定义比较接近。如果企业信息化基础比较好，业务系统比较多，业务组件的命名也经常会受到系统命名的影响，因为它看起来确实很像业务系统，只要达成了共识就可以。

## 第三节　如何认识业务组件在业务架构中的作用

### 一、承上启下、转换业务视角的"筐"

架构设计是基于一定视角的，看问题的出发点、关注的核心点等都可能成为设计视角。架构设计过程中也有各种反映不同利益相关者诉求的视角，所以，架构设计也可以视为一个对各种视角进行调和的过程。不过，为了达成业务架构的设计目标，业务架构也要有自己需要坚持的视角，以保证设计结果最终还是业务架构，不会发生"跑偏"。

真正能够用于引导业务架构设计，并保证业务架构设计结果可以有效传导给技术人员来指导后续落地的视角是什么呢？这样的视角有两个，一纵一横，这两个视角相辅相成，缺一不可。

#### （一）纵向视角

纵向视角，顾名思义，有一刀"切"下去的感觉。纵向视角研究的是对事物的切块，也就是分解，将事物分成一个个独立的小块。这个视角放在业务架构设计中，就是对可独立业务能力的识别，解决的是能力分离问题。

从流程模型和数据模型的设计来看，读者会比较容易理解"切分"的小块应该是业务任务、数据实体。不过架构也是分层级的，不是只有微观层级，在宏观层级，这个小块就成了大块，也就是业务组件，它属于业务架构中的纵向视角，是纵向视角中的宏观部分。

从业务组件识别方法来看，比较精确的业务组件应该是逻辑数据模型设计完成后结合流程模型确定下来的。但是，在对CBM方法的介绍中，读者也会发现，业务组件似乎也可以基于经验推导。从实际设计案例来讲的确是这样。通过对企业现有业务系统的参照和反思，或者对于标杆设计实践的参照，都可以帮助企业完成一个初步的纵向切分。只是这时的业务组件基本上还是比较概念性的，边界并不明确，也没有足够的细节用来支持做更深入的架构设计、架构决策。

很多人以为架构工作都是宏观的，甚至认为做完宏观部分就行。其实不然，能落地的架构蓝图都需要足够的细节，否则，当高阶架构"图纸"指定了两个空"筐"，也就是业务组件有联系、有边界时，这个边界到底是什么？联系如何实现？没有更下一层的细节，就无法证明这种切分不仅仅是理想之光，更能照进现实。所以，笔者认为，可以说架构工作就是有逻辑的，毕竟架构工作并没有直接指定物理层级的具体实现方式，但不能认为架构工作就是宏观的，这会导致架构难以落地。

笔者在介绍企业战略拆解时就已经提到对业务组件的使用，但是作为高阶业务架构元素，在介绍"企业棋盘"时并没有沿着对价值链的介绍直接展开对业务组件的介绍，没有一刀"切"下去，而是"拖"到了现在，介绍完了业务组件设计方法，才从纵向视角的角度去讨论业务组件的作用，看起来会有些颠倒。其实笔者的用意是，不希望读者先看到一个空"筐"，而是先看到"筐"里到底会放什么，之后再去认识这个略带"灰度"的"筐"。

虽然可以基于经验在未展开流程模型、数据模型设计时进行业务组件的初分，但是，读者也必须清楚，初分并不代表最终结果，最终结果可能跟初分很接近也可能差异很大。无论差异大小，没有下一层级的支持，单凭高阶业务组件设计，是很难指导应用架构设计的，它可以用来分析规划，说"故事"，但还不足以让"故事"成为现实。

### （二）横向视角

横向视角，顾名思义，有用线串起来的感觉。横向视角研究的是对事物的连接，也就是组装，将一个个独立事物"串"成规模更大的"组合"。这个视角放在业务架构设计中，就是对可独立业务能力的运用，把一个个独立的业务能力"组装"成一个复杂的企业，以确保切分是合理的、可支持变化的。

从流程模型和数据模型的设计来看，读者会比较容易理解"串"起来的"组合"应该首先是业务活动和主题域。其实还有些不会经常遇到或者容易忽视的横向视角，比如，业务应用和岗位。业务架构领域概念不精准，而流传的概念却不少，笔者此处介绍业务架构的主要层次，也将对这些概念的个人理解做个汇总。

从架构层级来看，逻辑数据模型可以认为只有宏观和微观两个层级，宏观层级是主题域及其上的顶级分类，微观层级是数据实体和属性。流程模型可以认为有宏观、中观、微观三个层级，宏观层级是价值链、价值流、活动组、业务领域、业务应用、业务组件、组织单元这些概念，中观层级是业务活动，微观层级是业务任务、业务步骤、业务规则、岗位。

业务活动这个中观层级有些特殊，虽然与业务领域相比，它要小得多，但仍然可以视为业务模式设计；由于有些业务活动存在整体"复用"的情况，所以，它也属于业务能力设计，而且逻辑数据模型也没有可与之良好对应的层级，当然，也不必有，因为业务活动是允许灵活变化的，逻辑数据模型通常缺少这种变化模式。

价值流、活动组都属于纵向视角的切分，是沿着作为顶级分类的价值链的各个环节进行纵向切分产生的，它们中包含的业务活动正常来讲应该是互斥的、不重复的。业务应用则是对业务领域这个横向视角的同向细分，每一个业务应用与业务领域类似，都有可能贯穿价值链所有环节，它们是基于不同目的对业务活动的"组合"运用，因此，其中包含的业务活动经常会重复出现，这也体现了业务架构是如何识别公用能力的。作为同向细分，业务应用不是必须有的，要由业务的复杂程度来决定，如果设立这个层级，则它属于横向视角中的宏观部分。横向视角中有一个比较容易被忽略的内容，就是岗位。岗位是组织单元的纵向切分，但从模型的角度看，岗位是与之相关的业务任务和数据实体的集合，又属于横向视角中的微观部分。

### （三）纵横交叉的构建过程

业务架构设计主要是以纵横两个视角交叉进行的，先通过纵向视角将一个完整的企业切分为流程模型宏观部分的价值链和数据模型宏观部分的九大领域，再通过某种关注点，比如，产品或服务，按照横向视角将企业切分为业务领域，之后进行第一次交叉，交叉的结果就是形成了"企业棋盘"。这个阶段可以形成粗分的业务组件和主题域，当然，这需要依赖一定的经验，这个阶段先不设计业务组件也可以。

第一次交叉完成后，可以继续进行纵向切分。流程模型会对价值链进行切分，可以形成价值流、活动组等细分宏观层级，但最后要切分到初分的业务活动，根据业务活动的数量和组合复杂度，可以考虑是否增设业务应用这个横向细分宏观层级。逻辑数据模型这时就不是单纯的纵向切分了，而是在识别微观"半成品"，结合业务活动识别业务对象，并大致归类到主题域下。

这次切分完成之后就迎来了第二次交叉。这次交叉面向业务活动引入岗位，将业务活动分解为业务任务。这是很重要的一次交叉，业务架构是否能落地，主要取决于这次交叉的结果是否能在业务部门和技术部门之间达成共识，注意，不是单侧共识。由于业务活动切分得更细了，业务对象也要更加精细，向数据实体发展，属性的识别也已经开始，所以这次交叉提升了对数据模型的纵向切分要求。这次切分的一个奇妙之处在于，由于业务任务的出现，业务活动从之前的纵向视角切分结果转变为横向连接视角了。

第二次交叉之后是进一步的纵向分解。如果对流程模型的细节要求较高，则需将业务任务分解为业务步骤，并对业务规则进行详细描述。数据模型此时将结合业务分析产生的数据需求及其他信息来源，完成属性的全部识别工作，这时会产生业务任务和数据实体在建模阶段的最终识别结果。这次展开的程度本身是可选的，比如，对业务步骤不做精确展开，只对关键业务规则进行概要描述等。但是，属性识别的要求还是不变的，要尽可能做出完整的逻辑数据模型。由于这一阶段业务任务和数据实体的结合比较充分了，也可以在此基础上完整识别业务构件。

两次纵横交叉之后产生的结果就是形成一地的碎零件，尤其是业务任务、数据实体这两个极为关键的微观架构元素，需要用贴着各种不同"标签"的"筐"分门别类地把碎零件"扫"进去，以便收纳和管理。"扫"的顺序是先把数据实体"扫"进来，再根据数据实体和业务任务的关系把业务任务也"连带"着"扫"进来，随后，业务构件作为一个逻辑定义自然也就"扫"进来了。"扫"的工作完成之后，业务架构设计的主要工作也就"杀青"了，此时已经能够以整体视角完整地、分层级地"阅读"所有业务架构设计成果了。

在笔者设计的聚粮架构平台中，业务组件是通过业务组件信息表（图8-1）、业务组件与数据实体关系表（图8-2）、业务组件与业务任务关系表（图8-3）、业务构件信息表（图8-4）来记录的，如下：

| | 业务组件名称 | 业务组件ID | 价值链环节名称（... | 业务组件定义时间 | 业务组件描述 | 业务组件状态 |
|---|---|---|---|---|---|---|
| 1 | 人力资源管理 | 0000006 | 综合管理 | 2023-12-14 | 全行员工信息的统... | 有效 |
| 2 | 风险监测 | 0000004 | 风险合规管理 | 2023-12-14 | 实现企业级风险监... | 有效 |
| 3 | 客户服务 | 0000003 | 业务运营 | 2023-12-14 | 客户咨询、客户投... | 有效 |
| 4 | 产品研发 | 0000002 | 产品管理 | 2023-12-14 | 产品目录、产品模... | 有效 |
| 5 | 客户管理 | 0000001 | 营销管理 | 2023-12-14 | 客户信息、客户画... | 有效 |

图8-1　业务组件信息表示意图

| | 关系ID | 数据实体名称（FK） | 业务组件ID（FK） | 关系描述 | 关系状态 |
|---|---|---|---|---|---|
| 1 | 0000003 | 产品 | 产品研发 | 首责组件 | 有效 |
| 2 | 0000002 | 客户画像模型 | 客户管理 | 首责组件 | 有效 |
| 3 | 0000001 | 客户 | 客户管理 | 首责组件 | 有效 |

图8-2　业务组件与数据实体关系表示意图

| | 关系ID | 业务任务名称（FK... | 业务组件名称（FK... | 关系描述 | 关系状态 |
|---|---|---|---|---|---|
| 1 | 0000003 | 创建新客户信息 | 客户管理 | 被包含 | 有效 |
| 2 | 0000002 | 定义产品销售... | 产品研发 | 被包含 | 有效 |
| 3 | 0000001 | 定义客户画像... | 客户管理 | 被包含 | 有效 |

图8-3　业务组件与业务任务关系表示意图

| | 业务构件名称 | 业务构件描述 | 业务构件ID | 业务构件创建日期 | 业务构件状态 | 业务构... | 归属业务组件 |
|---|---|---|---|---|---|---|---|
| 1 | 定义客户画像维度业务构件 | 用于实现定义客户画像维度的业务能力 | 0000003 | 2024-01-21 | 有效 | | 客户管理 |
| 2 | 创建新客户信息业务构件 | 用于实现创建客户信息的业务能力 | 0000002 | 2024-01-21 | 有效 | | 客户管理 |
| 3 | 定义产品销售控制业务构件 | 用于定义产品销售相关控制信息的业务能力 | 0000001 | 2024-01-21 | 有效 | | 产品研发 |

图 8-4　业务构件信息表示意图

## （四）小结

综上所述，业务组件的首要责任是作为收纳碎零件的"筐"。正因为如此，业务组件才能承担业务能力布局规划的重任。反过来讲，业务组件能够用来做规划并且保证规划可落地，关键是"筐"里要有零件。如果是一堆空"筐"，尽管在规划阶段"故事"尚能说得过去，但到了落地阶段，空"筐"就要受到很大挑战了，要装了零件之后才能用。

笔者此处借讨论业务组件的作用，通过对架构设计纵横视角的介绍，对业务设计过程进行了一个简要的回顾。之所以这样行文，是因为业务组件是一个不太好理解的概念，看似很简单，就是一个"筐"，但在实际设计工作中，对这个"筐"的解释经常出现争议，主要原因是这个"筐"是宏观架构元素，会出现在设计早期，也就是梳理价值链和业务领域时，它就出现了。但是这个时候由于架构设计过程还没有展开，设计工作的参加者，尤其是其中的业务人员很难理解"筐"的意义。这个"筐"跟业务系统有什么区别？为什么要在业务架构中分析这个"筐"？一系列问题都会冒出来，会产生这些争议是因为业务组件并没有一个很严谨又能很好反映其实际作用的概念。所以，对业务组件的理解常常后知后觉，也就是，做到项目后期，看到了所有装了零件的"筐"及"筐"之间的协作关系，才能慢慢理解业务组件的作用和价值。

通过笔者的介绍，读者可以看出，之所以要有这个"筐"，是因为业务零件要有地方分门别类放置，这种放置方式能将对业务的理解从关注流程转变为关注能力，也就是从只看业务流程转向看零散的业务任务所代表的具体能力。将业务视为对业务能力的"组装",而不只是习惯上的按顺序执行,这是一个很重要的视角转换。没有这个转换,对灵活型业务系统设计而言,非常重要的流程与能力分离就很难实现。

至于这个"筐"与业务系统的区别,则是一件理解起来有点难的事情。这个"筐"最终会演变成业务系统,但目前它还不是,它仍旧是一个业务分析结果,里边没有任何关于技术的东西。"筐"里放的是岗位执行的业务任务及岗位处理的业务对象,也就是数据实体。这些元素之间的结合依据的都是业务关联而非系统关联,所以,它仍然不是业务系统,只是后续应用设计中划分业务系统的参考边界。判断一个架构元素属于哪一个架构分类,要看它包含的视角。业务组件目前还没有包含设计实现的视角,所以,它不是应用架构的部分。正因如此,笔者不赞成在业务架构中使用业务功能这个词语,这是一个典型的应用架构设计元素,业务部门谈论业务通常讨论的是业务职责、业务职能、业务规则,而不是业务功能,业务架构要以业务视角来设计。

综上,这个"筐"为什么要在业务架构中分析?其理由也很简单,它还不是应用设计中的元素,所以必须在业务架构中分析,而且,业务组件是业务架构中承上启下、改变业务视角的重要元素。企业战略层面需要一个有效的宏观架构元素来支持分析工作,这就是"业务组件"的作用,这个"筐"不空才是最好的。此外,有些需求在可行性分析、范围影响分析等早期方案讨论环节中,无法等到业务细节分析结果出来之后再讨论,可能需要尽快给出意见。这时也需要一个有效的宏观架构元素来支持分析工作,只有不空的"筐"才能胜任。所以,业务架构工作是离不开业务组件的,尤其是装了零件的业务组件。

这些问题对有些读者而言,可能理解起来没有什么困难,甚至会觉得没必要讨论得如此细致。其实,有时候读者需要转换下视角才能理解其困难所在,也即,不能仅从读者个人的视角去理解,而是要放到一个集体环境中去理解。架构工作的主要困难是达成集体共识，个体觉得正确的事情，会在集体讨论中被莫名其妙地否定、搁置、忽视，其他人还会提出不同意见，比如，工作量分配问题、工作责任问题等，需要持续地考虑如何达成共识，而不是只停留在自己怎么看这个层面。

而且，进一步讲，架构工作通常也不是在所有人达成共识的基础上推进的，而是达成足够人数的共识就可以。这意味着企业级工程始终会在一定的反对声音中向前推进。因此，业务架构工作的开展需要以一定的管理手段为基础，不要把架构工作理解成只剩下设计，否则，学会再多的方法也没用。业务组件等一些概念上的争议，有时也会成为潜在反对因素聚焦后的外在表现，它们也在找一个可用的"突破口"。不幸的是，这样的"突破口"还有很多，所以，这也是企业和架构师在工程实施过程中遇到问题时需要多思考的一层。当然，这并不是说应该拒绝质疑，而是要分清楚为了"做成"而反对和为了反对而反对，前者是极有价值的，是落地过程中必不可少的。

最后，关于业务组件，笔者再谈一个容易引起理解混乱的事情。笔者介绍的业务组件设计方法是，建议在业务组件中以业务任务为主描述业务行为。实施中不少人曾经问过，如果业务任务可以被看作业务能力，那么业务活动就不算是业务能力吗？业务活动就不能放置在业务组件中吗？

按照BIZBOK®对业务能力的定义，业务能力是可以嵌套的，也即，业务活动也是业务能力。之所以建议以业务任务为主构建业务组件，是因为业务活动属于对业务能力的运用，也属于横向视角。在服务化系统设计中，有应用层或者"企业消息总线"之类的设计机制对应横向视角的实现，所以，不主张在业务组件中放置业务活动，以彻底实现业务组件内部的松耦合设计。

但在实际设计中，确实有些业务活动其所属业务任务都在同一个业务组件中，业务任务基本不会被其他业务活动使用。在业务应用层面即便出现复用，也是对业务活动的完整复用。这种情况下，要求将业务活动置于业务组件内也并无不妥，虽然对松耦合的目标略有违背。不过这种"放置"笔者建议在后续的系统设计层面处理，而不是在业务架构设计中直接将业务活动归为业务组件，业务活动还是应该归为业务领域、业务应用，但可以对业务活动做一些关于实施情况的"标识"，以便今后的架构决策。这也是笔者之前说业务活动是个特殊的中观层级的原因。

## 二、从"筐"派生的其他作用

"筐"里有了零件，自然可以基于零件派生其他运用业务组件的方法。

### （一）业务组件与数据治理

通过架构方式开展企业级工程，一般都会涵盖关于数据类的目标，尤其是数据治理这种比较难以解决的"顽症"。

数据治理工作有两个难题，其一是数据价值问题。虽然信息化、数字化工作开展多年，但落到实处，落到企业的每个岗位上，到底数据的价值是什么？需要什么样的数据？需要怎么用数据？这些关键问题大多只能笼统地通过数据算法的应用来回答，而不能针对每个岗位具体回答。如果不能深入到这个层面回答这些问题，数据就很难成为每个岗位都会去自发采集、维护的生产要素，数据治理也就无法形成持续的循环，数据无法在企业内部"转"起来。

业务架构方法无法很直接地回答这个问题，业务架构方法能做到的是，在业务建模过程中，通过引导每个岗位对应的业务任务和数据实体的梳理，帮助业务人员思考自己周围有什么数据，业务过程中会用什么数据，有什么信息是可以通过数据方式采集、存储、计算、应用的，有什么数据可能是还没有被很好利用的，引导业务人员先将自己所在的工作环境充分"数据化"，再通过对业务规则的研究增加数据算法的使用机会。虽然作用是间接的，但能够从最基础的层面引导业务人员认识数据。

数据治理的第二个难题是，数据管理责任的分解和落实。业务模型是有管理职责的，虽然业务建模有助于超越"部门墙"去理解企业业务，但回归到业务管理层面还是要通过部门来执行的。所以，业务建模并非要打破部门的管理边界，而是提供解决问题需要的全局视角。基于此，业务模型中的绝大部分架构元素都是可以分配其管理责任的，业务领域和业务活动都可以找到其主导部门，业务任务可以找到其岗位。由于数据模型与流程模型进行了关联，数据实体也可以找到对其进行C、U操作的业务任务，进而找到对其负责的岗位。如果模型深度足够，还可以找到"属性"的责任岗位。作为业务任务、数据实体的聚合结果，业务组件通常可以找到对其负责的部门。所以，业务架构可以将数据治理责任很有根据地在业务侧分配下去。当然，这些是业务模型的逻辑关系带来的价值，其具体实现要配合相应的管理机制，业务模型只是提供了支持管理机制得以实现的工具。

在笔者设计的聚粮架构平台中，这种管理关系是通过业务组件与组织单元关系表（图8-5）来记录的，如下：

| | 关系ID | 关系类型 | 关系建立日期 | 关系失效日期 | 组织单元名称（FK... | 业务组件名称（FK... |
|---|---|---|---|---|---|---|
| 1 | 0000002 | 协管部门 | 2024-07-12 | | 普惠金融部 | 客户管理 |
| 2 | 0000001 | 主责部门 | 2024-07-12 | | 公司业务部 | 客户管理 |

图8-5　业务组件与组织单元关系表示意图

业务组件与数据治理的关系，也说明了业务架构方法与DDD的一个显著区别。笔者在关于业务对象的介绍中提到，通过对数据模型解读方式的调整，就可以达到与DDD类似的效果。其实这个视角调整就是指，将通常对数据的理解由指向数据库表设计和数据平台设计，调整为指向源系统的业务行为设计。业务任务与数据实体的关联，与DDD中"聚合根""实体"的概念接近，两者在DDD中是同时包含了行为和数据的"类"。由于DDD本身允许直接派生数据，"同义不同名"是可以的，也不限制衍生、冗余，也要求助于类似"副本"管理的机制来解决一些问题。所以，DDD中的数据是应用级的"降范"数据，相当于本书数据模型中的C′级模型。这一级数据模型通常不是用来支持数据治理工作的，而是需要在数据治理的支持下工作，C级模型是可以用来进行数据治理的，这是两者在作用方面的一个显著区别。

借此也可以进一步讨论业务组件与DDD中业务领域的关系。为了减少概念混淆，笔者将DDD中的业务领域暂时称为业务域。在共性方面，两者都是行为和数据的聚合体。业务组件采用的是有关联的两种模型共同表达其内容的方式，也即，流程模型和数据模型都放在业务组件里。业务域的表达方式是"类"图，也就是以近似主题域的外观，将行为和数据放在同一个模型中。在区别方面，首先，由于两者都无法对各自的架构元素给出很令人信服的明确定义，所以从结果方面看区别会更为明显。业务组件通常会比较大，它面对的是整个主题域；业务域会相对小些，它面对的往往是一个细分后的业务环节。其次，从设计出发点看，业务组件是以合理规划企业业务能力的整体布局为目标的，是从全局视角考虑问题的，业务域的设计着眼点并没有明确的全局要求，着重于澄清一个具体的"块"。

方法间的融合发展是方法论进步的主要方式之一，DDD与应用设计的强关联性是很有吸引力的，而企业和架构师在实际工作中通常也不是在单一方法下实施的，甚至可以说经常是在方法都不甚明确的情况下进行实施的。所以，在工程中经常会受到各种方法的影响。为了能够更好地选择、更好地融合，企业和架构师需要通过多种渠道充分了解方法之间的异同。方法没有"光环"，只有"逻辑"，一个企业成功的经验是否能在另一个企业复制，取决于对"逻辑"的提炼是否超越了特定的环境，是否解决了当前关注的焦点问题。这就要由方法论的完整性、自洽性、可变性等来决定。

指定了负责业务组件管理的主责业务部门后，业务组件建模工作基本完成，涉及的主要架构元素，其关系如图8-6所示：

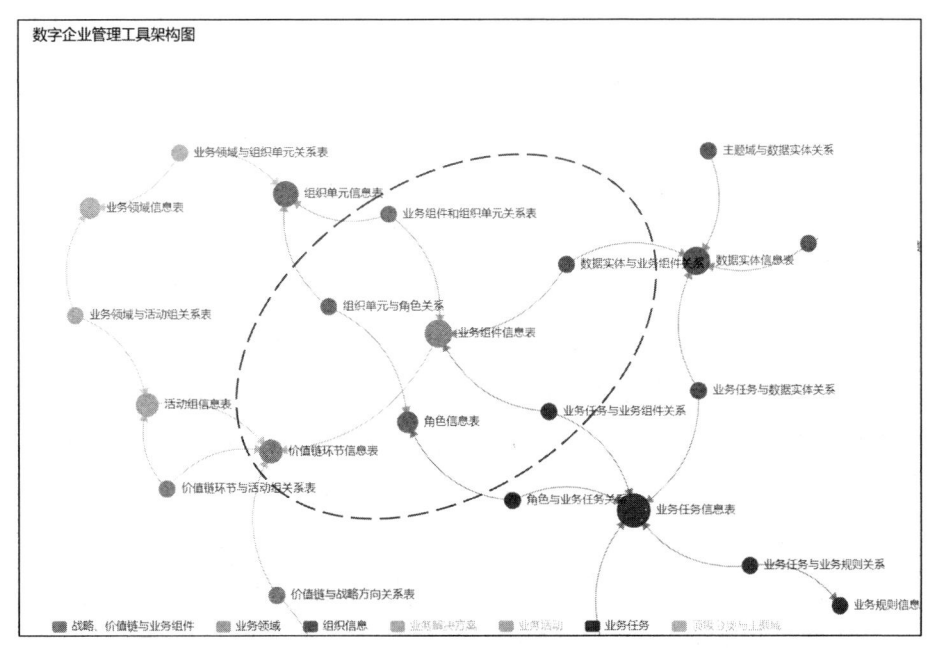

图8-6 业务组件建模部分涉及的主要架构元素

## （二）业务组件与战略管理

笔者在介绍战略"粉碎"过程时，就已经提到用业务组件来承载战略。关于这个说法，如果读者尚未清楚业务组件里具体有什么，是较难理解的，尤其是承接的到底是什么颗粒度的战略能力。在本节，笔者可以详细介绍相关操作方法了。

从笔者介绍的战略拆解方法中可以看到，战略拆解是有层级的，但总体上可以分为两类，一类是底层相对具体的战略能力，另一类就是其上的所有结构性层级，包括战略能力、业务举措乃至最高阶的战略方向等。除了底层的战略能力，其上的结构性层级只要大体对应上业务组件就可以，尤其是在战略拆解被置于整个企业级工程早期，业务架构尚未设计完成的时候，这时的业务组件如笔者之前介绍的，"筐"还是空的。

对于企业级工程而言，这一阶段是以架构承载战略的可行性论证阶段，还算不上真正可实施的设计。通过这一阶段的分解，只是让所有利益相关方认识到结构化分解战略的可行性。所以，粗粒度的分解和对应已经足够，企业自己在这个方面也要有控制力，不要在这个阶段过于关注细节，导致不必要的时间耗费。有些企业会觉得在企业级工程中开展战略拆解是个不必要的工作，其实，这是个很有必要的价值分配过程，而且，相对科学的做法是分阶段开展，在项目早期先进行一次粗粒度分配即可。

底层相对具体的战略能力，其承载条件就不一样了，如果要精确定位的话，这就不是一个空"筐"能应付的。笔者的建议是完成业务组件建模之后再进行这类战略能力的深度拆解。笔者介绍过，理想的业务架构设计过程一般是"二阶段"建模，可以有一个"目标建模"阶段。企业的战略落地也好，业务转型也罢，都是一个从现状到目标的过程，无论采用什么样的方法去推动战略执行，在具体操作上都会是个"二阶段"过程，并非只有采用业务架构方法才会这么烦琐。相比之下，业务架构方法反倒更适合在大规模转型过程中处理全局复杂性问题。

当"筐"里装了零件之后，具体的战略能力就可以落到微观元素（主要是业务任务）上，其落地会更实在些。但这些战略能力所谓的"具体"，只是跟其上的"结构性层级"相较而言的，大多数还是处于"一句话需求"的水平，因此，在实施中依然需要继续澄清。这种澄清不能只是一条条零散地去讲，这样在架构设计中效率是比较低的。即便是日常需求尚且要做统筹，战略能力更需要适当聚类后再统一思考如何实现。所以，战略能力分解到微观元素上以后，可以通过微观元素及其之间的联系进行聚类。这个聚类产生的就是"能力主题"，在某些业务活动中要将互相影响的战略能力综合考虑。如果业务部门对于如何落实这些战略能力仍有不清楚的地方，对"能力主题"也可以开展专题研究，包括开展小型咨询项目。

经过澄清之后的战略能力才是真正可以安排实施的战略能力。这里有一点需要进一步阐明，很多文章都在讲"不确定性"问题，都在讲未来的不可规划性等。其实这样讲是比较笼统的，所谓的"不确定性"指的应该是即便按照一个确定的过程执行后，其结果仍无法预知，但过程还是可以规划的。

如果一切都是动态且无法管理的，也许的确有这样的象限存在。但笔者受自身经验限制，只能武断地认为大多数企业的大多数工作都不属于这个象限。至于企业是否要为了特例而将大多数工作都置于"混沌"思想中管理，这的确是需要权衡的问题。计划正是用来评估变化的，手里有计划，才能评估"不确定性"问题出现时会造成多大影响，打有准备的"遭遇战"，而不是总在措手不及中应对变化。

### （三）业务组件与组织设计

企业的组织结构可能结合数据设计吗？经过对业务组件设计过程的分析，结合其与数据治理、战略管理的关系，可以尝试思考这个问题了，但这是一个可行性讨论，并非一个确切的"解"。

首先明确一点，结合数据设计组织结构这个说法还是不够合适，应该稍微调整下，按照是否可以结合业务对象设计组织结构来讨论会更好些。组织结构的设计基本上遵循的是分工协作原理，无论组织形态是树状还是网状，终归要划分成不同分工部门，再进行协作，共同完成企业规划。那么分工依据是什么呢？这个问题恐怕就见仁见智了，企业管理学、组织行为学长期研究的就是这类问题，而且至今也没有非常理想的标准答案。数字化背景下，以数字企业的视角，这个问题又该如何回答呢？

从业务架构视角来看，分工代表的是业务能力分布，而业务能力分布的聚类依据是业务对象。依此推导，组织中的一个部门就是一组业务对象的管理者，处理业务对象的业务行为就是部门的行为，对行为后果承担的责任就是部门的职责。这种职责和行为还会细化到组织单元中的微观岗位上，体现为具体的业务任务，"岗位说明书"可以是业务任务及其后果责任、工作目标的集合。对部门的调整也必然涉及对业务对象和业务行为归属的调整，进而导致岗位发生变化。

所以，从推导的结论来看，根据业务对象设计组织结构并非不可能，业务组件本来就要指定对其负责的部门。而且，这样的设计也有助于解决康威定律中由于组织结构与业务组件结构不同导致的架构失灵问题。至于这个是不是逆康威定律，笔者不太敢肯定，因为这是先通过业务对象的视角"数字化"地看待部门的工作对象，再讨论分工问题，还算不上对康威定律进行逆用，不能算是根据系统结构设计组织结构，更像采用相近的视角共同看待两者的设计。上述逻辑可以通过图8-7表示：

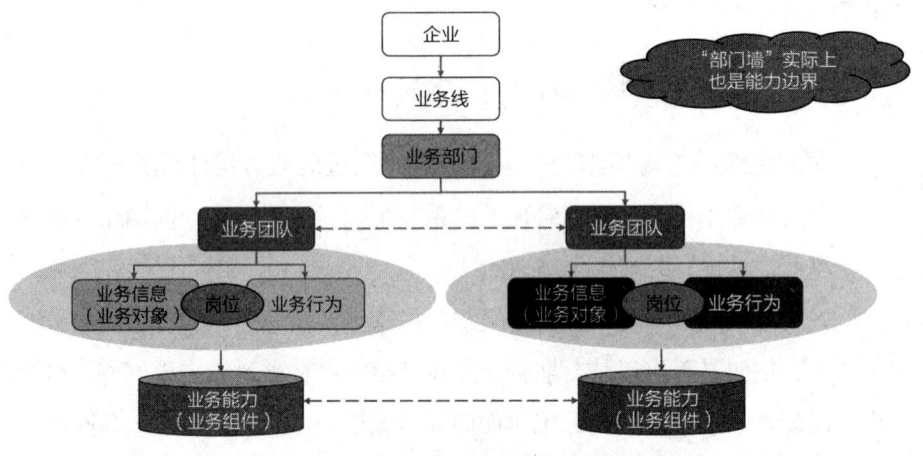

**图8-7 以业务对象视角看待组织结构设计**

这种方式在实施中一定会遇到很大困难，尽管道理是对的，但其基本要求是架构思维完全进入企业各层级的管理思维中，相当于用数据视角看待企业所有事物并将数据模型转换为管理思维的分析工具。如果架构思维能够普及，笔者认为这倒是更为理想的组织设计方法，毕竟数据治理、战略管理相关工作都可以基于同一套业务模型开展，"同源框架"才是复杂管理的理想选择。

## 第四节 业务组件分析该是谁的工作

在业务组件这个环节，业务架构设计算是画上了一个阶段性的句号，所以笔者选择在本节通过对建模视角的总结进行过程回顾。这个回顾如果用一句话进行概括，可以表述为"以流程为始，以数据为锚，以布局为终"，从对业务过程的分析起步，通过数据模型完成对象的划分和聚类，再将数据与行为结合形成布局，也就是业务组件的设计。

业务组件是个宏观架构元素，通常宏观架构元素由业务架构师团队负责集中管理。因为这些元素是企业级的，不会轻易调整，需要经过严格的管理程序才能变更。但业务架构师负责的只是对架构资产的管理，业务组件这种宏观架构元素代表的是企业整体的业务规划，不能让责任仅落在业务架构师身上，也不能把业务架构仅当成设计蓝图。

从对业务组件作用的介绍可以看出，为了让业务组件的价值能够被充分发挥，需要为业务组件指定承担业务管理责任的业务部门。业务架构师可以承担方法论和架构资产管理的责任，但业务组件中包含的业务、数据、能力的管理，只有业务部门才能真正承担。

对于业务架构工作而言，经常会有"保鲜"与"保先"的问题。业务架构中的流程、数据、能力是否能够及时跟随业务发生变化，是否能够在市场竞争中保持先进性，这些问题其实是伪命题。产生问题的根本原因是，将业务模型的管理职责放得太靠后了，作为对企业业务最完整的描述、作为对企业战略最彻底的分解，业务模型没有成为各级业务人员管理业务的工具，而仅仅用于需求统筹、项目规划，就会出现"保鲜"与"保先"的问题。如果再加上管理机制不完善，业务模型对后端开发约束力不强，就会出现与实际开发结果产生差异的更为尴尬的局面。所以，笔者始终认为，业务模型的"保鲜"与"保先"问题是伪命题，是没有将业务模型用于最该用的地方、按照最合适的机制去运用的结果。

企业中有很多问题可以通过业务模型加以改进，比如，企业的知识库需要更好的管理方式，而业务模型可以承载、连接企业全部可描述业务知识，但几乎没有被视为提升企业知识管理能力的可选项。业务模型可以支持快速展开业务探索，但很多时候企业仍然习惯于不使用统一的"业务地图"而进行"凌乱"的业务构想。业务模型有助于跨部门的业务沟通，但很多时候企业内部仍然习惯于不展示统一流程而只是在会议上争执不休。业务模型有助于让企业战略的指向更具体，但很多时候企业仍然习惯于通过开会、领任务、写报告来推动战略执行。很多企业非常注重流程管理，但在流程管理转化为信息化管理、数字化管理的过程中，时常会出现"断裂"和"失真"，这就要调整对流程的管理方式，但多数企业只是在疑惑为什么花了很多钱，流程实现却不如意。很多企业不乏数字化创新意识，但缺少结构化表达创意的方式，导致信息传导不通畅、不及时，也难以对零散的创新进行全局性观察和评估。此类问题不胜枚举。

这些问题说明的是，数字时代的数字企业，其管理思维需要更加结构化。因为企业很多业务环节的管理、运行都是依赖软件和数据的，如果管理思维缺乏结构化，就无法充分意识到业务模型的作用，无法通过结构化思维将业务和技术连接起来思考，也就很难实现深度的"业技融合"。所以，业务组件分析该是谁的工作这类问题，表面上是职责分工问题，是业务架构师与业务部门工作关系的设置问题，但内在反映的是企业的管理思维是否已经匹配数字化管理的问题。

数字化转型并非只是按照管理层的决策去做一堆业务系统，而是要看到业务和技术的"内在同质性"，并基于这种"内在同质性"进行管理。这种"内在同质性"就是对业务能力的全局性结构化表达和对其结构的持续优化，这是业务和技术两侧共同的管理目标和设计逻辑，也是"以布局为终"的含义。那么，谁该对"终局"负责呢？当然是整个企业。笔者始终认为业务架构技能是"业技复合型"人才培养过程中必须形成的能力，其原因也在这里，因为业务架构研究的是业务和技术的"内在同质性"。

» **本章习题：**

1. 请读者推导所在企业可以识别的业务组件。
2. 请读者为识别的业务组件分配对其负责的部门，思考结构上的差异及原因。

3. 请读者基于将战略能力分配给业务任务的结果，在业务组件中进行能力主题聚类，思考如何进一步开展能力主题的研究工作，思考如果不开展这项工作是否会影响业务组件的建设，分析其原因。
4. 请读者结合业务组件和部门的对应及和战略能力的对应，思考是否可以通过业务组件识别对企业组织结构提出调整建议。

# Chapter 09 第九章

# 业务架构设计之产品化分析

笔者之前参加的工程实践中，在业务架构设计部分有产品模型，也就是对企业提供的产品进行结构化建模，通过结构化建模对产品进行参数化配置和零件化组装，从而提升产品创新效率。不过，产品模型是一种特殊的业务模型，甚至属不属于业务模型，也可以讨论。而且，产品模型并非对所有行业都适用，不同行业的产品形态差异很大，即便开展模型化，其结果可能也相去甚远。所以，在笔者看来，产品模型属于业务建模中的可选项，并非必须做，即便所在行业中有企业做了，那本企业做与不做，做到什么程度，也都是可选择的。因此，行文上，笔者在介绍业务组件之后，业务架构设计可以"杀青"了，才介绍这个可选项。

## 第一节 产品模型是什么

产品模型在笔者参加的工程实践以前并没有很成熟的设计模式，不像流程分析和数据分析都有传统方法可以遵循，可以较快进入对方法的介绍。产品模型要先从是什么开始介绍。

## 一、产品模型用来解决什么问题

使用价值是方法存在的基础。从使用价值的角度看，产品模型解决的核心问题是对产品的快速组装和配置。与软件设计一贯追求的"乐高积木"式设计目标相同，产品模型希望将产品分解为若干零部件，然后分别对零部件进行设计，再将零部件组装为产品，同时，基于零部件识别控制条件，在零件化组装的基础上进一步实现参数化配置，将产品创新转化为对零部件及其组装模式的创新。产品模型追求的设计目标很理想，要求也很高，需要对产品及其运行过程进行充分的结构化。

产品模型的设计过程也可以顺便解决另一个问题：标准化的企业产品目录编制。产品目录需要对所有产品进行甄别、归类，有些企业的产品容易识别，但有些企业中，什么业务是产品，什么业务不算产品，需要经历一番讨论才能逐渐形成共识。所以，有些企业在现实经营环境中，并不清楚自己到底有多少产品。通过产品模型设计，可以很全面地收集产品信息，找出到底什么是产品，整理出企业统一的产品目录。

这两个使用价值也是企业判断是否采用该模型的依据，模型并非越多越好，一定要有用才好。

## 二、产品模型设计包括什么内容

产品模型设计并非只要做出零部件和参数即可，完整的产品模型设计包括以下三部分内容。

（一）产品目录。设计产品模型首先要判断一项业务、一种服务，甚至一个事情，是不是企业为客户提供的某种服务，尤其是有偿服务。在判断完成之后，需要对产品设置一些描述信息，并进行分类管理，分类和描述信息就组成了产品目录。

（二）产品结构模型。这部分就是产品的零部件、参数，用于组装的产品模板、相关信息也可以选择是否放入产品目录中，也即，产品目录是以描述性信息为主，还是要将结构化信息也放入目录。

（三）产品评价模型。产品需要进行监测、评价，以便对产品设计的有效性进行效果评定和分析。为此需要设置监测参数、评价参数，尤其是其中的定量评价部分。

## 第二节　产品化分析之产品目录设计

产品模型的设计要先从确定产品开始，确定产品同时也是确定产品分类。

### 一、产品的分级、分类

产品的分级、分类是一个"上下结合"的设计过程。目录通常都是分级设置的，产品目录也不例外。但是产品目录该分多少级并没有特殊规定，与流程建模类似，主要取决于待梳理产品的数量和复杂度。

产品目录分级需要与流程分析适当结合，因为产品是企业业务对客户的交付方式，业务领域主要是按照面向客户的视角定义的，所以，产品也可以结合这个方向来定义。与业务领域对应，可以设置产品的顶级分类，比如，产品系列。但是从顶级分类到具体的产品需要设置多少个层级，就没有统一规定了，可以跟业务应用匹配设置一个层级，比如，产品组。但不需要跟价值流、活动组之类的业务模型中间层级进行对应，因为这些中间层级属于纵向视角，与之相比，产品属于横向视角，也是对业务能力的组合运用。

每个层级中可以结合业务特点进行分类，也就是设置产品线、产品组。但这个阶段设置的分级、分类并不一定准确，需要在后续阶段进行纠正。

在笔者设计的聚粮架构平台中，产品系列是通过产品系列信息表（图9-1）来记录的，如下：

| 产品系列名称 | 产品系列描述 | 产品系列ID | 产品系列创建日期 | 产品系列失效日期 | 产品系列状态 |
| --- | --- | --- | --- | --- | --- |
| 存款系列 | 用于管理全口径存款产品的分类信息 | 0000001 | 2024-01-21 | | 有效 |

图9-1 产品系列信息表示意图

## 二、如何识别产品

产品的分级、分类有业务领域和业务应用之类的业务架构元素做划分基础，只要不过于触动业务部门的敏感点，相对而言比较容易设置。但到了具体产品这个层级可能就不太一样了，一方面，企业可能本身就没具体定义过产品；另一方面，产品的多寡可能也会关系到一定的部门利益。

对于以生产实物产品为主的企业而言，实物产品很好定义，复杂之处在于实物产品中是否存在复杂的组合，以及延伸出的服务是否会定义为产品。对于生产无形产品的企业而言，产品边界可能有些模糊，有些业务是不是产品可能一直都没有确认过。

对此，根据实施经验，笔者建议不要太关注什么是产品，而是关注希望把什么业务当作产品来管。只要希望将业务当作产品来管，业务就可以是产品，就可以放在产品目录中，要研究的无非是怎么分级、分类，是否需要建立产品结构模型。产品对企业而言很重要，但有趣的是，在架构设计中，什么是产品反而不重要，决定要把什么当作产品来对待就行了。由此，与产品的定义相比，更重要的是要如何设计产品。

如果要为产品下个定义的话，那么，面向客户提供的有形实物或者无形服务都可以视作产品，尤其是有销售合约、收取相关费用的实物或者服务，以及行业管理机构明确指定必须当作产品管理的内容。产品有单一产品和组合产品之分，组合产品是由两个及以上的单一产品组成的。

其实产品识别最重要的是找齐企业能为客户做些什么，所以，识别企业现有的具体产品注定是个"自下而上"的过程，这与规划一个全新产品是不同的。将产品找齐之后再检验之前"自上而下"设计的分级、分类是否合适。

对于无形服务来讲，由于产品的识别跟流程建模关系可能会很大，所以识别具体产品的过程最好与业务活动建模工作同步展开。

在笔者设计的聚粮架构平台中，产品是通过产品信息表（图9-2）来记录的，如下：

| | 产品系列名称 | 产品系列描述 | 产品系列ID | 产品系列创建日期 | 产品系列失效日期 | 产品系列状态 |
|---|---|---|---|---|---|---|
| 1 | 存款系列 | 用于管理全口径存款产品的分类信息 | 0000001 | 2024-01-21 | | 有效 |

图9-2　产品信息表示意图

## 第三节　产品化分析之产品结构模型设计

确定了产品之后，就该进行产品结构模型设计了。

### 一、如何识别产品条件

由于产品结构很难"自上而下"准确切分，所以，为了不浪费时间，不如"自下而上"建模，先从最底层的控制参数，也就是产品条件找起。产品条件的信息来源包括，业务合同中的执行条件、业务申请或者审核中的控制条件、业务执行时的控制参数。当然，从业务侧出发找产品条件是个挺麻烦的事，如果遗留系统中做过参数化设计，系统参数就是个很好的信息来源，但需要去掉其中的技术字段、技术控制条件，只保留其业务参数。

常见的产品条件，如类型、时间、百分比、年龄、金额、温度、湿度等，可以成为阈值的条件。比较复杂的是组合条件，也即，需要两个及以上的产品条件共同完成基于阈值的控制，而且通常会存在不同产品条件之间在取值上的限制关系。这种条件的表达方法略复杂，需要形成一张取值规则表。但一般此类条件也会对应流程模型中的复杂业务规则，并非要由设计产品模型的业务架构师完全独立设计。

由于产品条件与业务任务中的业务步骤、业务规则有密切联系，而且产品条件本身也是数据模型中的属性，因此，产品条件的识别应当与业务任务识别过程尽可能保持同步。

由于产品条件是一种特殊的属性，因此设计上建议对被识别为产品条件的属性在数据模型中加以标识，以避免未来数据需求变更时"误伤"参数。

在笔者设计的聚粮架构平台中，产品条件是通过产品条件信息表（图9-3、图9-4）来记录的，如下：

| | 产品条件名称 | 产品条件描述 | 派生数据属性名称 | 产品条件ID | 产品条件创建日期 | 产品条件状态 |
|---|---|---|---|---|---|---|
| 1 | 可售卖产品年龄条件 | 用于控制产品可以销售的客户年龄范围 | 年龄 | 00000001 | 2024-01-21 | 有效 |

图9-3　产品条件信息表示意图

| 产品条件类型 | 文本型产品条件取... | 数值型产品条件取... | 日期型产品条件取... | 数值型范围型产品... | 数值型范围型产品... | 日期型范围型产品... |
|---|---|---|---|---|---|---|
| 范围型 | | | | 18 | 60 | |

图9-4　产品条件信息表示意图（续）

## 二、如何识别产品模块

产品的零部件中，最底层的是产品条件，但如果没有对产品条件进行适当的聚类，就只能找到一大堆控制参数，找不到可组装的结构。所以，还得根据产品条件之间的协作关系找到再上一级的结构，这一级可以称为产品模块，用来组合零件。

与组合条件不同，产品模块中包含的产品条件不需要一定具有取值上的限制关系，仅仅是聚合在一起就可以，更像一个大零件上的若干个"开关"，分别管理着大零件的不同部分。组合条件在大零件上表现得更像一个复杂的"开关"。

这样聚合的大零件也意味着，如果这个大零件将来被用于其他产品的话，应该是整个大零件被直接复用，而不是只复用其中一两个"开关"。这才是产品结构模型要实现的"乐高积木"式设计。产品模块就是其中的积木块，产品条件只是积木块的附属物。至于一个产品该包含多少积木块，企业的一些支持性活动如果与产品服务有关，是否也要进行积木块设计，这方面没有定论，主要是看组装模式和参数化配置带来的便利性是否有价值。比如，作为支持活动，客户售后服务的相关业务通常不会被纳入产品模型中，但同样作为支持活动的信息报告服务、合规类管理、安全控制却可能进入产品模型中，尤其是当这类支持活动出现在业务合约中时，客户可以进行一定选择。

产品模块不是独立发挥作用的，是在产品服务或者业务运行过程中，由业务任务赋值或者调用产品模块中的产品条件来发挥作用的。因此，产品模块既是产品的组装，也是对业务过程的控制。业务任务与产品模块要建立类似数据实体的关联关系。

识别完产品模块后，可以对产品模块的主要能力进行语言性描述，方便以后对产品模块进行标准化和复用。

在笔者设计的聚粮架构平台中，产品模块是通过产品模块信息表（图9-5）、产品模块与产品条件关系表（图9-6）来记录的，如下：

| | 产品模块名称 | 产品模块创建日期 | 产品模块失效日期 | 产品模块状态 | 产品模块描述 | 产品模块ID |
|---|---|---|---|---|---|---|
| 1 | 产品销售控制 | 2024-01-21 | | 有效 | 用于控制产品销售范围，包括年龄、区域等 | 00000001 |

图9-5　产品模块信息表示意图

| | 关系ID | 产品模块名称（FK..| 关系描述 | 产品条件名称（FK） | 关系创建日期 | 产品模块与产品条.. | 关系失效日期 |
|---|---|---|---|---|---|---|---|
| 1 | 00000001 | 产品销售控制 | 包含 | 可售卖产品年龄条件 | 2024-01-21 | 有效 | |

图9-6　产品模块与产品条件关系表示意图

### 三、如何设计产品组装模板

产品组装模板就是用来做产品组装和配置的表格，产品模块识别完后，会出现一堆组装结果，这时需要把这些组装结果在业务应用的范围内进行横向比较，根据差异度的大小进行聚类，然后将聚类在一起的组装结果合并为产品组装模板，今后这个模板将用来配置其所聚类的所有产品。

聚类过程虽然写起来很轻松，但是由于缺少具体执行标准，所以操作过程中很容易出现反复。尤其是在业务人员对产品分类、定义方面的管理不够严格、参数化基础比较薄弱的情况下，要想将业务上经常做的一件事情变为一张可组合的条件表，思维跨越还是比较大的，而且要让业务人员确认模型也很困难。

产品组装模板聚类完成之后，可以对产品组装模板进行语言性描述。之后，可以开展一次全面的产品结构模型标准化工作，对所有产品模块和产品组装模板进行横向比较，进行去重、整合，产品条件的标准化可以依托数据模型的属性进行。

在笔者设计的聚粮架构平台中，产品组装模板就是通过产品组装模板信息表（图9-7）和产品组装模板与产品模块关系表（图9-8）来记录的，如下：

| | 产品组装模板名称 | 产品组装模板创建日期 | 产品组装模板ID | 产品组装模板失效... | 产品组装模板描述信息 |
|---|---|---|---|---|---|
| 1 | 一般存款产品 | 2024-01-21 | 0000001 | | 用于组装一般存款产品的结构模板 |

图9-7 产品组装模板信息表示意图

| | 关系ID | 产品组装模板名称（FK... | 产品模块名称（FK... | 关系描述 | 产品组装模板与产品模块关系创建日期 | 产品组装模板与产... |
|---|---|---|---|---|---|---|
| 1 | 00000001 | 一般存款产品 | 产品销售控制 | 包含 | 2024-01-21 | 有效 |

图9-8 产品组装模板与产品模块关系表示意图

### 四、如何验证产品结构模型

产品结构模型让业务人员直接验证是很困难的，业务人员对模型的完整性、准确性几乎无法判断，因为它与业务人员原来看待产品的方式相差太大。产品结构模型要如何验证呢？主要从以下两个方面验证。

## （一）自我验证

主要是通过产品组装模板对其聚类的所有具体产品逐个进行产品条件配置，以确保对已知产品的完整覆盖和准确表达，确保没有明显的逻辑错误。

## （二）跨模型验证

流程模型与数据模型之间通过数据处理关系进行连接和验证，产品结构模型也一样。当自我验证无法确保结果时，跨模型验证就成为重要的补充手段。跨模型验证主要发生在流程模型与产品结构模型之间，业务任务或者业务步骤与产品条件进行关联，检验的是流程模型中的业务规则是否依托产品条件进行了规则控制。这种控制可能完全依赖产品条件，也可能部分依赖产品条件，所以需要具体分析。通过关联，检查有依赖关系时，产品条件识别是否正确、完整；无依赖关系时，产品条件识别是否有缺漏；是否有未被使用的产品条件及其原因等。

在笔者设计的聚粮架构平台中，跨模型验证结果是通过产品模块与业务任务关系表（图9-9）来记录的，如下：

| | 关系ID | 产品模块名称（FK… | 业务任务名称（FK… | 关系描述 | 产品模块与业务任务 | 产品模… | 产品模块与业务任务关系状态 |
|---|---|---|---|---|---|---|---|
| 1 | 00000001 | 产品销售控制 | 定义客户画像… | 赋值 | 2024-01-21 | | 有效 |

图9-9　产品模块与业务任务关系表示意图

## 五、重新构造产品目录

产品结构模型设计完成后，对产品的识别和确认就比较稳定了。此时需要按照业务和技术实现的视角分开构造产品目录，毕竟，业务和技术实现视角是有区别的，不必混在一个目录中。业务侧的产品目录要按照业务管理需要设置分级、分类，而技术侧关注的是哪些产品适合放在一起实现，所以视角要比业务侧单一。但是两者依然要保持一定的结合。因此，在产品目录的最底层，也即，具体产品这一层级两者是要达成一致的，企业到底有多少产品，都是什么产品，要达成一致。

重新构筑后，业务侧的产品目录结构可以是产品系列－中间层级－产品，中间层级按照业务管理需要设置即可；技术侧的产品目录结构可以是产品组装模板－产品。两者在"产品"上对齐，技术侧只要知道产品是由哪个产品组装模板做出来的就够了，就可以按照产品组装模板－产品模块－产品条件的产品结构模型进行管理，而产品组装模板也可以直接交由业务侧进行配置。

在笔者设计的聚粮架构平台中，这种结构是通过产品与产品系列关系表（图9-10）、产品与产品组装模板关系表（图9-11）来记录的，如下：

| 关系ID | 产品系列名称 | 产品名称 | 关系类型 | 关系创建日期 | 关系失效日期 |
|---|---|---|---|---|---|
| 1 | 0000001 | 存款系列 | 活期存款 | 包含 | 2024-07-12 |

图9-10　产品与产品系列关系表示意图

| 关系ID | 产品组装模板名称 | 关系类型 | 产品名称 | 关系生效日期 | 关系状态 | 关系失效日期 |
|---|---|---|---|---|---|---|
| 1 | 0000001 | 一般存款产品 | 装配 | 活期存款 | 2024-07-12 | 有效 |

图9-11　产品与产品组装模板关系表示意图

产品目录构造完成之后，就可以根据目录对具体产品补充描述性信息。其实描述性信息的作用类似产品标签，标签设置多少，如何分类管理，则以业务需求为主，标签可以手工配置，也可以机器打标。产品目录信息补充完毕之后，产品就可以在配置完具体参数后正式销售了。

产品化部分涉及的主要架构元素，其关系如图9-12所示：

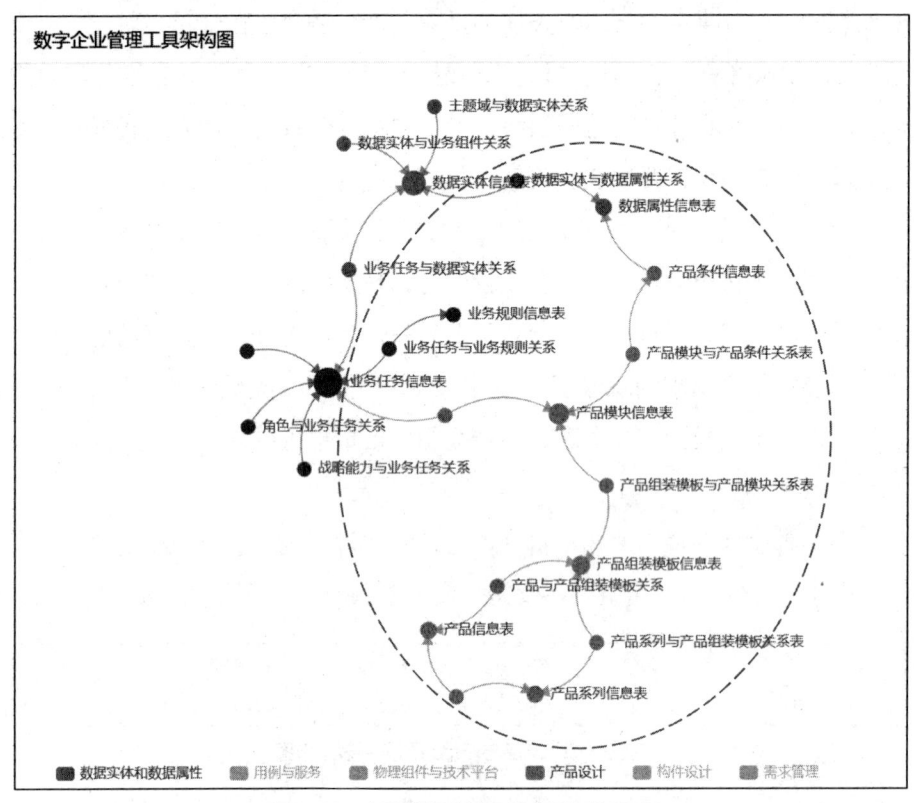

图9-12 产品化部分涉及的主要架构元素

## 第四节　产品化分析之产品评价模型设计

在产品设计时应该考虑产品的监控和评价方式，最终转化成一定的评价指标，成为产品评价模型。由于不同行业、不同企业的产品差异很大，关注点也不同，所以，产品评价模型没有什么通用的设计原理。

笔者自己关于产品评价模型设计的一点经验之谈主要是，当产品较多时，"自上而下"设计评价指标体系，其工作效率是不高的。应该从具体产品入手，"自下而上"进行设计，与产品结构模型设计方式类似，为产品逐个设计评价模型，并基于产品相似度进行整合、归纳，逐渐形成完整的评价体系。

## 第五节　产品结构模型设计的主要困难

产品结构模型设计的主要困难可能是设计环节安排得过早。

产品结构模型通常会被当作业务架构中的模型，的确，虽然形态比较特殊，但是无论产品组装模板、产品模块还是产品条件，依然保持着业务形态。尽管设计过程已经融入实现视角，但就结果而言，依旧是业务性的，所以，就性质而言，产品结构模型依然属于业务模型。

如果是业务模型，也就理应在业务架构设计阶段进行设计，笔者的介绍也是如此。在定义业务领域或者业务应用时，定义产品系列；在识别业务活动时，最好能够完成产品的识别；在识别业务任务、业务步骤、业务规则、属性时，同步完成产品结构模型设计。但问题在于，产品结构模型相当于指定了一套系统模块的特定切分方式，尤其是其中的产品模块，如果希望产品模块能够被当成"乐高积木"被任意复用，就意味着后端的技术实现必须将这个产品模块做成独立的模块或者服务。这样，产品结构模型中对产品模块的复用才有技术实现做支撑。

但与业务任务不同的是，业务任务希望获得的是"范围一致性"，会给予后端实现一定的灵活性。而产品模块是一个有明确"开关"的"乐高积木"，已经没有弹性空间了，能力和控制参数都定好了，后端必须保持较强的一致性，否则，产品结构模型的组装就很难实现。而且，更为麻烦的是，业务任务和产品模块都要求后端与其进行一定的对应，那么，如果两者结构上有差别的话如何减少冲突呢？

综上，产品结构模型虽然属于业务模型，但是其对后端设计的介入程度要远高于流程模型，而且，如果设计不当，可能造成两者之间的冲突，会让后端设计难以取舍。所以，需要合理安排设计产品结构模型的时间点，如果可以，建议将其延迟到应用设计阶段再具体开展。这一阶段会开展业务系统模块或者服务的切分，这时才有能力做出结构合理的产品模型。

## 第六节　产品化分析该是谁的工作

经过对产品化设计过程的介绍，笔者再来说说什么是产品化分析。这个概念的解释仍旧有些模糊，这也是笔者不愿放在本章一开始就介绍它的原因。产品化分析应该代表的是一种实现模式，也即，希望一个业务、一件事情、一种服务能够作为一个产品被管理、被设计时而采用的分析方式。产品化分析包括为产品进行命名、分类与描述，这就需要考虑产品目录的设计；为产品的实现进行结构化或者参数化设计，这就要考虑产品结构模型的设计，尤其是以软件服务为主要实现方式的产品，在此基础上还可以延伸为按照产品设计核算方式、定价方式、销售控制等一系列管理模式；对产品的存续期管理进行定性和定量评价，以适时安排产品的升级、退出等。可以说，产品指的是一种管理方式，什么是产品反倒不太重要，要把什么东西按照产品方式来管理更为重要。也就是说，企业也好，架构师也罢，在设计产品时，更需要关注的是如何管理产品，而非什么是产品。如果希望采用产品方式进行管理，即便是一个面向内部的业务、服务，也一样可以定义为产品。

所以，产品化分析指的就是产品的结构化设计过程，包括产品目录、产品结构模型和产品评价模型等工作。产品目录、产品评价模型的设计是业务人员的工作。产品结构模型的设计有些特殊，其责任分配有些复杂，要按照场景进行区分。

## 一、全新设计产品结构模型

全新设计产品结构模型是一件与后端实现高度相关的工作，无论企业第一次开展产品结构模型工作，还是企业在有产品结构模型的情况下，又出现了新业务，有全新设计某类产品的诉求，笔者都不建议业务架构师单独开展产品结构模型设计。这项工作最好放到应用设计阶段与技术人员一同开展，以提升设计效率。除非企业之前产品结构化、参数化工作开展得非常好，业务架构师有非常强的产品结构设计能力。

## 二、依托产品结构模型的跨产品组装模板设计

如果在经历过系统实施落地后，产品结构模型已经实现完整落地，那么，在产品模块上应适当描述可复用条件。存在复用可行性的情况下，跨产品组装模板设计可以由业务架构师或者业务人员完成。但以笔者的经验看，即便允许业务架构师或者业务人员完成跨产品组装模板设计，其结果仍然近似于提出了一个跨产品组装模板的产品需求，最终还是要由技术人员判断实际的可组装性。只有在企业产品结构化已经高度标准化，产品组装模板已经可以由流程引擎充分支持的条件下，跨产品组装模板设计才有可能直接实现。

## 三、产品组装模板内的灵活配置

产品组装模板范围内的灵活配置是可以由业务架构师或者业务人员直接完成的。因为对于做深度产品化实现的业务系统来讲，在同一个产品组装模板范围内，哪些产品模块和产品条件是必选的，哪些是可选的，已经在设计阶段进行过充分考虑，因此，产品组装模板范围内的灵活配置可以交给业务架构师或者业务人员。

» **本章习题：**

1. 请读者思考所在企业的业务是否适合进行产品化设计，并系统性地分析其原因。
2. 如果读者所在企业的业务适合进行产品化设计，请读者选择一个具体产品进行产品化设计的相关操作。
3. 请读者基于建模结果进一步思考业务部门对产品管理的诉求及其与从技术实现角度对产品进行管理之间的区别，基于分析结果提出所在企业的产品目录设计方案。
4. 请读者针对产品化设计结果思考其与流程建模、数据建模的具体关系，以及技术实现上该如何处理其与流程建模之间的关系。
5. 请读者思考，所在企业业务部门所能接受的产品化实现方式是什么。

# 第十章

# 从业务架构设计过渡到实施阶段

业务架构设计完成之后就是向实施方向过渡，逐渐进入应用业务架构资产驱动开发的环节了。本章笔者主要介绍三个部分的内容，一是整体盘点业务架构资产及其标准化方面的基本要求；二是介绍业务架构资产的应用方法，本处会暂时跳过一个很多企业都设置了且对IT管理很重要的环节，也就是立项，立项会等到应用设计部分介绍完再说明；三是业务架构向需求分析的转化，除了从事需求分析岗位的读者，对于设置了产品经理岗位的企业或者正在从事产品经理工作的读者而言，也可以从这部分内容中了解业务架构与产品经理工作的关系。

## 第一节　盘点业务架构资产

介绍了所有业务架构要素的设计方法之后，为了有助于读者了解业务架构设计成果的全貌，在介绍如何使用架构资产之前，笔者在这里先做个完整的盘点。

## 一、战略部分

战略部分最重要的业务架构资产是战略能力清单，包含所有战略能力及其层次关系。

由于有些战略能力需要澄清，对于需要澄清的战略能力，可以归纳能力主题并做进一步研究。能力主题是重要的业务架构资产，因为它是业务架构"先进性"和"价值"的源头。很自然地，战略部分的业务架构资产还包括能力主题与战略能力矩阵关系表。

由于这个阶段方向性内容会比较多，所以资产方面并没有特殊的标准化要求。核心关注点是从战略能力识别阶段开始，就要努力减少重复性要求。企业经常因为跑得太快而不知道出现了重复动作，也会因为跑得太快刻意进行重复，如果采用业务架构方法，就要努力避免这些问题。

## 二、组织部分

业务架构需要的组织信息不多，部门、岗位就是最重要的业务架构资产，但其标准化是需要借鉴企业内部管理规定的。

## 三、流程部分

流程部分是业务架构分析的重点之一，形成的主要业务架构资产包括价值链清单、业务领域清单、业务领域背景图、若干中间层级清单、业务活动清单、业务活动图、业务任务清单、业务步骤清单（若有）、业务规则描述（通常包含在业务任务清单或业务步骤清单中）等，还包括业务领域、业务活动与部门矩阵关系表，业务任务与岗位矩阵关系表，业务任务、业务步骤

（若有）与数据实体矩阵关系表，战略能力与业务任务矩阵关系表等。

这部分资产的标准化要求比较高，其处理方式在介绍建模过程时已经阐述了，重点是保证其企业级的唯一性，手段主要就是比较。如果企业希望达到一定的标准化程度，对末级设计元素的标准化控制就不能放得太松。比如，有些企业可能将业务活动设计控制得很严，而考虑到其下的流程展开可能会有多种多样的场景，因此对流程图和业务任务的设计都会放松。但是，与后端实现相关联的正是这些末级设计元素，这种策略导致高阶架构视图虽然存在，但没有架构控制力。

### 四、数据部分

数据部分是业务架构分析的重点之一，形成的主要业务架构资产包括顶级分类清单、主题域清单、数据实体清单、数据实体关系图、属性清单等，还包括顶级分类与主题域矩阵关系表，主题域与数据实体矩阵关系表，数据实体与属性矩阵关系表等。

与流程部分不同的是，虽然数据部分的标准化要求更高，但是更容易实现，只要企业够耐心。考虑到数据是重要的生产要素和未来的可交易资产，以及业务智能化的关键基础，这种耐心是值得的。

### 五、业务组（构）件部分

业务组（构）件部分代表的是业务能力布局，形成的主要业务架构资产包括业务组件清单、业务构件清单（若有）等，还包括业务组件与业务部门矩阵关系表，业务组件与数据实体矩阵关系表，业务组件与业务任务矩阵关系表，业务组件与业务构件矩阵关系表（若有），业务构件与业务任务、数据实体矩阵关系表（若有）等。

与流程模型和数据模型设计不同的是，业务组（构）件部分的标准化是基于前两者的标准化实现的，业务组（构）件部分本就是两者的"聚合"。因此，如果流程模型和数据模型的标准化达到了一定的程度，那么，业务组（构）件部分的标准化主要控制的就是"命名"和"描述"了。

## 六、产品化部分

产品化部分是可选项，包含的业务架构资产也不少，包括产品目录、具体产品清单、产品组装模板清单、产品模块清单、产品条件清单等，还包括具体产品与产品组装模板矩阵关系表，产品模块与产品组装模板矩阵关系表，产品条件与产品模块矩阵关系表，业务任务与产品模块矩阵关系表，产品条件与业务任务、业务步骤（若有）矩阵关系表等。

产品化设计中，标准化要求较高的是产品结构模型和产品目录，要达成企业级唯一性，这一点与流程模型和数据模型的控制要求相同。产品结构模型本就是数据模型的一部分，按照数据模型要求进行标准化即可。产品目录中的产品一定是唯一的，产品评价模型要求就比较灵活了，毕竟它只是一组监控数据，而且有可能衍生数据，没有很高的标准化要求。

## 七、小结

上述对业务架构资产的盘点涵盖了几乎所有主要资产，但是这些资产在业务架构设计中是否需要被设计，设计到什么程度，则需要根据企业实际情况来定。判断条件主要包括企业做业务架构的目的、对业务架构资产长期使用模式的预期、可从事业务架构工作的人数（专、兼职数量）、开发习惯、业技融合模式偏好、可转型潜力、架构管理工具支持程度等。业务架构工作是具有高度弹性的，千万不要为了做而做。否则，花费了大量精力，堆砌了很多无法维护和使用的资产，最终只能适得其反，这时候再将责任甩到方法论头上，就太不公平了。

## 第二节　业务架构资产的应用

如此庞大的业务架构资产该如何使用呢？这些资产可以用于以下具体工作。

### 一、战略拆解

笔者完整介绍过战略拆解过程，本处不再赘述。对于很多大型企业而言，战略管理是企业管理工作中的重要内容，也有很多方法在教授企业如何设计战略。业务架构方法本身关注的不是如何设计，而是在企业完整绘制了自己的业务能力地图后，战略的落地到底意味着业务能力会如何变化，如何建设和调整以适应新的要求。比如，企业在讨论新质生产力要如何融入业务过程中，这些只有在厘清了业务的流程、规则、数据之后，才能判断。商业性战略的落地更是如此，即便业务部门一开始不清楚商业战略的执行方式，在实践过程中也要慢慢总结。业务架构资产可以用来做什么？当然是帮助利益相关者理出头绪。

人们常说按照旧地图到不了新世界，但是在企业业务方面，全新的变换其实并不多，这种情况适合能够相对快速地改换行业、赛道的小型企业，规模稍大些之后，企业就经不起折腾了。对什么东西做什么样的改变，是可以在业务架构资产的基础上进行分析的，依然适用的旧地图可以保留下来，比如，企业就算换了赛道，其基础的支持能力也可能会保留下来。所以，业务架构资产可以帮助企业更好地进行判断，相对快地构建出新地图。

"新世界"如何描绘？采用本书介绍的"企业棋盘"可以进行快速推演。企业进行大的转换，总归是要进行业务推演的，即便是再敏捷、再灵活的企业，也很难一夜掉头。少数企业的幸运突围是很难预见的，多数企业的转型失败并非无迹可寻，勤奋地预测，审慎地实践，即便未来 AI 大行其道，这也仍然是可行的管理模式。有地图就可以让预测更有章法，更有针对性。

这里再强调一下，使用业务架构方式进行预测，并非要对所有环节完整建模。类似上文提到的这种情况，利用战略管理工具、"企业棋盘"，已经可以进行有效的高阶推演了，至于后续的建模或者对旧地图的调整，是战略方向确定后执行层面的工作。这不是什么额外的工作，毕竟，企业战略调整后，业务工作过程也需要重塑，建模不过是固化新流程的手段而已。

## 二、业务澄清

业务澄清看起来比战略拆解的层次低多了，但它是更常见的业务架构资产应用方式。企业开发中经常会出现"一句话需求"，这种情况是开发中最让人头疼的情况。如果探索方向不对，所有工作就都白做了，造成巨大的浪费。业务架构资产有助于解决这种问题。

"一句话需求"当然也会分不同的情况，比如，涉及业务领域出现重大变更的，企业只是感觉到要进行一个大的调整，但是并不清楚该如何着手。这个时候可能会有大量的内外部声音，这些声音需要被有效地汇总，形成整体意见。如何汇总？从"企业棋盘"到具体业务活动，都能够帮助企业进行声音的汇总和归类，从而提供一个高效的分析框架，让头脑风暴总能回归到"企业棋盘"上，无论多开放的讨论，大家都是在同一个棋盘上下棋。

如果利益相关者提不出想法呢？"企业棋盘"仍然有助于解决这个问题。当业务部门的人员无法直接形成一个大的构想时，可以通过"企业棋盘"和业务活动进行"零敲碎打"，形成突破口。也可以把竞争对手的模式摊在"企业棋盘"上，两相对比，寻找自己和对手都遗漏的点，进行突围思考。

对于一些小型需求，在业务活动、业务任务、数据实体、属性、产品模板层面也许就能解决。需求提出者不一定是想不清楚，只是需要一个过程、一个参照物来引导。业务架构总体上属于具有一定抽象度的模型，涵盖了细节，有助于使用者从高处向下俯视，从而更容易厘清思路。

### 三、业务改进

笔者认为业务改进才是业务架构资产最好的使用方式。与前两者相比，业务改进是持续地提升企业运营效率、业务创新能力的动作，毕竟，企业中的创新90%以上都来自微创新。对此最好的解释也许来自《埃隆·马斯克传》中提到的"马斯克五步工作法"。

（一）质疑每项要求：对于任何需求或要求，都应该进行质疑，特别是那些来自看似权威部门或个人的要求。需要明确提出这一要求的具体个人，而不是笼统的部门。质疑是必要的，因为即使是聪明人提出的要求也可能存在问题，避免盲目接受。

（二）删除要求当中所有你能删除的部分和流程：在这一步中，目标是删除所有不必要的步骤和流程。虽然可能最终需要将这些删除的部分加回来，但如果加回来的部分不到删除部分的10%，就说明删减得不够。这一步的目的是精简和优化，去除冗余和低效的部分。

（三）简化和优化：在删除了不必要的部分后，应对剩余的部分进行简化和优化。这一步应在确保目标正确性和鼓励创新的文化基础上进行，避免简化和优化那些本应删除的部分。

（四）加快周转时间：每个流程都可以加快，但这一步应在前三步之后进行。加快周转时间的目的是提高效率和加快响应速度，使组织能够更快地适应变化和市场需求。

（五）自动化：通过自动化可以提高效率和准确性，减少人工错误。自动化应在前三步完成后进行，以确保流程的效率和有效性。过早地追求自动化可能会导致资源浪费和效率低下。

其实"五步法"中的前四步都可以依托业务架构资产进行，结果也应当反映在业务架构资产里，这是发挥业务架构资产价值的最佳方式。每一个企业和业务架构师都可以反复自问，真的有必要仅为了系统开发而建设庞大的业务架构资产吗？数字时代的企业，难道不应该用这种方式持续追求自身的"精益"吗？企业管理者最需要学习的数字时代管理技能难道不是这个吗？

## 四、方案设计

方案设计是承接以上三点的后续过程，上述三种应用业务架构资产的方式，最终都会进入方案设计。那么方案设计产出的是什么呢？可以称之为业务架构解决方案，这种方案类似于项目可行性和影响范围分析。

业务架构分析中会澄清战略定位、业务目标、涉及的业务活动（也可能到业务任务层级）、主题域、数据实体、业务组（构）件等，对这些业务架构元素的变动程度及影响范围进行分析，从而评估业务变动的全局影响，就构成了业务架构解决方案的核心内容。其实方案本身并不复杂，关键在于其对全局影响和工作量的评估。运用业务架构资产，会使架构决策更有依据，避免出现前后矛盾的决策。

在笔者设计的聚粮架构平台中，方案设计结果是通过业务架构解决方案信息表（图10-1）并添加附件的方式来记录的，如下：

| | 业务架构解决方案名称 | 业务架构解决方案… | 方案设计开始时间 | 方案设计通过时间 | 方案描述 | 方案状态 |
|---|---|---|---|---|---|---|
| 1 | 科技金融客户画像 | 00000001 | 2023-12-14 | 2023-12-31 | 通过评分体系评测科技客户的等级 | 实现中 |

图10-1　业务架构解决方案信息表示意图

解决方案部分涉及的主要架构元素，其关系如图10-2所示：

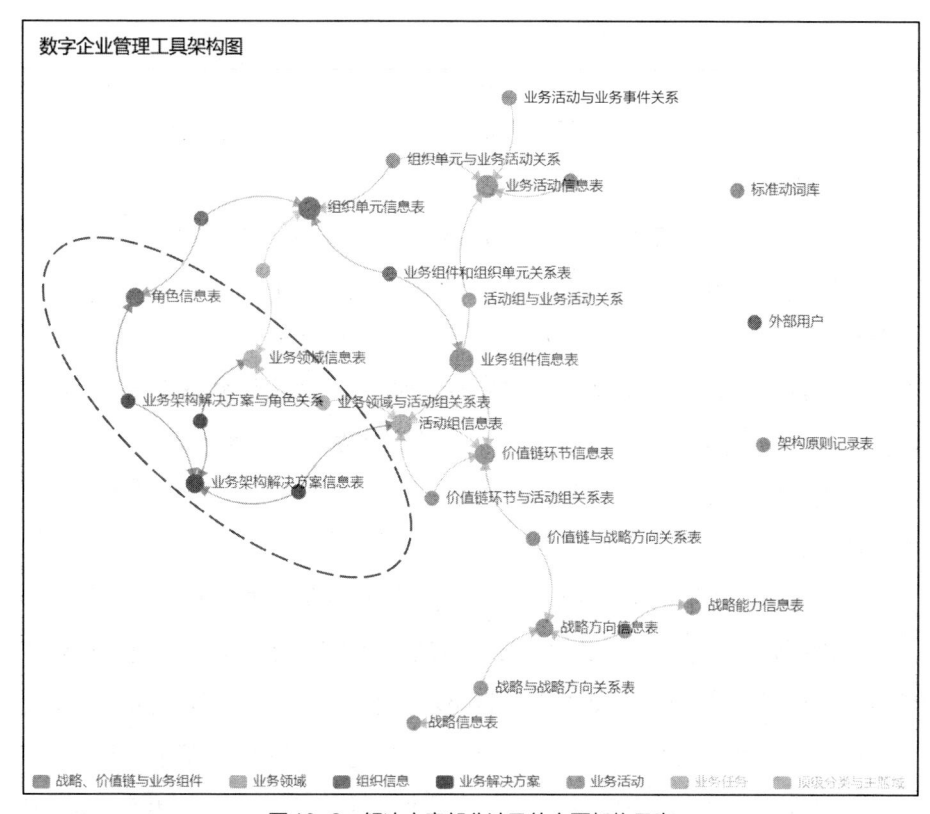

图 10-2 解决方案部分涉及的主要架构元素

## 五、小结

以上对业务架构资产使用方式的介绍是在基于已有业务架构资产的情况下展开的，但是，前两点其实也适用于在没有完整业务架构资产的条件下进行探索性的工作，毕竟设计一个暂时还不需要达成企业级共识的"企业棋盘"花费不了太多精力，而业务活动的梳理可以等到大方向确定之后再去考虑。至于第二点中较为细节的业务需求分析，不依托业务架构资产是很难开展的。第三点也需要依托业务架构资产，即便没有业务架构资产，至少也需要有一定的流程分析作基础，既然要开展这类工作，不如按照业务架构的方式设计，毕竟，业务架构资产有更好的技术连通性。

很多读者都曾经问过一个问题，企业真的要花那么多精力搞流程、搞数据、搞业务模型吗？这个问题比较适合放在应用这个环节回答，这里笔者举个不太恰当的例子做一个辅助解释。特斯拉对汽车制造流程、工艺的改变是凭空产生的吗？这应该是马斯克和特斯拉的工程师基于对传统汽车设计原理、生产过程、制造工艺的逐项思考所形成的最终结果，是对传统汽车制造的深刻反思。虽然大多数企业可能不会达到这种创新程度，但是，对企业已有工艺进行持续改进，按照"五步法"提升自己，则是每个企业都可以实践的。在这个过程中是不是可以通过业务模型辅助思考，并最终进入第五步呢？如果不这样做，那更好的管理方式又是什么呢？如果暂时还找不到，不如试试业务架构方法。

需要进一步理解的是，笔者并不是在宣扬业务架构方法有多么神奇，而是想表达创新是需要有针对对象的，要清楚是对着什么去创新，要经过系统性思考，也要用结构化的思维将其数字化，业务架构只是有助于达成这些要求的一种方法而已。如果打算采取其他方法，也需要考虑是否可以满足上述要求。况且，任何一种方法的推行都需要先进行一定的基础性训练，如何完成这些基础性训练也是需要考虑的。笔者曾经见过一些企业花费了不少精力试图追求一些没有实践案例甚至没有人能实实在在讲明白的"方法"。

笔者介绍的业务架构资产应用方法，其中也带有一定的探索成分，并非通过一个确定的过程就一定能得出一个确定的结论。所以，在学习方法的过程中要尽量避免对方法有效性的争论，有效性往往不是"争"出来的，而是在实践中创造出来的。现在是信息爆炸的时代，很多企业和读者深受各种方法的轰炸之苦。方法需要潜心钻研、灵活实践才能正确理解，只有场景见多了才能客观对待方法。不要急于成为否定者，尤其是在自身没有实践经验的情况下。方法论是有逻辑的，读者不要总是对着一张似懂非懂的逻辑大图进行猜测，要努力成为探索者、实践者。业务架构领域是有很大开放性的，有足够实践经验的企业和读者都能找到自己的逻辑。

## 第三节 从业务架构设计到需求分析

业务架构与需求分析之间的关系让很多人感到困扰。

### 一、业务架构与需求分析的区别

经过多年实践,笔者认为业务架构并不能算是传统意义上的需求分析,业务架构的确分析了业务需求,但是它更注重判断一个业务需求与其他业务需求之间的关系,以及在业务架构中的位置。也就是说,从业务架构的视角来看,它要定义的是一个业务需求到底是一种什么样的业务能力,再按照业务能力布局关系去研究它的实现,要在企业整体视角下判断业务能力的归属。因此,业务架构设计本身带有一定的抽象性、整合性,其建模方式是尽可能采用最大限度"合并同类项"的方式完成的。

与之不同的是,传统的需求分析,是针对一个或者一组业务需求进行的分析,并按照业务需求规格说明书的格式产生分析结果。需求分析侧重说清楚业务需求"要什么",需求分析方法论本身提倡的是深挖业务诉求,不能按照"要什么"就"给什么"的方式做需求分析。但是,如果分析范围有限,分析都是"就事论事"开展的,没有类似业务架构资产提供的企业全景视图,需求分析的结论很容易走向"要什么"就"是什么"。当分析范围有限时,表象就会接近甚至替代本质。只有当分析范围较大,有一定横向比较或者需求分析时间较长时,才会出现多种表象指向同一个本质的情况。

单独看一个业务领域的分析结果或者范围较小的业务分析结果,有时不太容易发现业务架构与需求分析之间的差异。因为分析范围缩减到足够小时,两者就是在用不同的表达方式分析同一个具体事物而已。只有当分析范围足够大时,需求分析缺乏足够手段和必要视角处理广域业务需求,才能感觉到两者的差异，但这种差异不是靠"讲道理"就能够说明白的，只有接触到相关的实践才能体会。

所以，业务架构并不等于需求分析，业务架构要提供的是业务能力的企业级多层次全景视图，而需求分析提供的是更为具体的实现方案，简单地说两者是横向整合视角和纵向细分视角的区别。

通过业务架构可以定位业务需求的合理位置，但这种作用只有在企业的业务、系统都比较复杂，企业希望对当前复杂性有所管理的情况下，才有明确价值。如果缺少了这个条件，传统的需求分析就会显得更加简单实用。

此外，两者还有一个更重要的差别，也就是业务作用的差别。本章第二节中提到的业务架构资产应用方法中的前三种，都是需求分析应对不了的。也就是说，需求分析是无法用到业务管理、业务改进上的，它不具备向业务侧"左移"的能力，只是技术人员尝试理解业务的第一个环节而已，只有在第四种用途，也就是方案设计上可以与业务架构方法相较。这也是笔者在讲述业务架构方法时经常强调应保持其业务纯粹性，不要总是指向功能分析的原因，具有结构化特征的业务纯粹性是更深入地走进业务的基础。

业务架构设计与产品经理工作之间的关系也大抵类似，从工作维度上来讲，产品经理更聚焦于产品或者更喜欢用产品的视角分析问题。但大多数产品经理是不会跨越整个企业的所有业务开展产品设计的。如果需要提升产品经理对整个企业的了解度或者提升设计抽象度，那就可以考虑通过业务架构设计方法进行改善。但是这种改善大多不会上升到企业级，更有可能是为了提升某一个范围较大的业务领域的抽象度，或者提升多个业务领域的局部能力，比如，客户管理、核算管理、绩效管理等方面的能力，不会对整个企业的业务能力布局全面地"动刀子"。对前者，可以在某一个领域内应用完整的业务架构设计方法进行分析；对后者，相当于对企业价值链的某些环节展开建模工作，其实方法都是近似的，只是处理范围的差别而已。目前确实有些企业是采用业务架构师和产品经理合作的模式开展需求管理和分析工作的。

产品经理的工作，相较传统的需求分析更注重用户体验，也可以将产品经理的工作模式适当带入业务架构师的工作中。不过，坦白地讲，这些内容中的大部分工作有可能会在需求调研或需求分析环节中展开，需要特别关注的是，涉及跨领域、跨渠道的用户体验一致性的问题，有可能放在架构层面讨论会更好。

产品经理工作中还有一部分关于产品运营、评价的内容。评价的部分可以结合产品评价模型在产品化部分进行设计，运营则是较为独立的一部分，在不同企业中，产品运营工作可能归属不同的业务部门，未必都像互联网企业一样集中在产品经理身上。即便是互联网企业，也未必都是由产品经理负责的，取决于企业的需要和环境。如果集中在产品经理身上，这部分工作本身是否需要进行业务架构设计是应当首先考虑的，毕竟很多企业有专门给产品经理使用的业务平台，这些业务平台也是基于产品经理的需求设计的，所以，这些工作内容本身是可以转化为业务模型的。如果没有集中在产品经理身上，反倒可以更自然地转化为业务模型，因为它就是其他部门的业务，而不只是作为建模者的产品经理所负责的另一项工作。也就是说，产品经理负责的产品运营、评价工作，也是可以通过业务架构来管理的，产品经理可以将业务架构作为结构化管理方法。

## 二、如何基于业务架构做需求分析

在有业务架构资产的情况下，如何继续展开需求分析呢？需求分析的工作内容没有重大改变，只是多了一副"骨架"而已。业务架构资产是需求分析的"骨架"，因为它划定了所有业务能力的布局，需求分析是指继承这个布局进行需求的细节确定。但是，分析结论不能大幅度改变"骨架"，如果希望对"骨架"进行改变，则必须让业务架构师参与其中，达成共识后方可改变"骨架"。

## （一）展开业务需求分析

对业务架构资产进行业务需求细化，其方法的核心逻辑就是"降范"，也就是对业务架构资产中的抽象建模结果进行降低抽象度的展开。

### 1. 流程需求的展开

业务架构资产的流程模型会分析业务活动、业务任务、业务步骤、业务规则、业务事件等内容，这些模型大多进行了场景上的整合，以便能够为看似有区别的业务过程找到一个公共的"容身之处"。

但是在需求分析中，需要考虑场景中的差异来对同一个架构元素进行差异化描述。比如，同样的业务活动，在移动端、桌面端和线下场景中可能是一致的，也可能是略有差异的，整合意味着其中的规则性控制部分，也就是业务逻辑可能是一致的，权限可能根据渠道略有不同。在需求规格说明书中，其描述的具体工作流有可能会根据场景拆分为两条或者三条，因为需求规格说明书要指向最终的实现，也会作为测试和验收的依据，要与实现保持高度一致性，所以，这时会根据实现上的具体考量来确定如何描述。

读者可能会觉得，如果这么分解，业务架构的工作岂不是白做了吗？其实不然。如果没有业务架构的前期设计，首先，这些可整合的业务活动很难聚到一起，因为除了面向渠道的整合，还会有更大范围的跨业务领域整合的可能性，如果没有基于业务架构的分析，这些整合是很难发生的。其次，整合更重要的控制对象并不是业务活动，而是业务任务与业务规则。业务活动是由业务任务组成或者"聚合"的，它本就应该是灵活可变的。对业务任务进行标准化设计是为了让业务活动的灵活性提升，以前述基于渠道的细分为例，经过整合设计，就可以在业务规则上实现统一的逻辑控制，而不用在各个渠道上分别实现业务规则，导致同一个业务在多处进行逻辑控制，出现规则冲突等问题，也能够使渠道设计变"轻"，使渠道迁移更容易发生。

出于上述原因，业务任务、业务规则的"降范"操作就要慎之又慎，如果单纯为了让需求规格说明书更容易看懂，就将业务任务、业务规则简单拆分描述，就失去业务架构整合的意义了。必须承认的是，在企业首次设计企业级业务架构资产时，虽然有标准化控制，但还是无法确定在后续的技术设计上一定能够实现预期。因此，在进行需求分析乃至后续的概要设计、详细设计时，都有可能改变初衷。这是首次做业务架构会出现的正常现象，企业和架构师都不必过于纠结。有些整合并非设计上无法做到，可能仅仅是条件不够成熟，缘分未到，不必为此怀疑架构方法的有效性。待到首次落地后，所有利益相关方对各种可能性就会更加了解，以后的架构设计和架构决策准确性会持续上升。

在业务任务下，还有一个比较重要的展开事项，即业务功能点识别。需求规格说明书是要识别功能点的，在有业务架构资产的情况下，功能点的识别要尽可能遵循业务架构提供的"骨架"进行，也就是在业务任务中识别功能点。每个业务任务在进行建模和标准化控制时，都努力控制了颗粒度，不会有太小的业务任务。这是有利于业务功能点识别的。加上业务步骤上有对应的业务规则，哪怕是笔者提到的，没有进行深入设计，只是初步识别了业务步骤，也一样有关键业务规则的描述，都可以提供功能识别依据。最重要的是，通常这个阶段会有业务专家介入，无论业务架构资产的深度如何，都有业务专家提供足够的业务细节，以进行功能识别。所以，业务功能点并不是完全由业务架构资产提供分析素材的，它提供的是"骨架"，要将业务需求贴在"骨架"上。

将业务功能点贴在业务任务上之后，就会产生一个有趣的联系。在业务建模过程中，战略能力也是关联在业务任务上的，这时就可以看看在需求分析过程中，这些战略能力是否转化为业务功能点，是否真的被作为需求考虑。一般在需求规格说明书这个层级的文档中，很难向上找到与企业战略之间的明确联系。通过业务架构资产，这种联系可以很实在地建立起来。

在笔者设计的聚粮架构平台中，业务需求分析结果是通过业务需求信息表（图10-3）、业务需求和业务任务关系表（图10-4）来记录的，如下：

| | 需求项名称 | 需求项编号 | 需求项描述 | 需求项状态 | 需求项建立日期 |
|---|---|---|---|---|---|
| 1 | 产品数量阶梯价格定价设计 | 0000003 | 实现按照产品使用数量进行阶梯式定价并记录定价参数的功能 | 正实施 | 2024-02-06 |
| 2 | 客户信用信息维度设计 | 0000002 | 建立客户信用信息维度和采集能力 | 正实施 | 2024-02-06 |
| 3 | 客户基本信息维度设计 | 0000001 | 确定客户基本信息包含的数据项并建立基本信息记录功能 | 已部署 | 2024-02-06 |

图10-3　业务需求信息表示意图

| | 需求项与业务任务… | 需求项名称（FK） | 业务任务名称（FK） | 关系类型 | 关系状态 | 需求项与业务任务关系建立日期 |
|---|---|---|---|---|---|---|
| 1 | 0000003 | 客户信用信息维度设计 | 定义客户画像维度 | 主要实现 | 有效 | 2024-02-06 |
| 2 | 0000002 | 产品数量阶梯价格定价设计 | 定义产品销售控制 | 主要实现 | 有效 | 2024-02-06 |
| 3 | 0000001 | 客户基本信息维度设计 | 创建新客户信息 | 唯一实现 | 有效 | 2024-02-06 |

图10-4　业务需求和业务任务关系表示意图

### 2. 数据需求的展开

数据需求分析部分是围绕"降范"展开的，对于这一点，数据部分的需求比流程部分的需求更强。因为业务架构资产中的数据模型只处理了基础数据，而具体需求中的很多数据都属于冗余、衍生、派生数据，如果不"降范"是根本无法满足开发需求的。

在数据需求分析部分，与数据建模不同的是，划定边界的目标已经基本实现了，对业务对象的关注就转回到要具体实现的"单证书表"上，采取直接或者隐喻的方式识别所有需要呈现的数据。

基于数据建模的结果，如果用到其他业务组件管辖的数据，这时通常会产生冗余设计，需要以接口方式临时获取或者以副本方式长期存放。但是，这些数据的主本、变更权限通常都不会在需求规格说明书指向的"本系统"中。报表等需求中各类由基础数据经过运算产生的计算结果属于衍生数据，做需求分析时要区分哪些是基础数据，要严格遵循数据模型的定义，保护数据来源。明确哪些是衍生数据及其计算规则，哪些由"本系统"或者专门负责处理数据的数据平台负责定义，即便是衍生数据，考虑到报表间的定义一致性、计算口径一致性，也需要慎重对待，尤其是对数据管理较为严格的企业而言。同一个基础数据可以在不同的使用环境、使用目的下被赋予不同的名称，这时会用到派生数据，在界面、报表中都会遇到此类需求，需要明确派生数据是基于哪一个基础数据派生的，标识派生关系。

### 3.产品化需求的展开

如果业务架构中设计了产品化部分，业务需求分析中也会涉及相关内容的展开。产品目录的展开主要是对产品描述、标签等内容的实现要求，对应的通常是产品的配置管理需求和渠道展示需求；产品结构模型的展开是与流程模型的展开纠缠在一起的，因为产品条件往往是业务规则中需要使用的"控制参数"，所以这两部分要综合分析，其设计结果一般就是最终会在产品实现后使用的"产品组装模板"，当然，这个设计过程也可以进一步延后到应用设计阶段，毕竟，只要在产品上线前最终完成产品结构模型设计就可以；产品评价模型的展开则是一个相对独立的需求，有些产品上线时可能并没有设计如何对其进行评价，有些则是评价模型与产品同步上线。这些需求通常不会直接归到负责产品功能实现的业务系统，而是归到数据平台或者专门的产品管理系统。不过，即便归到了产品管理系统，其本质仍然是一个数据分析类应用。

此外，如果产品化设计还包含了核算内容的话，其需求分析就要看企业对业务系统的整体规划了。如果基于产品进行统一核算，则要把核算规则按照负责核算的业务系统的要求梳理清楚，再根据统一的实施边界确定需求的归属。如果没有统一的核算处理系统的话，那么，核算需求很可能就落在"本系统"上，并将核算结果交给后台归集账务的系统。

### 4.界面需求的处理

通常业务架构设计是可以不包括界面部分的，需求分析中则一定包括界面设计。如果以业务架构资产为"骨架"，那么，业务任务之间的衔接通常就表示了工作流和数据流的流转过程，也代表界面要发生切换。界面需求是可以贴在业务任务上的，一个业务任务有可能包含多个界面，但一个界面通常不会覆盖多个业务任务。所以，可以用业务任务串联界面，只不过这就涉及业务架构资产的多环节维护问题了,需求分析人员应该有业务模型资产的维护权限,以便补充一定的信息。

笔者在自己的实践中曾经要求业务架构师在业务架构设计过程中覆盖一定程度的界面设计,因为架构层面的界面设计比较简单,不会像需求分析阶段考虑得那么细致,而且有助于业务人员更直观地确认业务流程。所以,界面可以在多环节进行渐进设计,也可以与业务任务关联,方便以后在进行业务分析时使用。

### 5. 非功能性需求的处理

非功能性需求是对系统性能的要求,一般不会放在业务架构设计中进行识别。在需求分析过程中,则会评估对系统性能的要求。这种非功能性需求可以根据其实现的指向,考虑是关联到业务任务上还是关联到业务组件上。因为有些非功能性需求可以是系统级的,也就是一个系统中的大多数交易都要满足这个需求,所以,在小颗粒度的业务任务或者大颗粒度的业务组件上都可以关联非功能性需求。

### 6. 小结

上述介绍是针对常见的需求规格说明书的格式进行的,所有需求分析都展开完毕后,就可以总结业务功能点或者业务需求项清单了,之后再补充常见的"引言"部分,介绍需求的价值和总体概况,需求规格说明书的制作也就完成了。

由于需求规格说明书是一定要写到很详细的程度的,而且,需求分析要沿着场景进行细化,所以才会有关于该如何处理业务架构与需求分析之间相互关系的问题。业务架构负责整合、布局,需求分析负责细化、落实,两者其实分工很明确。但是很多企业不太愿意承担业务架构设计的时间成本,总是希望两者能够合并。其实这个合并最终只能落在人身上,也即,不是合并了业务架构和需求分析的工作方法,而是都交给同一个岗位的员工去做,要求这个岗位的员工既考虑到企业级的横向整合，又有能力处理需求的快速细化。

但是，业务架构职能的履行并不是仅靠业务架构师实现的，是要靠业务架构资产来支撑的。业务架构和需求分析的职责是不一样的，维持总体结构和实现具体功能是有区别的，目的不同，手段和工具也就不同，企业和架构师开展相关工作时要注意这一点。这就好比，业务规划不等于具体执行，但是具体执行的混乱往往来自规划的混乱甚至缺失，两者没必要互相替代，而是该考虑如何更好地结合。

需求分析部分涉及的主要架构元素，其关系如图10-5所示：

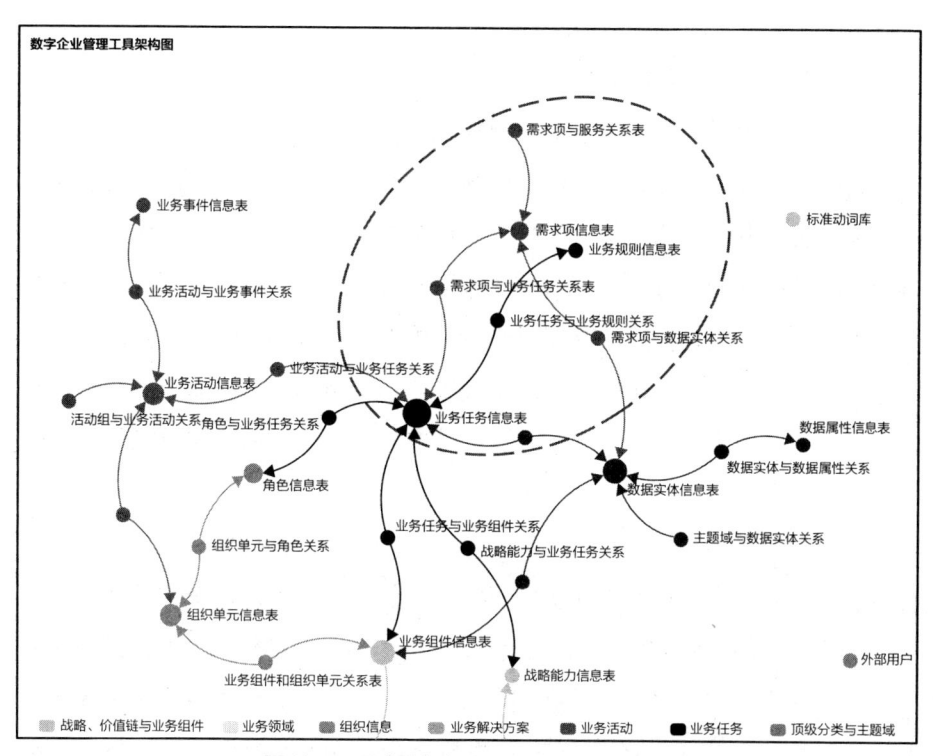

图10-5 需求分析部分涉及的主要架构元素

## （二）处理争议的原则

从业务架构资产出发展开需求分析不会是简简单单、一帆风顺的，经常会出现两者对业务需求理解不一致的情况。尤其是在长周期项目中，当两个环节分别展开且有一定时间间隔、参与项目的业务专家出现变化的时候，如何对两者之间的"争议"进行处理呢？

1. 可接受的调整

首先，可接受的调整包括原有业务架构设计中出现的疏漏，例如，发现流程有缺失，需要补充业务架构设计。这种现象常出现在业务任务、业务规则层面，涉及补充业务任务或者调整业务任务的切分边界，一般很少出现在业务活动层级。但由于业务任务的变换，也可能导致数据实体、属性及产品化需求的变化，对应进行调整即可。

其次，新加入项目的业务专家可能经验更丰富，更有创意。也可能随着时间的变化，市场环境出现了重大调整，产生了新的业务想法，业务专家提出了新的业务方案。总之，出现了更好的设计可能，业务架构师乃至更高层面的项目管理者应根据项目实际情况决定是否接受。如果条件允许，那么业务架构师就应该变更方案，毕竟，业务导向、业务价值对项目而言是第一位的。但是，由于项目实施的周期限制、资源限制，有些好的方案可能无法立即实施，这种情况下也可能无法完全接受需求变更。毕竟，需求变更不仅仅代表功能变更，也会代表既定预算资源的变更，这种变更并非总能及时处理好的。

再次，如果不同的项目组对组间分工存在分歧，并提出替代方案，这种替代方案引起的变更也有被接受的可能。等价方案并不违反架构原则，有时候可能同时出现多套方案，它们都可能是正确的。业务架构师最初倾向于A方案，但在实施时，经过与项目组之间的协商，也可能最终采用B方案或C方案。如果A、B、C方案严格来说是等价的，业务架构师就没有必要让自己成为障碍，坚持只按照A方案实施。只要记住一点，方案之间在实质上具有一定的等价性，没有过度伤害架构原则，就可以接受调整。

最后，最不希望出现的一种调整是，发现辛辛苦苦做的业务架构设计居然真的是错的，这种情况其实不多见，但确实也会有。如果真出现了这种问题，该改的东西是一定要改的，不可以让"面子"心理作祟。但是这种较为严重的架构设计错误，需要业务架构师多加关注和反思。如果某一个人经常出现错误，这可能属于个人能力问题，就要考虑对这个人的培养，甚至有可能是岗位的调整。另外，如果团队经常犯错的话，那有可能就不是能力问题了，而是信息来源或者架构工作机制的问题。个人常犯错和团队常犯错指向的问题可能是不同的，要分别处理，找到产生错误的原因。

2. 尽量不接受的调整

首先，明显违反架构原则的调整尽量不要接受。比如，实施团队只是为了自身工作方便而不接受架构分工，属于无适当理由拒绝接受整体架构设计。这种明显违反架构原则的调整，尽量不要接受。因为频繁出现这种情况，会导致"隐式架构"替代"显式架构"，如果企业希望避免这种情况发生，就应当对实施团队进行一定的约束甚至处罚。架构管理维持的是企业对架构管理模式的共识，既然是共识，就不应该允许个别团队随意更改。在架构管理中，"隐式架构"是一种常见情况。笔者接触过很多企业，在讨论架构管理问题时，都反映过架构师没有相应的决策权的问题，架构师在传统企业中通常不是管理者，所以其决策的权威性较为有限。

其次，不必要的"重复造轮子"不建议接受。单纯的"重复造轮子"可能是实施团队对业务架构资产了解不足，产生了重复的功能识别，这时应该尽量否决这种重复性工作。但也会有例外情况，有时不是实施团队想"重复造轮子"，而是由于赶工期等，不得已而为之。与竖井式开发不同，基于业务架构的开发模式往往需要进行跨实施团队的协调。由于沟通量增加，以及在细节沟通上的争执，有可能延误实施工期，这就可能导致某些实施团队为了赶工期，宁愿"重复造轮子"。这种情况比第一种带有更强的客观性，有时候架构师不得不进行适当重复，以保证开发工作按时完成。但是，架构师应当标记出重复的功能，后续有机会时，要努力消除不必要的重复。

### 三、关于业务架构资产与需求文档的"重量"问题

业务架构管理与业务需求管理方面有一个共同的话题,就是如何看待文档的"重量"。由于两者产生的文档都是内容庞杂、规范性要求高的,所以实践层面必须考虑维护成本乃至维护的可能性,太多有开发工作的企业都陷入了"重量困境"中,无论甲方还是乙方。一方面,文档的重要性是所有利益相关者都清楚的,需求的明确、交付质量的保证、验收的依据、故障的追溯、工作的改进,以及最不愿意提及的话题——追责,都离不开文档,而且是要有一定质量的文档,而质量恰恰又约等于"重量";另一方面,快节奏的工作使文档即便"有暇"创建也几乎"无暇"维护,变更很少能及时维护到文档中,维护几乎是"回补",而"回补"无论及时性还是质量都很难保证。这就是常见的"重量困境":没"重量"就基本没"质量",而"重量"又使"质量"很难保证。

很多企业不愿意推行业务架构方法也与其"重量"有关。企业期望又"快"又"轻"的方法,即使不断为此付出不菲的学习和实验代价,也依然乐此不疲。无论业务架构还是需求分析,其实都有一个由"重"生"轻"的过程,因为有"重"文档提供的大量信息,才会获得开发行动上的"轻"。就像导航系统一样,没有足够的地图信息,导航的结果就是迷路。系统开发的复杂度是客观的,没有方法能降低业务和系统本身该有的复杂度,"大道至简"并不是说可以无限"至简"。

"简"是相对概念,是指不要把解决方法搞得比事情本身还复杂,而要与事情的复杂度相匹配,不要把简单的需求写成了高度复杂的文档。但是,如果企业的业务本身就复杂,那能够理出一个很简单的架构吗?如果不是一个简单的架构就可以说清的,有可能指望一个"轻"文档就能够描述所有设计对象吗?这与企业管理是相同的道理。几个人的企业,几十人的企业,几百人的企业,几千人的企业,几万人乃至几十万人的企业,其管理模式是有巨大差别的。"大道至简"是提炼管理心法时的指导方向,也是"马斯克

五步工作法"的核心思想，但简化不是无下限的，也需要考虑必须保留的东西。

业务需求管理面对的"重量困境"其实削弱了企业IT管理能力自我进化的基础，盲目求快是很多企业只堆积经验却换不来能力跃迁的一个根本原因。业务架构管理面对的"重量困境"直接导致了方法本身被轻易拒之门外，毕竟，企业无法将业务需求管理拒之门外，但会将业务架构拒之门外。所以，笔者在业务需求分析这个环节借着需求文档的"重量困境"谈谈自己的观点。笔者并非在此主张企业和架构师应一心投入"重"文档管理中，而是想提倡不要总想过度简化某些工作，应根据需要和实际维护能力，做这个限度内可以承受的"重"文档。这些细节性工作对习惯的改变力量是巨大的，良好的开发行为是整体架构有序的基础保障。从架构思维的角度来讲，这是从全局视角看文档的意义，而不是只从某个环节、某个岗位的角度看待文档"重量"问题。

很多企业缺乏打造架构方法论的能力，这并非与所谓的行业分工有关，也就是通常所说的甲方企业不是专业的软件企业，不具备这种能力。笔者认为，这更多与基础管理能力薄弱有直接关系。甲方企业与乙方企业视角上最大的差别就是软件是做给自己用的还是做给别人用的，这一点与开发工作本身的专业性无关，影响的主要是软件产品通用性问题，这个视角差异并不妨碍甲方企业提升自身软件开发、管理的专业度。但如果基础管理能力薄弱，就会产生很大的妨碍。因为好经验如果没有及时转化成好习惯，慢慢地，好经验也就随风而逝了，就进入了笔者上文提到的"只堆积经验却换不来能力跃迁"的模式。

### 四、小结

业务架构与需求分析之间有着密切的联系，甚至将需求分析视为业务架构设计的直接延续也不为过。只不过需求分析仍旧保留着些许技术视角，服务对象也是后续阅读文档的技术人员,而不是业务人员。业务架构则建议采取业务视角,以便用于业务管理。

笔者之前的工程实践中确实有企业希望将业务架构设计做得深入、细致,进而取代需求分析。毕竟,这两项工作如果能够合并,对企业而言是更为经济的。但事实证明,正如笔者分析的那样,它们之间确实不是相互替代关系。

当然,笔者的很多论述是基于既有实践的,所有的方法都在不断发展,而且方法之间也有一定的融合倾向。它们最终的服务对象都是使用它们的企业和架构师,企业和架构师希望获得各类方法的长处,回避短处,这就会产生融合的动力。也许新方法、新技术的出现,比如,人工智能的出现可能会让更多工作得以在软件中被整合,让更多"重量"得以被系统承担,让人可以更专注于方法的改进,推动方法论的发展才是进行研究的目的。

» **本章习题:**

1. 请读者针对本书练习中得出的业务架构设计结果进行需求拆分练习。
2. 请读者结合所在企业的实际业务需求练习基于业务架构进行需求分析。
3. 请读者思考当前所在企业的需求规格说明书或者需求分析文档、产品设计文档如何与业务架构方法进行对接。

# 第十一章

# 从业务架构设计到应用设计

业务架构工作并不会只延伸到需求分析环节就结束了，它更重要的任务是延伸到应用设计环节。企业的业务能力布局要转化成最终的数字能力布局，由技术团队最终实现，所以业务架构、数据架构、应用架构之间要有紧密的连接。本章将从业务架构设计向应用设计转化的方法，如何总结实施工艺，业务架构师如何参与应用设计及如何管理立项等几个方面，介绍基于业务架构的应用设计实践方法。

## 第一节 业务架构对应用设计的作用

这是很多企业和技术人员关注的问题，它决定技术人员到底要不要支持引入业务架构，如果对自己没用，为什么要支持它呢？笔者在实践中经常遇到技术人员问这个问题。所以，笔者先从它对应用设计的作用讲起。

业务架构对应用设计的作用可以分为两个层面，一个是对企业级应用架构的作用，另一个是对项目级应用架构的作用。

## 一、业务架构对企业级应用架构的作用

其实业务架构对企业级应用架构的作用是比较好理解的，笔者在本书多处提及的企业在IT管理中面对的各类管理困难，需求定位、项目组分工与协作管理等，都可以通过业务架构得到更有效的应对，所以，在企业层面理解其对企业级应用架构的作用并不难。很多开展了多年信息化建设的企业其实并没有严谨的企业级应用架构，笔者之前在金融行业从业近20年，金融行业是信息化较早的行业，大约有40年的信息化历史，就算在这样一个行业，很长一段时间里也是没有严谨的企业级应用架构的。只是在最近10余年，企业级工程兴起后，才开始出现经过严谨设计的企业级应用架构。时至今日，一些中小银行仍然没有完整的企业级应用架构。

没有企业级应用架构并不耽误开展系统建设，只是对应用治理、数据治理、业务稳定性管理等有着"不可名状"的影响。毕竟规模小一些的银行，大大小小的业务系统也超过500个了，应用关系、应用链路梳理得都不是很清楚。其他行业更是如此，现在汽车行业革新力度很大，很重视软件系统的建设能力，但多数车企其实也没有完整的企业级应用架构。信息化开展越早的企业，这方面的问题反而越严重。按照笔者经验来看，大部分业务系统达到30个的企业，都需要全局视图，系统越多，需求也就越大。

## 二、业务架构对项目级应用架构的作用

笔者在本书中多次提到"隐式架构"，当没有"显式"的企业级应用架构时，负责系统建设的实施团队根据其与业务部门长期合作形成的"自然边界"就构成了"隐式架构"。虽然实施团队有时也会对系统边界、系统协同之间的问题产生不满，希望改变现状，但是总体来讲，实施团队还是愿意保持对"隐式架构"的控制权，这样更有利于其自身的工作开展。这也就导致了实施团队有时不愿意接受业务架构，因为，实施团队觉得无论用什么方法，自己做的还是这"一亩三分地"的工作，不认为业务架构会对自己有直

接的帮助。

这就导致了推广上的矛盾，负责做企业级应用架构管理工作的团队愿意通过业务架构设计改变现状，加强架构管理能力，但实施团队可能因为看不到其对自己的实际价值而不愿改变，尤其是对架构"实质"控制权的让渡。

那么业务架构方法对实施团队到底有没有直接帮助呢？其实是有的，这种帮助是在系统设计方法层面的，尤其是针对功能性需求。虽然系统设计在客观上讲，单体系统、SOA系统乃至微服务系统之间并没有严格的好坏之分，但是考虑到扩展性和灵活性，越来越多的业务系统都在走向服务化或者微服务设计，那么，服务、微服务该如何切分呢？大多数系统分析方法都没能解决这个问题，包括因微服务系统而被重新重视的DDD也是如此。

既然这样，那就说明此题没有"绝对解"。那么，切分依据从何而来呢？可以找找"相对解"，也就是次优的解决办法。功能实现依据的是业务需求，那么有没有可能在业务需求中首先实现一个良好的结构切分，然后技术人员参照这个结构进行范围大致对称的设计呢？业务架构就是这样的设计思路，之所以业务架构要在保持在"纯粹业务性"的前提下，还要努力实现结构化设计，其意义也就在此。

应用设计中，无论单体系统的模块化、SOA的服务化还是微服务设计，都离不开对程序处理过程、处理规则、处理对象的明确，也就是流程、规则、数据的明确，业务架构的结构化明确的也是这些内容。与传统流程绘制方式不同的是，业务架构中的流程模型非常注重颗粒度控制，尤其是在业务任务这个层面。业务任务包含了大致的步骤、业务规则，关联了数据实体，在有产品化设计的情况下，还会关联控制条件，也关联了更高阶的战略能力及更细粒度的业务功能点。总体而言，业务任务满足成为一个独立的"原子能力"所该具备的条件，模块、服务、微服务都可以参考业务任务的范围进行设计，并将设计结果与之关联。而这种关联最大的好处在于，就单系统设计而言，基于业务模型的需求定位和分析效率会比传统方式高很多，因为它可以在信息传导方面实现业务和技术的"直联"。

## 三、与DDD的再次比较

仔细思考的话，DDD也是这个原理，只不过DDD采用的表达方式是"类图"似的表达，试图将行为和数据综合在一起来确定"原子能力"。DDD领域的代表人物沃恩·弗农在其新著《创新驱动设计》中也强调了业务能力识别的重要性。能力都有作用对象，这个作用对象在程序中自然就是由数据描述的；能力也都有作用过程，也就是系统行为。所以，就能力分析这点而言，DDD与业务架构方法是近似的，区别主要在于DDD不是业务纯粹型的，而是技术友好型的。

此外，弗农在书中还提到，业务流程像胶水，黏合不同的业务能力。基于业务流程划分的模型边界往往是错误的，而且会降低企业的运营效率，并对企业中的沟通渠道产生负面影响。这一点也与笔者在本书中总结的"以流程为始，以数据为锚，以布局为终"的业务架构构建过程异曲同工。所以，方法论实践深了，在认知上是会趋同的，不必怀疑业务架构方法对服务设计是否真的有用，理解了DDD反而更容易确认这一点。

与DDD相比，业务架构的优点是什么呢？在作为"锚"的逻辑数据模型上实践DDD的企业和架构师应该有体会。由于掺杂了行为，所以DDD中的"聚合根""实体""值对象"的划分并不容易达成一致，包括对领域的划分。与之相较，逻辑数据模型的优势在于，它先不考虑完整的行为，而是作为纯粹的业务对象来设计，并且，它是具有企业级唯一性的，边界更清晰，也可以更好地聚类"主题域"，形成更容易确认的领域。而且，逻辑数据模型也能兼顾数据治理。综合来看，业务架构是更有业务纯粹性的，可以更好地让业务专家进行确认。而DDD，多数业务专家是没有能力确认的。

需要补充的是，笔者的论述并非"自赞毁他"，而是帮助企业和架构师"按需选用"，如果笔者上述介绍的优势不在企业和架构师的关注范围内，那两者至少是等价的了。

花费一定的笔墨再次比较业务架构和DDD，主要是为了说明，业务架构方法论有助于实施团队进行自身的系统设计，并非只是个"业务模型"，也并非只有助于企业级管理，使用熟练之后也能够在业务架构资产的基础上进行单系统架构的快速分析。由此，企业级应用架构设计可以得到更好的治理，这种治理能力最终也会让所有实施团队和整个企业的IT管理受益。

## 第二节 业务架构向企业级应用架构的转化

应用架构设计可以分为企业级和项目级两层，笔者先介绍这两层的关系，再介绍业务架构向企业级应用架构转化的方法。

### 一、企业级应用架构和项目级应用架构的关系

企业级应用架构和项目级应用架构的关系，与业务架构的企业级、领域级有些类似，但又不完全相同。

业务架构中的企业级是一种设计要求，而非在业务架构资产上区分企业级和领域级这两层。业务架构比较注重标准化，会对每一类元素进行标准化处理。标准化处理就是要保证架构元素的唯一性，这是最理想的标准化处理结果。就这个结果而言，其实所有业务架构元素都是企业级的，没有所谓的领域级架构元素。领域级代表的是业务架构元素的使用范围，指一个符合企业级设计要求的业务架构元素被用在了某个领域，成为一个领域级应用的构成部分。严格来说，它并非属于这个领域，别的领域也可以用它，只不过一些架构元素的复用概率很低，就像是一个领域专有的。但是对业务架构而言，并没有领域专属这个说法，都是企业级的，这样理解比较合适。企业级是一个横向的标准化视角，而领域级是一个纵向的元素应用视角，并不是企业级就高于领域级。

在应用管理上，虽然项目级应用架构类似领域级，负责某个范围的具体

实现，企业级应用架构类似企业级，关注横向统管，但不同的是，企业级应用架构是要高于项目级应用架构的，如果管理到位，项目级应用架构是必须受制于企业级应用架构的，也就是不能由"隐式架构"主导。这与业务架构在本质上讲的企业级和领域级无高低之分是不同的。如果要找关系类比的话，企业级应用架构和项目级应用架构的关系类似于业务架构和需求分析之间的关系。

## 二、业务架构向企业级应用架构的转化

从业务架构向企业级应用架构转化要分两种情况介绍，一种情况是企业首次开展企业架构工程，这时不存在企业级应用架构，相当于"新建"过程；另一种情况是"新建"已经完成，要在日常开发管理中使用企业级应用架构。

### （一）"新建"时期的企业级应用架构

"新建"企业级应用架构的过程，实实在在地说明，如果没有业务架构，基本不可能设计出企业级应用架构。企业级应用架构不同于项目级应用架构，其核心在于对企业的整体应用布局进行设计和管理，含有较多的架构治理色彩，需要以俯瞰的视角决定各系统之间的功能边界和协作关系。这种俯视能力的建立如果靠的是各系统之间经过多年信息化建设"磨合"成的边界，决策就会带有较多的习惯性，而非来自合理的设计。

可能很多读者会奇怪，为什么随着时间的推移，系统架构不是随着经验的增长而变得清晰，反而更容易混乱。技术层面的主要原因在于，软件设计很容易出现的一类问题就是在一个错误的地方做一个正确的实现，只要代码写对了，接口搞清楚，解决了持久化问题，一个功能或者服务几乎可以在任何一个地方实现。比如，在一个客户关系管理系统中，如果想要实现为本企业员工登记基本信息的功能，可以非常"违和"地正确实现，这就给"随

机"的实现创造了机会,如果架构管理缺失,系统功能布局的紊乱可能是超乎想象的。业务层面的主要原因在于,如果没有结构化地设计业务能力的总体布局,业务部门本身会更倾向于将业务需求提供给关系更密切的实施方或者本次需求更容易安排下去的实施方,这种现象无论在自研模式下还是外包模式下都有可能出现。因为这样实施起来最快,至于会不会乱,业务部门可能从来就没有真正关心过,甚至不知道有系统功能紊乱这个问题。

所以,想要依靠既有的系统分工边界得出合理的企业级应用架构是不太可能的,仔细梳理的话,只能证明企业确实没有整体性的应用架构设计。如果需要建立企业级应用架构,单纯通过对现有系统的功能进行去重、再分配,也很难做到。因为有些功能可能在技术视角是无法准确判断其归属的,有些重复性功能也无法"乾纲独断"地整合,毕竟,系统大多是给业务人员或者企业客户使用的,技术人员不是系统最终用户。站在技术视角看,在有些模糊的问题上,往往会得出怎么处理都行的结论,因为这样确实也能完成任务。一旦应用分析范围扩大,覆盖的业务种类越来越多,模糊性就会更强,横向统筹难度会更大。虽然系统代码都是技术人员写的,但是一到了"较真"的地方,技术人员也很少敢拍着胸膛肯定地说"实际业务就是这么运行的"。上述这些情况最终会导致,在企业业务较为复杂、系统数量过多的情况下,仅靠技术人员是无法自己治理自己的,必须有个设计来源,有个架构决策依据,不加入代表业务视角的业务架构资产是不行的。

业务架构资产如何转化成企业级应用架构设计呢?首先要转换大颗粒度元素,也就是业务领域和业务组件。

业务领域用于框定一个大的实施范围,相当于对应了某一个业务条线或者业务部门会用到的所有业务系统。如果一个业务领域过于庞大,要用业务应用进行细分。总之,业务领域、业务应用通常会跨越多个系统的实施范围,应注意的是,这种实施范围不是临时性的、项目性的,可能具有可持续性,直到业务领域自身发生改变为止。

业务组件用于框定一个或者一类系统,当一个业务组件在实施层面不需要按照某种维度进行拆分时，一个业务组件就会对应一个业务系统。如果需要按照某种维度拆分，比如，一家企业同时服务于企业客户（B端客户）和个人客户（C端客户），如果业务组件没有按照B端客户和C端客户分为两个，那么，在应用设计阶段仍有可能考虑两者的差异进行拆分设计，就会出现一个业务组件对应两个业务系统的情况。但是这两个业务系统属于同一类，当然，想要反向调整业务模型也并非不可以，要看企业和架构师的理解。还有一种情况是，一个业务组件站在业务视角上看，经过业务模型抽象之后，看起来并不大，但是在应用设计展开时，会有些大，进而导致拆分。这时它们仍属于一类，当然，也许用"一组"来形容更恰当些。

在根据业务组件拆分业务系统时，遗留系统的设计经验会起到辅助判断作用。但应注意的是，本节论述的是首次构建企业级应用架构，由于此时尚未进入更详细的设计阶段，也可以不急于进行拆分，按照"无必要不拆分"的原则，先形成整体规划，在详细设计时进一步判断也可以。

在笔者设计的聚粮架构平台中，业务组件分析后的结果是通过应用组件信息表（图11-1）、业务组件与应用组件关系表（图11-2）来记录的，如下：

| | 应用组件名称 | 应用组件ID | 业务组件名称（FK... | 应用组件定义时间 | 应用组件描述 | 应用组件状态 |
|---|---|---|---|---|---|---|
| 1 | 产品研发组件 | 0000003 | 产品研发 | 2024-01-21 | 用于实现定义产品参数、模块设置、模板设置、目录管理等功能 | 有效 |
| 2 | 客户信息管理 | 0000002 | 客户管理 | 2023-12-17 | 用于进行客户信息集中统一管理能力实现的应用组件 | 有效 |
| 3 | 客户评价组件 | 0000001 | 客户管理 | 2023-12-17 | 用于对客户信息进行综合评价能力实现的应用组件 | 有效 |

图11-1 应用组件信息表示意图

| | 关系ID | 业务组件名称（FK... | 应用组件名称（FK... | 业务组件与... | 业务组件... | 业务组件与应用组件关系状态 | 业务组件与应用组件关系描述 |
|---|---|---|---|---|---|---|---|
| 1 | 0000003 | 产品研发 | 产品研发组件 | 2024-01-26 | | 有效 | 被实现 |
| 2 | 0000002 | 客户管理 | 客户评价组件 | 2024-01-26 | | 有效 | 被实现 |
| 3 | 0000001 | 客户管理 | 客户信息管理 | 2024-01-26 | | 有效 | 被实现 |

图11-2 业务组件与应用组件关系表示意图

大颗粒度元素转换完成之后，就是转换小颗粒度元素了，主要是业务活动、业务任务、数据实体和部分属性。通过业务组件分析得到业务系统之后，就要根据业务系统的职责完成对业务场景的支持了。也就是，根据业务任务在业务组件上的分布，推导"功能"或者"服务"在业务系统上的分布；根据数据实体和部分属性简要定义接口，根据业务活动定义串联"功能"或者"服务"的工作流及数据流；根据场景进行一些业务活动的细化分析，包括考虑转为"时序图"等方式进行应用设计，但都是初步设计，不需要非常详尽。最终，企业级应用架构师要完成对业务系统功能边界和协同关系的定义，从应用视角保证业务架构的可实现性。

在做企业级应用架构设计时，最好同步定义企业级技术架构，这样就可以将业务系统直接部署在技术架构上，进行协同关系展示时会更加清晰。笔者发现很多企业都没有统一的企业级技术架构，应用架构图也是从各个项目团队的视角按照各自对应用分层的理解自行绘制的，导致一个企业中的应用架构图、技术架构图没有统一风格。形成统一风格并不是为了美观，而是为了方便跨组沟通。没有统一风格的架构图，恰恰说明企业是没有整体架构的，甚至没有整体观念。按照笔者实践经验，如果采用这种整合的表达方式，应用架构和技术架构的融合是更容易完成的，反倒是应用架构一张图、技术架构一张图，会让架构师都无法解释从应用架构转换到技术架构的实现逻辑。技术架构中还有网络拓扑、灾备、安全等架构图，这些不在笔者刚才讲的范围内，笔者讲的主要是跟业务系统、业务平台分层分类有关的技术架构图。

企业级应用架构设计除了保证可实现，还有一个重要职责，就是据此确定项目中的分工及大致工作量。这种分工是依据本次项目涉及的系统中被使用、修改、新增的"功能"或者"服务"的总量来估算的。

只要业务架构设计得较为合理，在企业级应用架构设计这一层的工作压力就会小很多，基本属于"继承式"设计。这也是笔者多次强调的，业务架构不是传统上的只做流程分析的业务梳理，其处理的问题也不是只靠流程分析就能够解决的，单纯的流程分析无法提供与应用设计对应的业务架构。

最后，笔者要纠正一点，在严谨的企业架构设计中，应用架构设计环节中一般不直接使用"系统"这个词，而是称其为"逻辑应用系统"或者"逻辑应用组件"。因为此时是逻辑设计阶段,"系统"通常是在技术架构设计中作为物理实现来定义的。由于本书集中阐述业务架构,在企业架构范畴中,只会延伸到应用架构而不会进一步延伸了,所以此处忽略了两者的区别,使用读者更常接触的这个词,虽不严谨,但可以使读者更容易理解。

### (二)日常开发管理中的企业级应用架构

与"新建"过程相比,日常中使用企业级应用架构会进行一定简化。

在这种状态下,大颗粒度元素的变化频率会低很多,不是"百废待兴"的状态了,而是"按图索骥"。对于大多数企业而言,业务领域、业务应用、业务组件这种大颗粒度元素,也就是高阶架构变化,是比较少的,它们的变动往往意味着企业主营业务方向的重大转换、核心业务能力的重大调整。对很多企业而言,这是恰逢重大技术突破才会发生的情况。

日常使用企业级应用架构,更多是以业务活动为主要视角的。这是由于这一级的设计更多关注的是可行性和实施分工,而非具体设计,所以,能够直接反映协同关系的业务活动反倒是分析中最需要注意的点。新的业务需求是否能够被原有业务活动决定的协同关系满足,如果不能满足,新的协同关系是什么,基于新的协同关系,系统之间的分工和边界会有什么变化,基于这些变化如何分配实施任务,这些是企业级应用架构分析在日常工作中最需要关心的。

由此产生了一个需要注意的问题。企业级应用架构设计对业务架构资产是高度依赖的。企业级应用架构师与业务需求提出单位接触的时间一般很短,不会像业务架构师或者项目实施团队那样与业务部门深度接触。所以,业务架构资产的质量会对其分析结果产生很大影响。但是,从整个架构工作的视角来看,对业务架构资产质量有关键影响的并非位于需求源头的业务部门,也并非业务架构师的能力,而是位于其下游的项目实施团队。实施团队的最终实现是否与业务架构资产有较强的一致性,决定了业务架构资产这张"地图"到底"准不准"。这就产生了一个怪圈,企业级应用架构依赖业务架构,而业务架构的"命门"却掌握在本该归属企业级应用架构管控的项目级应用架构。如果项目级应用架构偏离业务架构,最终会导致企业级应用架构师依据业务架构资产和应用架构资产产生的架构决策脱离开发实际,对项目实施团队管控力降低,使应用架构师事实上被"悬置"起来。这个怪圈在"新建"中有,在日常使用中影响会更大。如果企业规模较大,人员充足,分工细致,企业级应用架构师团队与业务架构师团队之间也会产生一定的"部门墙",这是很自然的现象。这种"部门墙"对企业级应用架构师自身的不利影响大于对业务架构师的不利影响,因为业务架构师至少会频繁接触业务部门,企业级应用架构师有可能被"部门墙"隔在中间地带,两头不沾。

这个怪圈要如何破解呢?首先,解决最关键的问题,也就是业务架构资产质量问题。核心在于实施遵从度,也即,项目级应用架构对业务架构资产的遵从度,但不要把遵从度简单理解为服从。笔者在介绍业务架构设计方法时多次强调资产质量是迭代提升的,在任何一个环节都可能出现对业务架构资产的调整。这种调整是开放性的,也是基于共识达成的,其核心就是为了实现架构之间的融合一致。融合一致且能够反映并快速传导业务的真实诉求,这就是架构资产质量的核心,这个要求是贯穿业务、数据、应用、技术四大架构的。所以,遵从度是破解这个怪圈的基础。

其次,辅以必要的管理手段。企业的整体架构不是由各个分散的项目实施团队拼凑的,就像一个企业的总经理,他不可能总是靠各业务部门投票来替他做决策。"自下而上"的架构生成方式多数情况下只是一种"含糊"的说法,通常介绍"自下而上"方法都是在讲如何"自下",但对如何"而上"都语焉不详。就像极少有企业真的会把决策权彻底下放到一线一样,都是有选择地下放而已,能彻底下放就不需要设置企业管理层、各种业务线管理机制了。所以,架构的落实除了设计要合理,没有管理手段支持是不可能真正落地的,不以架构为核心进行开发管理,就不要奢谈架构落地问题。是否能够推行业务架构方法论,其实检验的也是企业有没有基于全局观的企业文化、是不是有灵活的吸收能力。

这么解释好像又在为业务架构找开脱理由，其实并非如此。企业中的业技融合、数据治理、应用治理等这些高度依赖体制机制才能解决的问题，无论企业是否采用业务架构方法，它们都是客观存在的，如果想要解决，都需要一定的全局管理作为基础。就像互联网行业的"中台"一样，"中台"是一种全局管理，"中台"模式的运转并非全靠自主。很多企业在推行"中台"方法的过程中出现"公用组件"没有业务部门愿意认领管理职责这一问题，充分说明了有效运作的架构是不可能总靠"自下而上"的方式产生的。企业如果希望破除怪圈，就必须在"显式架构"和"隐式架构"之间建立有主次的管理平衡机制。

最后，架构师工作范围向后端的延伸是必要的。业务架构师、企业级应用架构师都要在合适的时间点和工程环节走入项目实施，没有向后端的适度延伸，是很难做好本职工作的。当然，这种延伸不是完全带着管控者的身份延伸的，要以设计者的身份，兼顾管控者的职责向后延伸。

"新建"都是大事，但日常也非小事，犯罪学上常讲的破窗理论，无论在"新建"时期还是在日常管理中都无处不在，其作用也没有什么差别。架构"崩坏"都不是瞬间发生的，"楼"不是盖到最后才"歪"的。

### 三、进行项目立项工作

企业级应用架构设计还有一个重要任务，就是支持立项工作。在有立项管理工作的企业中，项目是否值得做、应该花多少钱、投多少人、用多少时间完成，都是通过立项环节最终核定的。如果有独立的数据架构团队，则会出具数据架构解决方案。如果没有，相关内容是可以整合在业务架构解决方案中的。经过企业级应用架构设计，会形成应用架构解决方案，并基于此出具技术架构解决方案、安全架构解决方案等。

综合上述若干种解决方案，主要相关项目实施团队进行参与可行性确认和工作量预估，形成资金、人员、"里程碑"计划和风险控制等相关方案，最后将所有方案汇总在一起，构成立项文档。按照企业的IT开发管理模式，由有权审核人或者审核机制进行立项审核。立项审核后，就会进入项目实施环节。

立项过程中还有一项重要工作，就是确定项目实施的"战斗序列"。虽然各项目实施团队关系是对等的，但是每次实施中各团队的任务量、侧重点都是不同的，业务需求发起时的主牵业务部门也经常不同。所以，应参考主牵业务部门、重点变更业务领域、任务量等因素，设置一个主牵项目实施团队（其他项目实施团队属于协同实施团队），以这个团队为核心统筹项目进度，由该团队主牵需求分析、概要设计、集成、协同测试等在实施方面比较重要，需要进行"联通"的环节。

不同企业管理方式确实有些不同，也有些企业是在立项前开展业务需求分析，然后以业务需求规格说明书为主进行立项管理的。与理论相比，实践总是千变万化的。

## 第三节 业务架构向项目级应用架构的转化

对于项目实施团队而言，不需要像企业级应用架构那样区分"新建"和"日常"的不同，这两种场景下的工作模式基本是一致的。项目级应用架构对应的主要是开发工作中常说的概要设计环节，其目标是形成待开发系统各层级的模块、服务或者微服务基本设计格局。由于本书内容以业务架构设计介绍为主，因此在应用架构部分，主要介绍的是功能性需求的应用架构设计。

与之前的各类设计相比，项目级应用架构设计输入的信息要丰富多了。这时开始进入真正的实现环节了，企业级业务架构资产、企业级应用架构资产、需求规格说明书、驻场业务专家提供的业务信息等，都是其设计输入的内容。就应用架构设计方法而言，项目级与企业级类似，但项目级比企业级更细。

## 一、明确项目级应用架构的全景视图

为了厘清具体的上下游关系和衔接方法，项目级应用架构设计首先需要明确本项目的全景视图。要结合业务架构资产，基于企业级应用架构资产进行细化，将相关业务活动组织成一张"业务过程全景图"，将其与企业级应用架构提供的系统协作关系进行比对和细化，并使主牵团队和协同团队对项目全貌进一步达成共识。

## 二、对流程模型和流程需求的分析

基于业务需求对流程的分场景展开，应用架构师还会进一步从技术视角判断流程展开是否充分，是否需要进一步展开，是否有使部分环节回归到整合模式的可能。做应用设计，拆分是容易的，并且也会降低实施难度，而做整合是有挑战的，也更费时费力，所以，在流程分析环节最重要的是不要单纯为了降低实施难度而过度拆分。重新拆分后的流程有可能通过用例图、时序图等技术人员更习惯的方式展现。应注意的是，要建立用例图、时序图等分析结果与业务活动的直接联系，让架构资产能够对应起来，不要最终变成业务架构一套、应用架构一套，谁也对不上谁。也就是原则上来讲，对业务活动的分析是不破坏业务活动基本结构的，如果觉得业务活动不对，那就要反馈给业务架构师进行修改。

笔者在接触各类企业项目实施的过程中，见过很多仅凭一句"不对"就把业务架构设计结果搁置，应用设计重新来过的情况，这是架构无法落地的关键原因。其实并非业务架构真的"不对"，而是没有为了让架构"对"去共同努力，说到底还是企业开发管理文化没有转变。

### （一）对业务活动的分析

业务活动主要是用来设计系统工作流的，但系统工作流应视为对系统功能或者服务的串联，也就是"服务编排"，而不仅是一个流程引擎设计。所以，更重要的分析是对业务任务的分析，业务活动串联业务任务，系统工作流串联系统用例、功能或者服务，按照这种对称的结构展开设计。

在笔者设计的聚粮架构平台中，业务活动分析后的结果是通过服务编排信息表（图11-3）、服务编排和业务活动关系表（图11-4）来记录的，如下：

| | 服务编排名称 | 服务编排ID | 服务编排定义时间 | 服务编排描述 | 服务编排状态 |
|---|---|---|---|---|---|
| 1 | 定义产品模型 | 0000003 | 2024-01-21 | 定义完整的产品控制参数 | 有效 |
| 2 | 客户画像 | 0000002 | 2023-12-17 | 用于实现客户画像的完整过程 | 有效 |
| 3 | 新增客户 | 0000001 | 2023-12-17 | 用于建立新增客户信息场景的完整实现 | 有效 |

图11-3　服务编排信息表示意图

| | 关系ID | 业务活动名称（FK... | 服务编排名称（FK... | 关系描述 | 关系状态 |
|---|---|---|---|---|---|
| 1 | 0000003 | 设计产品模型 | 定义产品模型 | 包含 | 有效 |
| 2 | 0000002 | 创建新客户 | 新增客户 | 包含 | 有效 |
| 3 | 0000001 | 构建客户画像 | 客户画像 | 包含 | 有效 |

图11-4　服务编排和业务活动关系表示意图

## （二）对业务任务的分析

业务任务的分析结论会指向具体的模块或服务，业务任务中有详细或者概要的步骤描述，有关键业务规则描述，有对应的"数据实体"关联。这些内容在需求分析中都会被进一步展开，形成详细的业务过程、业务规则、业务功能点、控制条件、数据项等信息。所以，设计上，应以业务任务为分析范围，结合需求分析，将业务任务设计成用例，再拆分成模块或服务。就拆分结果而言，可能一个业务任务直接对应一个模块或服务，也可能会对应多个，但不建议拆分得太细、太碎，因为业务任务除了是一个业务能力的基础实现单元，也是一个可"复用"对象，拆得"支离破碎"也许就没有什么"复用"的可能了。这方面虽然无法一概而论，但还是建议控制拆分力度，与业务活动一样，企业觉得范围不合适的时候，就联系业务架构师进行确认和修改。考虑到现在微服务设计也有向"宏服务"演变的倾向，这个力度控制还是值得注意的。

　　这里提示一下，可能从分析习惯上来讲，需要应用架构师将以"功能"为主的分析转向以业务对象为主的分析，这也是有助于控制力度的方式。业务架构设计是以面向业务能力为主的架构分析方法，而且大多数主流企业架构方法也顺应了这个发展方向。业务能力不是由功能定义的，而是以业务对象为基础进行行为聚类得到的，是先找业务对象，再分析业务功能，这也是流程模型不是只关联到"单证书表"就算够用，而一定要关联到"数据实体"的原因。

　　但是很多应用架构师的业务对象观念是指向"类"的，这也是有些应用设计人员愿意使用DDD的原因。笔者并非觉得"类"的观念或者采用"类图"分析有问题，而是在业务架构这个语境下，设计上的业务对象指的是数据实体，如果要实现架构间的融合一致，需要使应用设计的分析指向数据实体。数据实体并不是"类"，而是业务人员日常工作中会接触到的一个具体或者抽象的事物，如果以数据实体为基础去设计"类"，那没有问题，两者是融合的。但如果没有关注数据实体，而是直接跳到"类"的分析上，有可能应用设计人员理解的业务对象与业务人员通过数据建模过程认识的业务对象不是同一个，导致对业务、数据、应用三个架构在底层上的认知不一致。

　　此外，"类"可以用来做功能分析，甚至做成"对象库"，但很难用来从业务视角设计系统边界。而数据实体是可以的，业务架构上也是这样做的。所以，建议应用架构师逐渐习惯对数据实体的使用。

　　读者可能感到困惑，为什么要如此强调底层设计认知的一致性呢？业务和技术不是各自该有些自由度吗？其实这个问题与业务和技术之间的自由度无关，这是方法论贯通的基本逻辑问题。笔者介绍过，大多数系统分析理论、企业工程理论都是V字形的模型结构，左侧代表分解，右侧代表组合，但是V字形成立的关键在于其底部是真正联通的，也就是在最底层元素的设计上，业务和技术的分析理念应当是一致的。否则，分解是分解、组合是组合，两者只是勉强"对"在一起而已，这样的方法论在现实中并不少见。

在笔者设计的聚粮架构平台中，业务任务分析后的结果是通过用例信息表（图11-5）、服务信息表（图11-6）、服务与服务编排关系表（图11-7）来记录的，如下：

| | 用例名称 | 用例ID | 业务任务名称（FK） | 用例定义时间 | 用例描述 | 用例状态 |
|---|---|---|---|---|---|---|
| 1 | 定义产品销售范围... | 0000003 | 定义产品销售控制 | 2024-01-21 | 用于实现对产品销售范围条件的赋值 | 有效 |
| 2 | 创建新客户 | 0000002 | 创建新客户信息 | 2023-12-17 | 用于实现员工建立新客户信息的场景 | 有效 |
| 3 | 设置画像参数 | 0000001 | 定义客户画像维度 | 2023-12-17 | 为客户画像定义参数 | 有效 |

图11-5　用例信息表示意图

| | 服务名称 | 服务ID | 服务类型 | 用例名称（FK） | 服务定义时间 | 服务描述 | 服务状态 |
|---|---|---|---|---|---|---|---|
| 1 | 定义产品销售范围 | 0000003 | 联机 | 定义产品销售范围控制条件 | 2024-01-21 | 用于定义产品销售范围的参数赋值 | 有效 |
| 2 | 建立新增客户信息 | 0000002 | 联机 | 创建新客户 | 2023-12-17 | 建立新增客户信息 | 有效 |
| 3 | 创建画像参数 | 0000001 | 联机 | 设置画像参数 | 2023-12-17 | 根据用户输入创建画像参数 | 有效 |

图11-6　服务信息表示意图

| | 关系ID | 编排名称（FK） | 服务名称（FK） | 关系描述 | 服务在编排中的序... | 关系状态 |
|---|---|---|---|---|---|---|
| 1 | 0000003 | 定义产品模型 | 定义产品销售范围 | 包含 | 3 | 有效 |
| 2 | 0000002 | 客户画像 | 创建画像参数 | 包含 | 1 | 有效 |
| 3 | 0000001 | 新增客户 | 建立新增客户信息 | 包含 | 1 | 有效 |

图11-7　服务与服务编排关系表示意图

## 三、对数据模型和数据需求的分析

对于项目级应用架构对数据模型的使用，刚才已经在流程分析中介绍了其最关键的设计理念部分，流程分析不可能仅以流程为主，数据模型对流程分析的影响也是非常大的。本处再补充介绍一些关于数据方面的分析工作，应用架构师可以根据主题域核实系统边界，根据数据实体划分初步的模块或者服务边界，根据属性和业务需求文档中的数据需求，进行接口的初步设计和数据服务设计。所以，应用架构师对数据实体的理解非常重要，它不仅涉及细化的模块、服务设计，也影响系统级别的设计。根据笔者自己的工程实践和组织工作坊培训的经验，当应用架构师掌握了对数据实体的运用时，系统外部边界和内部模块的划分都会更加清晰，也更有利于在跨组协调方面提升沟通效率。

项目级的应用设计也会和数据设计人员的数据设计工作同步开展，数据设计人员要确保数据模型、数据标准的要求严格落实到数据设计当中。业务需求分析阶段已经对数据模型进行了"降范"分析，数据设计人员会进一步完成"降范"工作，并根据设计实现的需要补充技术相关数据。数据设计人员要在充分理解逻辑数据模型的基础上，根据查询、存储的效率要求，将逻辑数据模型逐步转化为"库表"设计、主副本设计。

这一阶段还有一项非常重要的工作，就是确保新旧数据的正常转换。新功能、新服务有可能带来新的数据需求，也有可能要对旧数据进行转换。在重构场景下，这还意味着更大规模的数据迁移，所以这一阶段的分析是保证数据质量的最后一道关卡，应力求准确无误，否则就只能靠测试乃至系统上线后发现问题了。

这一阶段的数据设计也会进一步考虑数据的生命周期、部署模式等问题，不过这些内容就不在本书的讨论范围内了。

在笔者设计的聚粮架构平台中，数据分析后的结果只关注了其中的部分内容，是通过接口信息表（图11-8）、服务与数据实体关系表（图11-9）来记录的，如下：

| | 接口名称 | 接口ID | 服务名称（FK） | 接口描述 | 接口状态 | 入参描述 | 出参描述 |
|---|---|---|---|---|---|---|---|
| 1 | 创建产品销售范围条件接口 | 0000003 | 定义产品销售… | 用于出入定义产品销售范围的参数 | 有效 | 年龄上下限、范围… | 年龄上下限、范围… |
| 2 | 创建客户信息接口 | 0000002 | 建立新增客户… | 用于定义创建客户信息需要的出入参数 | 有效 | 客户信息 | 客户信息，客户状… |
| 3 | 创建画像参数服务接口 | 0000001 | 创建画像参数 | 定义该服务的出入参数 | 有效 | 客户画像定义字段 | 客户画像定义字段… |

图11-8 接口信息表示意图

| | 关系ID | 数据实体名称（FK… | 服务名称（FK） | 关系描述 | | | 关系状态 |
|---|---|---|---|---|---|---|---|
| 1 | 0000003 | 产品 | 定义产品销售范围 | 创建 | 修改 | | 有效 |
| 2 | 0000002 | 客户 | 建立新增客户信息 | 创建 | 读取 | 修改 | 有效 |
| 3 | 0000001 | 客户画像模型 | 创建画像参数 | 创建 | 读取 | 修改 | 有效 |

图11-9 服务与数据实体关系表示意图

### 四、对产品结构模型和产品需求的分析

在产品化方面，项目级应用设计主要考虑的是产品结构模型的设计与实现，产品目录和产品评价模型可以比照一般业务需求处理，对架构设计影响不大。

产品结构模型要实现的目标是两个，一是参数化控制，二是零件化组装。实现第一个目标并不难，因为即便不采用业务架构分析业务，很多企业也一样实现了对业务系统的参数化控制，所以，做业务架构并非实现产品参数化的唯一解。实现第二个目标是非常困难的，以至于目前完全乐高式的业务系统很少见。其实SOA的服务化及微服务设计原理都是很适合实现乐高式业务系统的，但由于业务视角的乐高积木块几乎从来没有真正设计出来过，使得实施团队基于自身理解做出来的服务化系统在乐高式组合方面，总是差点儿"火候"，但又说不清差在哪里。即便目前市场上非常成熟的模块化套件系统，诸如ERP，其在企业的落地也是比较"痛苦"的。

产品化设计之所以困难，可能就是因为设计环节安排得过早。零件化组装只有在应用架构设计这个阶段，才能判断到底能不能实现，如果能实现，要怎么切分"零件"才能实现组装。"零件"能切分清楚的话，参数依据"零件"识别即可。

如何判断产品是否能组装呢？这里面仍然有一个在设计上要去思考的问题，产品结构模型应该覆盖整个系统进行设计，也即，将系统的所有模块、服务当成"零件"来完成组装，还是仅把系统中与产品相关的一部分模块、服务当成"零件"设计就可以？这个问题的答案，取决于怎么看待通过产品结构模型对产品进行组装。

产品结构模型通过"产品模板组装"的方式，将"零件"罗列起来进行参数配置就可以完成产品上线吗？还是要像流程引擎一样，不仅要罗列"零件"，还要配置"零件"的运行顺序？实际上，只有像后者这样，才能真正实现"零件"组装，前者是一般意义上的参数化，因为产品运行结构已经

在后台制定好了，配置实际上并未决定产品的构成，而是基于既定的构成进行参数操作，这样的设计做不到像乐高那样灵活拆卸组装。而后者的可组装程度要求又太高，只有通过充分的结构化分析，累积了足够的组装经验才可能设计到位，几乎很难一次性设计到位。尤其是在刚开始进行这类设计的时候，分析范围可能延伸到整个系统的所有业务功能，否则难以保证组装顺利。最终，这种乐高积木能不能实现跨系统自由组装，是需要通过实践检验的，因为这种跨系统组装对接口的标准化程度、系统设计理念的同质性、系统间的互操作性设计要求都非常高。

所以，如果企业在推行乐高式设计方面遇到了障碍，可能需要解决以下问题。一是要更加标准化地设计业务模型；二是要面向整个业务系统考虑产品化设计，而非只盯住业务上的"产品"这个视角；三是要对服务化设计有更高的追求；四是要持续进行产品化的磨合、迭代。此外，也可以探索只对一些核心产品功能进行跨系统复用，也就是在完整的产品结构模型和纯粹的参数型配置模式之间找到平衡点，实现某些核心功能的灵活组装。

通过上述介绍，读者也能体会到，如果实现了高度的"零件"式组装，那么它与流程模型要求的组装几乎是一致的，因为它们反映的基本是同一个业务的运行过程。事实上，对于项目实施团队而言，这两套可组装模型最后在实现上可能达到的程度乃至结果可能是一样的，只是模型形式的区别。在笔者看来，对于线上化程度非常高的企业而言，流程模型、逻辑数据模型、产品结构模型其实说的都是同一件事，产品结构模型只是业务覆盖范围小于前两者而已。因此，如果要设立这三类模型，模型之间的设计必须是高度融合的。

在笔者设计的聚粮架构平台中，产品结构模型的分析结果主要关注对产品模块的设计，通过服务与产品模块关系表（图11-10）来记录，如下：

| 关系ID | 服务名称（FK） | 产品模块名称（FK… | 服务与产品模块关系描述 | 服务与产品模块关系状态 | 服务与产品模块关系创建日期 |
|---|---|---|---|---|---|
| 1 | 0000001 | 定义产品销售… | 产品销售控制 | 赋值 | 有效 | 2024-01-21 |

图11-10　服务与产品模块关系表示意图

### 五、小结

业务架构向应用设计的延伸，从企业级层面来讲，支持的是整体应用结构的规划及工作量的分析；从项目级层面来讲，支持的主要是概要设计。

业务架构方法就其适用性而言，可以用于单系统项目的架构分析，但在这种环境下，并不能显示出其方法的独特价值，而在跨项目实施团队的协同开发中，对其横向概要设计则更为有益。简单地说，如果企业不需要全局地图，那么业务架构方法的作用就不明显，如果需要全局地图，业务架构方法的作用就非常突出。

在笔者设计的聚粮架构平台中，应用分析部分涉及的主要架构元素，其关系如图11-11所示：

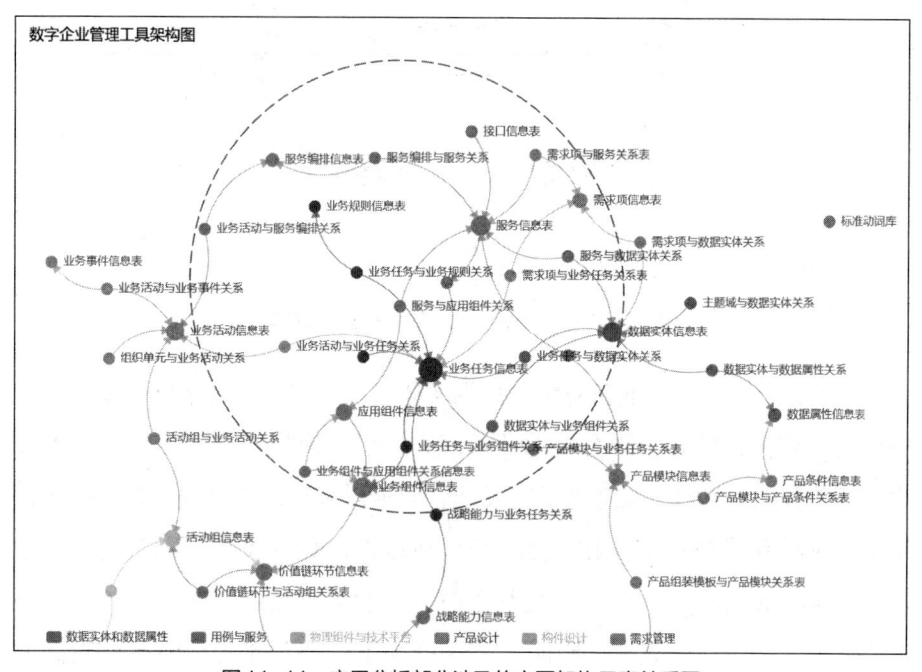

图11-11 应用分析部分涉及的主要架构元素关系图

## 第四节 架构融合的基本逻辑

在介绍完应用架构设计之后，笔者终于可以结合转化过程解释业务、数据、应用三个架构的融合逻辑了，如图11-12所示。

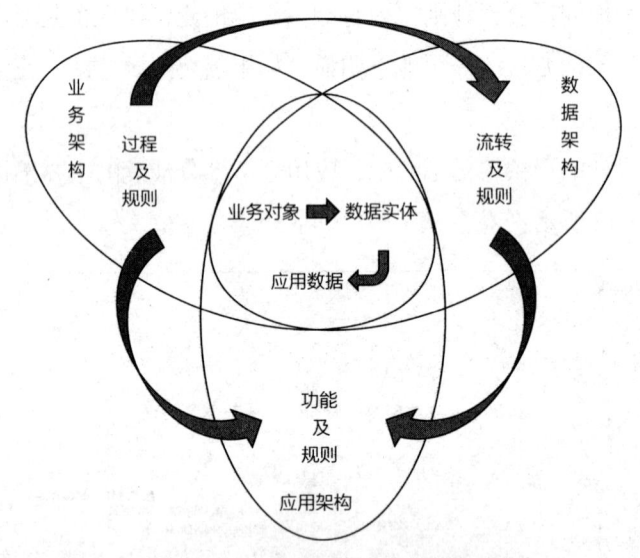

图11-12 "架构间融合一致"的逻辑示意图

就设计目标而言，业务对象、数据实体、应用数据三大架构的设计目标应当是一致的，就是实现企业的业务能力，包括把技术能力转化成业务能力。而业务能力是基于业务对象定义的，业务对象在设计过程中会标准化、精确化地转化为数据实体和应用数据。可以说，数据才是三大架构融合过程中最为稳定的内核。三大架构基于对同一业务对象的理解来对同一业务能力进行不同视角的表述，因而，"架构间融合一致"的逻辑就是以数据为"锚"。这也是对前文提到的"以流程为始，以数据为锚，以布局为终"的最终延伸，"架构间融合一致"的核心就是这三大架构的"融合一致"。

由此，架构融合的核心在于一个组织良好的逻辑数据模型，没有这个模型就很难真正达成架构间的融合一致。数据实体作为业务对象，可以很好地连接微观业务流程，也能很好地聚类微观功能或服务，同时，它也是定义业务组件这个宏观结构的关键，而业务组件又是负责定义"系统"的。所以，缺乏对逻辑数据模型的建设和应用上的重视，可能是很多企业做出来的架构不融合的主要原因。

## 第五节　业务架构与项目协调的关系

按照业务架构方式组织的项目开发工作，无论在概要设计阶段、详细设计阶段、编码阶段、集成阶段还是测试阶段，都有可能出现需要协调的设计问题。其实这一点在竖井式开发、企业级开发中都一样，只不过在竖井式开发中，有些问题被消灭在了"井"中，没有被从"井"外感知而已。

企业级开发问题暴露得比较快，因为不及时解决就会影响多个项目组的实施进度。由于经常涉及跨项目实施团队的协调，按照一般管理模式，这些问题在实施团队之间无法通过直接沟通解决时，就会快速上报到项目管理办公室。其通常要求企业级应用架构师出面解决问题，但是有些问题需要进一步上溯到需求源头，这时就需要业务架构师参与讨论。

让业务架构师多参与项目协调是必要的，一是因为业务架构师本来也"逃"不开，当利益相关方争执不下时，作为最初的架构设计者，业务架构师的意见就显得很重要；二是各利益相关方愿意把业务架构师拉进来是件好事，不然业务架构设计就算被绕开了，业务架构师可能都不知道。所以，企业考虑业务架构师职责时，不妨让业务架构师多承担些项目协调职能，让业务架构师更多地接触后端工作，有利于保证业务架构最终落地。其工作逻辑如图11-13所示：

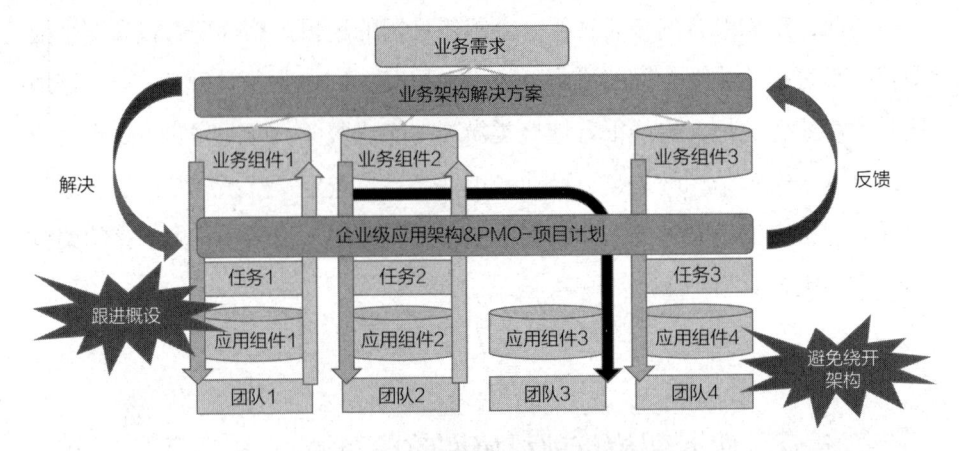

图11-13 实施协调工作逻辑示意图

对于业务架构师而言，这个阶段的困难之处在于，关于功能设计、具体实现方面的讨论比较多，话题经常超出业务架构本身的范围，需要业务架构师自己努力适应。在笔者自身经历过的项目中，有些项目参与人数较少，业务架构解决方案是要写到应用设计层级的，不同企业中环境不一样，对业务架构师的要求也不同。

不过业务架构师也无须太过担心技术类问题，在应用设计的争议协调中，业务架构师要处理的还是关于边界方面的问题。此类问题中，业务架构师不要被功能分析"带偏"，尽量坚守按照"数据实体"聚类行为的原则，来进行边界问题的处理。一定要抓住这个关键点，说话才能有理有据。

## 第六节　业务架构与实施工艺的关系

软件开发的工程化中，很重要的一项就是对过程的工程化，而对过程的工程化离不开建立"实施工艺"。

实施工艺并不见得是一个很复杂的东西，但它的确是一个很"啰嗦"的东西。严谨的实施工艺会约定整个软件开发过程中的每个工作环节的执行方法和执行要求，这也是很多企业在软件开发管理工作中，未能如实、完整建立实施工艺的原因。与需求规格说明书面对的问题一样，文档较"重"、较难维护。

业务架构设计本身也是实施工艺的一部分，完整地讲，本书从战略相关内容开始直至本章的内容，都可以在企业中实践、改良、落地后转化为企业的实施工艺。当然，本书偏重业务架构方法，企业还需要补充开发方面的具体工艺。

如果企业想编写实施工艺，那么，采用本书的业务建模方法就是比较理想的，只不过，实施工艺以过程和规则为主，不会要求反映工艺过程的流程模型再去与数据实体关联，集中于开发流程的设计就可以。

编写实施工艺需要注意的是，本质上来讲，软件实施工艺多数不是在设计方法，而是在总结经验，所以投入过多精力先验性地编写实施工艺的价值不大，要注意在过程中及时总结和更新。有些行业习惯于标准先行，尤其是对于非常注重质量控制的行业而言。习惯先定标准后执行，这是个好习惯。不过，无论读者基于自身的经验去思考还是通过本书的介绍，应该都可以发现，这种模式在软件领域不太适用，尤其是对于一个未曾经历过企业级开发的企业而言，从当前开发模式向企业级开发转换时，先验制定的实施工艺，只能是个参照，还是通过实践确定实施工艺比较好。

这方面直接引进外部经验，相当于"边过河，边修桥"，没下"河"，不会真正理解需要什么样的"桥"。编写实施工艺主要是为了方便后来者，先行者注定是要"一身水"的。由此也能推论，实施工艺管理不善的企业，容易出现的情况是，无论先来后到，人人都是"一身水"。

» **本章习题：**

1. 请读者根据业务架构设计推导企业级应用架构设计。
2. 请读者根据业务架构设计、企业级应用架构设计、需求分析结果设计项目级应用架构，定义模块或服务及其衔接关系。

3. 请读者根据上述练习结果，结合所在企业的实际开发工作，思考业务架构方法与应用设计衔接中需要解决的问题。

4. 请读者尝试总结一些实施工艺。

» **本章参考资料：**

《创新驱动设计：单体与微服务混合架构策略与实践》，Vaughn Vernon、Tomas Jaskula 著，娄麒麟、马建勋、姚琪琳、张渝译，电子工业出版社，2024年3月

» **本章推荐阅读：**

1.《基于模型的系统工程有效方法》，John M. Borky、Thomas H. Bradley 著，高星海译，北京航空航天大学出版社，2020年9月

2.《解构领域驱动设计》，张逸著，人民邮电出版社，2021年8月

# 第十二章

# 架构原则与元模型

熟悉了业务架构及其实施的内容后,再来看架构原则与元模型会更好理解。

## 第一节 架构原则

业务架构的落地离不开实施、协调,业务模型不会自己开口说话,它承载的信息很难不经任何人转述就能直接被下游理解,尤其是当上下游的工作以人的智力活动为主时。这种协调、沟通会让很多参与者有疲惫感。当然,这一点无论是否采取以业务架构为主要驱动力的开发方式,都不会有太大不同。所以,为了降低疲惫感,工程中会逐渐形成原则,通过原则进行管理,增强行为的一致性,这些原则中也包括架构原则。

所谓架构原则,指的是一系列指导架构规划、设计和决策的规则,按照层次高低,也可以分为数量较少的总体原则,在不同设计领域的领域原则,以及更为细节层面的具体设计细则等三个层次。如果希望简化处理，也可以将最后一个层次放入实施工艺中。

总体原则是在整个企业层面都必须遵循的原则，它是设计的最高指导性原则，比如，业务战略和业务价值驱动设计开发遵循统一方法论，架构设计要遵循架构间融合一致，等等。这种原则类似于架构领域的价值观，也就是判断什么该做、什么不该做。由于对设计行为具有根本性指导，所以，这类原则不能太多，记不住的原则等于没有用的原则。总体原则要奉行宁缺毋滥的宗旨，不能当成"装饰品"去设计。

领域原则指的不是适合某一业务领域的原则，而是指适合某一类架构设计工作的原则，比如，适合战略领域的、适合流程领域的、适合数据领域的，等等，可以根据企业最终选定的业务架构包含的范围来进行提炼。战略领域的原则，诸如，遵循价值链框架进行战略拆解，战略拆解应找到落地路径；流程领域的原则，诸如，遵循价值链框架进行统一流程建模，流程模型应符合企业级标准化要求；数据领域的原则，诸如，完整性原则、正确性原则、基础数据原则，等等。相较总体原则，领域原则对设计的指导会更直接，也更为细致，但毕竟覆盖范围还是比较大的，在一个领域内工作的相关参与人员都需要遵守，所以领域原则不宜过多。

具体设计细则相当于落实领域原则的"具体做法"，比如，落实数据领域的完整性原则的设计细则之一就是将数据实体与流程模型进行对接，把相关要求提炼为设计细则。所以，在笔者看来，从使用的角度看，不单独提炼具体设计细则也可以，在实施工艺中将其作为设计要求进行强调会更好，这样可以结合设计过程、设计场景去理解设计原则，不需要死记硬背，毕竟，具体设计细则不像总体原则、领域原则那样具有较高的抽象度。

原则是设计经验的萃取，也是设计思路的聚焦，但原则不是数学公式，架构原则无法做到公式化，所以，架构原则应谨慎制定，灵活运用。如同韦恩·P·休斯二世、罗伯特·吉瑞尔合著的《舰队战术（第三版）》一书所言："原则是有用的，它与所有好的理论一样，能帮助说明原因，解释为什么。"（这与注重在什么时间、什么地点和如何去做的实践形成对照）人们基本上可以这么说：原则对于战争的贡献归纳起来是以智胜敌。了解战斗过程是战术入门的一种较好方法。如果说战斗过程是航海家的科学和艺术，那么原则就是他们用来导航的星座。

在笔者设计的聚粮架构平台中，对架构原则的提炼结果是通过架构原则信息表（图12-1）来记录的，如下：

| 架构原则名称 | 原则ID | 架构原则类型 | 领域原则分类 | 原则描述 | 原则状态 |
|---|---|---|---|---|---|
| 1 基础数据核心原则 | 0000005 | 领域原则 | 数据原则 | 强调了业务架构的数据实体模型，而衍生数据可以基于基础…… | 有效 |
| 2 实体定位组件原则 | 0000004 | 领域原则 | 应用原则 | 应用组件本质上是四级任务和数据实体的高内聚成果，数据实体是应用组件的处理…… | 有效 |
| 3 遵循价值链原则 | 0000003 | 领域原则 | 应用原则 | 业务架构是基于企业级价值链建构的架构，因此在定义应用领域的时候，首先要明…… | 有效 |
| 4 战略驱动原则 | 0000002 | 总体原则 |  | 以业务目标为导向，承接业务战略目标和战略能力需求，建立与业务战略相匹配的…… | 有效 |
| 5 注重企业价值原则 | 0000001 | 总体原则 |  | 从企业价值链出发，对企业整体运营活动及其关系，进行标准化、结构化、规范化…… | 有效 |

图12-1 架构原则信息表示意图

## 第二节 元模型

业务架构设计要求尽可能保持企业级视角，构建全景视图。但是，如果把业务架构本身当作设计对象，那么业务架构的全景视图又是什么呢？答案是元模型。

元模型常被称为模型的模型，这有点儿类似于元数据，元数据也被称为数据的数据。元数据定义了如何用一组数据去描述所有数据，这组数据就成了定义数据的基础结构，也就是要定义一个数据，至少要把关于数据的这几个数据说清楚。元模型作为模型的模型，定义的则是一个模型要澄清设计对象的组成部分，以及这些组成部分之间的关系。可见，元模型本身就是一个架构。

元模型不是灵机一动设计出来的，而是对多年设计实践的总结，提取设计中必须澄清的元素。TOGAF的内容元模型就是一个典型的例子。该元模型的一大特点是业务架构部分大得几乎不成比例，似乎整个元模型都在讲述业务架构的内容，应用、数据、技术架构则被抽象成了相近模式的、高度简化的表达，这也充分证明了TOGAF对业务架构的重视，以及对业务架构梳理难度的关注。这些元素之间的关系也是元模型的设计重点，对关系的说明反映了元模型设计者的实施经验。这也意味着，有时候观察元模型的比例结构，能反映出设计者自身经验中最偏重或者最愿意关注的部分。

元模型是可以有层级的，由于传播中常见的几乎是最高阶元模型的"大图"，所以很多读者可能未必了解。每一级元模型都构成对下一级元模型的约束，下一级元模型相当于上一级元模型中抽象元素的展开，构成对本级具体模型设计的结构指导。其实，流程模型中的"五级建模"方法，如果需要的话也可以将其做成抽象的分级元模型。由于很多时候，这种分类都融入到设计方法之中，也就很少有人再将其提取出来，所以，也就只有最高阶元模型"得见天日"，其他的就成为"冷知识"了。

提炼元模型是研究方法论道路上的一个必备实践项目，对元模型的提炼能力反映了业务架构师对业务架构方法论的掌握程度和抽象能力。元模型是可以根据企业实际环境进行适配和调整的，它不是"金科玉律"，这种调整也反映了业务架构师对环境的解读和适应能力。在研究和调整的过程中，也要注意不应对元模型过度简化。业务架构师从元模型中剔除的任何一个设计元素，其前提一定是在实际环境中，这个元素没有重要到需要所有业务架构师都应去重视的程度，不能凭感觉简化，更不能为了简化而简化。简化元模型时一定要注意避免引起误解，也即，从元模型中去掉的元素，不代表业务架构师在设计中不用去处理了，只是它的重要程度可能出现了下降，也许企业发展到一定阶段，它的重要性又上升了，会重新回到元模型中，其中最典型的莫过于对战略等宏观元素的理解。

笔者对业务架构及其相关工作提炼的元模型请见《聚合架构：面向数字生态的构件化企业架构》一书，在此以图12-2表示：

本书不再详述关于元模型的内容，希望读者能够将此作为一个书后练习，思考如何调整元模型才能够与本书介绍的内容保持一致，这相当于一次对元模型的适应性裁剪。

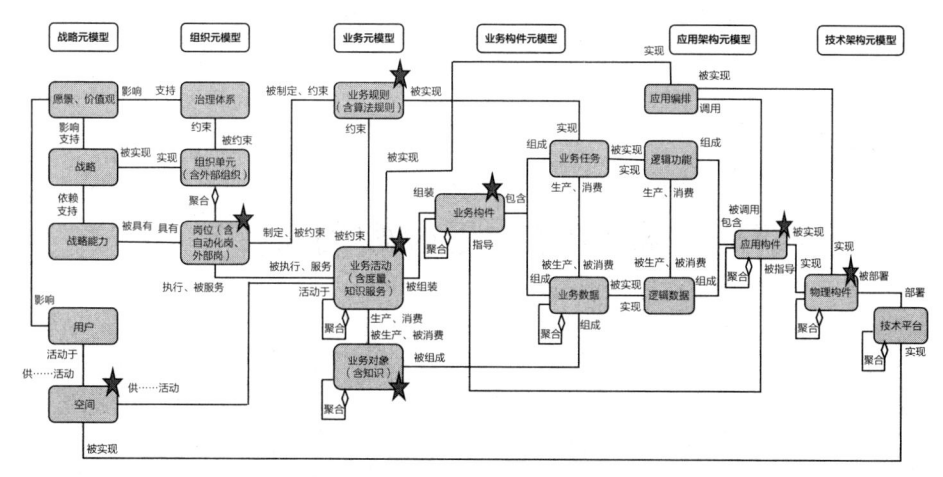

图 12-2 架构元模型示意图

## » 本章习题：

1. 请读者尝试总结架构原则并思考其与实施工艺的关系。
2. 请读者动手总结元模型，并根据元模型解释完整的架构设计过程。

## » 本章参考资料：

《舰队战术》（第三版），韦恩·P·休斯二世、罗伯特·吉瑞尔著，易亮译，华中科技大学出版社，2023年1月

# 第十三章

# 业务架构工程项目常见成败因素

仅仅了解业务架构设计方法还不足以在一个企业内顺利推行业务架构工作，尤其是当企业希望认真引入业务架构方法论，并为此开展大规模的基于业务架构的工程项目时，影响项目成败的关键因素是企业和架构师都非常关注的。笔者基于自己的经验将成功因素和失败因素分别进行了总结。本章讨论范围不涉及日常小型功能性需求变更，主要讨论需要大幅度修改系统这类级别的变更。

## 第一节 有利于成功的因素

### 一、项目模式必须适配

从工程项目的周期和复杂性两个角度综合来看，企业常见的项目组织模式可以分成难度递进的四个类别，它们与业务架构方法结合的目的和效果都不同。企业必须根据项目类型确定业务架构的作用，才能评价业务架构方法论的效果。

### （一）"速赢项目"模式

项目周期短、复杂度低的项目，一般称为"速赢项目"。通常指根据企业非常急迫的需求，几乎不顾及任何架构约束，以"抢时间"为第一目标进行实施。此类项目在企业中是很常见的，迅速集中资源，速战速决。这类项目有时也会引入业务架构分析，但只是为了提升分析效率，并不注重架构原则，所以企业不必在不打算遵从架构原则的情况下评价架构是否有效。

通过笔者对业务架构方法论的介绍可以看出，如果企业首次开展基于业务架构的工程项目，不建议选择这种方式，也不建议采取"速赢项目"模式去构建业务架构资产，否则只会削弱项目的效果。

读者可能会觉得，"速赢项目"并不都是简单的，企业有时会把复杂项目按照"速赢项目"做，这种情况不少。但这通常是过度发挥主观能动性的结果，"硬性"压缩合理工期，靠加班加点"抢时间"，至于项目实际效果，则很难从外部去考证。

### （二）"局部重构"模式

对局部应用系统进行重构，也就是需要对几个相关的系统进行具备一定规模的重构才能满足需求。这种类型的项目是可以考虑按照业务架构方式来做的，毕竟要处理跨系统的协同性设计。不过，这个时候引入业务架构方法论，多半是为了测试其有效性，企业对引入该方法论尚有疑虑，经验不足，不敢大面积开展，所以意图通过"局部重构"进行试验。导入业务架构方法论，不失为一个好的方式。笔者在咨询公司工作时，客户经常会做出此类选择。但应注意的是，在项目中要给予业务架构方法论一定的磨合时间，否则，如果没有预计好工期，通常会为了赶时间而在项目中后期偏离架构方法，也就难以判定其价值了。

## （三）"整体重构"模式

当出现以下契机时，企业可能会进行"整体重构"：战略出现重大调整，引起业务模式发生重大变更；遗留系统已经到需要整体更新换代的时候了；由于内部"技术债"累积过多，准备集中偿还"技术债"等。进行"整体重构"的机会非常少，因为这种模式耗时长、耗资大，企业很难下定决心，尤其是大型企业。

"整体重构"需要极为慎重地对待，需要设计"靠前"。对于这种大型工程项目而言，以笔者自身感受来讲，不存在所谓过度设计。即便是做了一年多的前期设计，进入实施阶段后，仍然会发现有很多信息上的缺失。应该说，这类工程为了能够尽快进入实施环节才要求适当控制前期设计时长，而不是为了避免过度设计。毕竟，这种规模的项目，怎么设计都设计不全。在总体架构大致合理，总体目标和能力诉求方向明确后，尽快进入实施环节，以在信息更为充分的情况下伴随着实施阶段持续接收的外部新信息，去进一步调整和完善。不过，也必须提示一点，这类项目如果前期设计过于草率，后期实施终将一塌糊涂。

在这类项目中引入业务架构方法论是为了尽快获得大致合理的总体架构，同时，通过业务架构设计将业务能力定位到对应的业务组件上，进而传导给业务系统设计，明确系统设计的价值定位，这些才是业务架构在此类项目中的核心作用。

## （四）"管理重塑"模式

"管理重塑"模式与"整体重构"模式在项目范围、工作周期和难度上都是高度类似的，主要区别在于，是否通过项目建立起长期的以架构为核心的业务、技术协作模式和技术管理模式。不仅要完成系统建设，还要为此调整管理模式，以防止重构后的系统因为工作模式没有发生改变，再次陷入"混乱"状态，这就是常说的从竖井式开发切换为企业级开发。"管理重塑"要建立成熟的架构治理模式，这种项目中，业务架构的作用就不仅仅是找到一个大致合理的架构方案了,而是在从需求采集到落地实施中,持续承担架构管理职责,项目结束后,管理模式依然会延续。在"整体重构"模式下,即便做完了项目,管理模式的改变依然可能是有限的,甚至有可能过一段时间后就退回原有模式了。

在这类项目中,判断方法论价值就不再仅是指向业务架构本身了,关键是企业要从管理模式上树立起"架构遵从度",单独评价业务架构是没必要的,因为企业需要长期依赖业务架构进行整体管理。这类项目最大的失败风险在于从项目集中建设期向项目建设后管理期的转换上。在项目集中建设期,企业对于架构是有一定依赖性的,但项目集中建设期结束后,新的"能力地图"已经形成,而且更为细致的"局部地图"掌握在实施团队甚至外包团队手中,项目结束后,很可能"隐式架构"就又"抬头"了。

以上是企业较大型开发工作中常见的项目模式,笔者分别介绍了业务架构在其中可以发挥的作用,也介绍了关键风险。企业要根据项目类型来发挥业务架构的作用,才能取得成功。企业做项目都是为了"做成",而不是为了给某个方法论增添实施案例,所以,一定要以坚定的信心和审慎的耐心开展工程实践。

## 二、合理调整组织结构

对于上述项目模式来说,尤其是对"整体重构"和"管理重塑"这两种模式而言,项目期间和项目后期的组织结构变化是决定项目成败的关键因素。

这两类项目都有资格成为企业的一号位工程,企业会投入大量的人力物力去做,并且企业从上到下都会非常重视,企业几乎处于一个"战时体制"中。"战时体制"可以把优秀人才、外部力量,包括咨询公司、服务商等,都集中到项目中来,并且按照"集权"的方式搭建项目管理组织结构。这种"集权"方式有助于推动项目顺利进行。

从主体工程接近尾声开始,企业就会从"战时体制"转为日常管理模式了。管理模式的风险就在此时暴露出来。企业如何将"战时体制"中的管理模式转化为日常管理模式？企业架构团队到底应该放在哪一个部门？企业架构管理是技术管理还是业务管理？如果是业务管理，是运营部门管理，还是战略部门管理？企业架构的跨部门日常决策机制到底怎么设置？这些问题需要企业在项目实施期间就想清楚，而不是到了项目要结束的时候才去思考，至少在项目中段就应该结合项目经验选择适合本企业的管理模式。如果这个收尾做不好，有可能导致在项目实施过程中获得的宝贵经验在一两年内就大量流失。

### 三、充分关注战略传导

企业中经常出现一种有趣的现象，急三火四、心潮澎湃地开展项目或者引入商业套件，但是在系统建设快要结束时，或者上线之后才发现系统价值不足。这类现象层出不穷，问题出在哪里呢？很可能原因之一就是缺乏战略传导能力。企业目标不清晰，只有美好的愿望，但不清楚为此该做哪些实质性业务工作，这时就容易被趁"虚"而入，看起来某个项目或者某个软件能够填补空白，但实际情况并非如此。如果企业战略能够经由业务架构模型进行适当拆解和传导，企业就能够提前发现"卡点"，将这些"卡点"组织起来并进行专题分析，就能够在项目开展或者软件引进之前更好地确定系统的价值。业务架构其实不是一个精妙的设计，而是一个信息传导结构，这一点笔者在方法论介绍中多次提到，它最应该传导的就是关于战略的信息。

### 四、持续开展能力评价

架构能力不会一次获得、终身不变，而是需要持续提升，基于业务架构的工程项目能够持续取得成功也需要依赖架构能力的持续进步。所以，需要建立企业架构能力评价机制，经常给自己"诊脉"，推动进步。笔者曾经提出过一个八维度的评价模型，包括战略管理、组织管理、业务设计、构件设计、应用架构设计、技术架构设计、工程管理能力和生态管理能力。以笔者经验看，项目能够取得什么程度上的成功，取决于在工程中，这八维度的能力达到了什么程度。并不是每个企业都要具备八维度的所有能力，所以才会有生态管理能力这个维度。准确地讲，成功程度取决于企业内外部力量集合起来在这八维度上的得分，而且，随着工程的深入，这些能力是要增强的。所以，决定业务架构成败的因素并非只是方法论本身，企业不要光被项目搞得焦头烂额，而要提升能力，这才是项目成功的根本保证。

### 五、推动全员思维提升

能够采用业务架构方法论，证明企业至少意识到了全局性结构化思维对技术开发的价值，企业还应更进一步，认识到全局性结构化思维对业务人员的价值。全局性结构化思维是数字时代的基本思维模式，只有业务人员思维水平提升，才能不断改进业务。业务架构方法论是用来解决业务问题的，而不是直接面向技术问题的。为了在解决业务问题的同时能够更快地将需求传导给技术人员，企业才选择了结构化分析方式，但它本质上还是解决业务问题的分析方法。对业务人员而言，数字化转型目标就是建立全局性结构化思维，更好地运用数据和数字工具去改造业务，没有这种思维就无法最终实现对业务的数字化改造。

### 六、积极开展项目宣传

一个全新的事物往往难以被接受和推广，业务架构也是如此。在项目实施期间，企业应对工程项目所取得的效果开展阶段性的宣传，毕竟企业中有很多人没有参与到项目中。伴随项目过程中不断实现的系统功能、解决的业务问题，配合全员思维水平提升工作，结合项目成果，要将业务架构的优点、缺点、难点进行合理的宣传。

不但在内部宣传，而且要进行适当的外部宣传，除了树立企业形象，要更多地吸引志同道合之人，更好地交流项目经验，开拓实施思路。企业就像一个不断向外发射信号的 Wi-Fi 发射器，这些信号包含对业务架构的认知、对数字化转型的认知等。如果企业自己不积极宣传成功的项目，外界就无法了解企业的成就，企业领导力也就无从谈起。如果业务架构项目做得足够好，企业甚至可以考虑将经验编写成书进行系统性的推广。这不仅对企业有利，对参加项目的人而言也是一种巨大的荣誉。这也是转型成功的关键因素之一，会给企业和架构师带来信心，使企业在未来项目中能够不断精益求精。

## 第二节　不利于成功的因素

与成功因素相比，对成功不利的因素更具有普适性。

### 一、项目目标过于宽泛

能用到业务架构方法论的项目往往都是有一定复杂度、较为重要的项目，如果希望这类项目取得成功，项目目标的聚焦性是很重要的。否则，项目失败了，也会连累对方法论的评价。

目标聚焦并非目标一定要少，而是指每个目标都很清楚，目标之间的关系也很清楚，这样就算是聚焦了。所谓聚焦，是指将视线、精神汇聚于一点，其目的是将事物看得更清楚、想得更透彻。澄清目标及其相互关系本身就是业务架构的作用，但是，并非引入了业务架构，目标就会清晰。这些业务目标是需要从源头，也就是从企业战略、业务部门上说清楚的，就算掺杂了数字化成分，也要先厘清业务想法，才能设计出清晰的结构和数字化方案。所以，必须对业务目标进行最大限度澄清，若实在无法澄清，应该将其移出项目范围，继续用业务架构方法论结合业务部门的探索，把目标想清楚再行动，否则，根本无法有效评价项目成败。

在项目推进过程中，要时刻注意区分是目标问题还是架构设计问题。否则，可能会导致由目标问题引发的失败被错当成方法的失败。业务架构方法论不是万能的，也不是"背锅侠"。

## 二、对方法论存在误解

业务架构对于很多企业来讲，可能早就该建立了。但是之前，企业和架构师可能对这个方法有一些误解，认为这个方法不可用。最常见的误解之一就是业务架构方法太复杂，本书介绍的内容虽然也有些"啰嗦"，但是说到底就是流程梳理和数据梳理，从其中推导出一个业务能力，也就是业务组（构）件，方法都是非常基本的。流程梳理是很多企业本来就要做的，数据梳理现在也是很多企业该做的了。至于业务组（构）件，企业的系统也都做了很多了，事实上就存在着很多业务组（构）件。所以，并没有什么企业现在没做的事情或者不该做的事情，只不过是这几件事情整合在一个框架下一起做了，属于实施工艺的变化，方法上并没有特别之处。

至于业务架构资产，这是很多企业认为过"重"的东西，但是这些东西只是企业在业务架构这面镜子中照出来的自己，业务架构没有在企业实际情况、真实目标之外再添加东西，觉得业务架构资产"重"，其实更像是企业被自己的"影子"吓到了。无论做不做业务架构，只要企业开展了笔者上一段提到的那些工作，一样会有相似"重量"的其他类型设计资产形成，与业务架构资产的区别是，那些资产之间彼此是缺乏联系的。笔者倒是更提倡"同源框架"的做法，也即以业务架构为基础框架，将企业的其他管理，如标准化、质量、安全、风控、合规等工作建立在这个基础框架上，这样，复杂性、重复性就更少了。

这种对"重"的反感实际上是一种畏难情绪，这种情绪即便在长周期项目中也是时刻存在的，经常会成为项目中的阻力，企业必须努力挺过这个适应过程。

## 三、人力资源严重不足

在人力资源方面，读者可能会认为缺少合适的人才。但实际上，很多业务架构项目都取得不了好的结果，并不是仅仅因为缺少高端人才与项目进行适配，而是连与项目规模匹配的基础人员数量都无法达到要求，这才是最致命的。比如笔者自己参加过的企业架构项目，在业务架构师团队中，企业虽然一开始没有合格的业务架构师，但是配备的人员是足够的，稳定从事业务架构工作的待培养架构师就有上百人，从而保证了培养效果。如果企业的工程目标很大，又是初次开展业务架构工作，参与的人员又很少，那么怎么能支撑工作量，又怎么能保证筛选出合格的架构师呢？不是每家企业都能组建上百人的业务架构师团队，笔者见过有些大型企业仅仅设置一两个专岗就开始全面推进企业架构工作，这种做法是很难持续下去的。

对于人员不足的中小企业，业务架构项目则需要一开始就以体系化的方式开展，要与其他工作充分结合，靠体系化方式弥补人员数量上的缺陷，也要动员业务部门广泛参与，改变业务部门和技术部门的沟通方式。否则，只靠一两个专岗是无法真正启动架构工作的，架构是企业的架构，而不是架构师的架构。人力资源严重不足的项目很可能一开始就是失败的。

## 第三节　关于项目选型

企业开展业务架构项目时，通常会考虑引入外部力量作为方法论导入的助力，这时可能会面临一些方法论乃至供应商的选型问题，找到有完整实践作基础的方法论和供应商并不容易。在一些大型项目中，供应商可能只负责其中的一段，想要找个"总包"级别的供应商确实不容易，对此，笔者阐述一些自己的思考。

### 一、一些选型误区

#### （一）必须找有本行业经验的

业务架构方法论是有通用性的，所以，企业不必总想着找做过本行业业务架构实施的服务商。无标可对可能是好事，企业可以充分关注自己的诉求和目标，不用总是琢磨其他企业为什么这么做，耗费精力琢磨这个问题可能是得不偿失的。笔者最初参加的就是无标可对的项目。

### （二）必须专注资产交付结果

业务架构方法论落地的最重要标志不是企业拥有了一套完整的业务架构资产，而是培养了一群真正能够驾驭业务架构资产的业务架构师。从这个角度讲，靠外部力量做出来的业务架构资产，如果没有内部力量深度参与，最终会崩坏。找有资产交付能力的供应商做业务架构设计，能保证项目本身的效果。但如果不注重内部力量的培养，项目是无法长期维持的，所以必须从外部获得力量。如果以能够有效获得力量为前提，选型时就不必将注意力都集中在交付上。

## 二、选型的几个考量要点

### （一）看梳理方法

如果提供的方法论仍然是以流程梳理为主并基于流程导向功能设计的，那就不是本书所谈的面向业务能力的定义方式了。面向业务能力的设计真正出现在业务架构实践中只是最近十余年的事情，而且这方面的案例并不算多，达到深度完成状态的更是少之又少。虽然都叫"业务架构"，但说的可能不是一回事。关于这一点，看看方法论中对于业务组件的推导，大概就可以了解了。

### （二）看逻辑数据模型

看看方法论中是怎么运用逻辑数据模型的，拿逻辑数据模型做什么，如果说不清或者没说，则业务、数据、应用三个架构之间的衔接方面也会很薄弱。之所以这样，大概是因为没有在实践中真正解决这类问题。

### （三）看业务功能

看业务功能是不是出现在业务架构里。如果出现了，那大概率还是传统的系统分析手法，分不清到底说的是应用架构还是业务架构，不是纯粹的业务架构。毕竟业务人员间的沟通不是以功能为主的。

### （四）看元模型

有充分实践作基础的业务架构方法论会关注元模型设计，而不是只有介绍方法论的逻辑概图。如果没有对于元模型的清晰解释，就说明业务架构部分及与其他架构的融合部分实践不足。因为只要实践充分，就会很自然地从抽象视角对架构设计的核心元素、全局流转做出清晰解释。

### （五）看全局贯通

业务架构落地不是只进行业务架构设计就可以，而要看方法论或者供应商是否对架构设计、架构协调、项目实施、架构工作体系建立、方法改良等都有完整的理解，而不是只能阐述其中的某个环节，否则，其他问题就只能企业自己处理了。业务架构项目很"矫情"，项目过程不完整、项目体量不够大、项目周期不够长，遇到的场景就不太齐全，方法论阐述中就会出现大量不够深入的表述。思考下迈克尔·波特能够基于实践把一个价值链分析框架写成一本大部头，就知道其中的距离了。

> **本章习题：**

请读者根据所在企业实际情况及截至目前的练习，思考开展业务架构工作的可行性，详细分析有利因素及不利因素。

# 第十四章

# 本篇回顾

本书尽可能沿着业务架构设计和落地的实施过程来撰写，难免会有反复之处，这与实施过程中的具体情况也是类似的。

从使命的角度看，业务架构主要研究企业战略如何先在业务上落地。与传统的业务管理研究方式不同，业务架构需要进一步延伸到对数字化布局的设计当中，也就是向技术上延伸。所以，它不能是单纯基于管理和流程的，要指向结构化分析，找到业务能力布局，并且最好是与系统设计视角最为接近的能力布局设计方式，这就是以业务对象为核心分析业务能力的方法。传统的企业管理研究方式，在数字时代必须升级。如果还在继续做与数字化"隔"一层的管理研究，会拉长转化周期，降低转化效率。至于如何开展业务架构工作，第三章主要介绍了它的一般过程和一些注意事项。

既然以战略落地为目标，那么，业务架构的起点最好是对企业战略的解读，这就是第四章的内容，从战略管理介绍到拆解方法。虽然业务架构师通常不参与企业战略的制定，但知道战略是怎么来的，知道关注什么会有助于分析它。而在业务部门、业务领域这个层级，业务架构师有一定的机会参与，即便没能参与，往往在处理业务需求时也会涉及这个层面的战略。战略推动与组织结构密切相关，大的战略构想通常会带动组织变革，而架构设计也会受到组织结构的制约。尤其是对于比较理想化的架构模式，其能否顺利推行要看康威定律的"脸色"，第五章就着重讲述了关于组织分析的一些应知事项。战略分析和组织分析都属于业务架构设计的大背景。

对企业而言，采用业务架构方法最大的挑战是绝大部分企业根本就没有关于业务架构的明确概念，更没有业务架构资产和设计方法。所以，企业和"拟任"业务架构师必须先了解其完整的设计过程，甚至要试试水，才能开始真正谈论关于业务架构的问题。不要在没有任何实践的基础上，花太多时间讨论，空想除了消耗时间，不会解决任何问题，该向外求索时就向外求索。为了能够让企业和"拟任"业务架构师对业务架构设计方法、资产情况有个"准"实践性质的了解，第六章到第九章，分别从流程、数据、业务组（构）件、产品化等四个大方向介绍了建模的方法。其中，流程、数据、业务组（构）件这三部分基本是按照实施顺序介绍的，虽然在过程中来回"跳跃"，但这是按照"事实"叙事难以避免的。产品化部分则不是按照实施顺序介绍的，因为它是一个可选项，而且笔者对实施案例中常见的工序安排有不同看法，所以这部分在第十一章也有展开。

在实际工作中，笔者建议，对于完整的正向建模过程，流程模型、数据模型一定要同步建设，如果分开建设，缺乏足够沟通，在进行业务架构中最关键的结构化设计，也就是业务组（构）件设计时，是很难再结合到一起的。笔者在各类项目实践中见过很多此类工序上的不足，很多企业在企业架构建设过程中往往是业务、数据、应用、技术四个架构各做各的，较常见的是业务架构先行，或者应用架构先行，但数据架构迟迟跟不上，也没有合理的业务组（构）件划分，技术架构也只有少数人知道，在设计文档中几乎没有被统一使用。最后，只得到了一个企业架构的空壳，而没有获得企业架构的实质效用。笔者在本书序言中曾经提到，如果说企业架构领域有所谓的"第一性原理"的话，那"架构间融合一致"一定会是其中一条。这个融合要从业务架构开始，尤其是流程模型和逻辑数据模型的融合。

业务架构设计实际上也分"新建"和"日常"，但笔者并没有把它们分开，因为大多数企业都还处于"新建"阶段。笔者自己接触过的项目，迄今为止达到完成态的并不多，很多企业刚刚开展此项工作，在第十章介绍需求分析之前对此有所提及。

业务架构最终要走向应用，不能只是一套模型结构而已。第十章介绍了它与需求分析的关系，因为很多企业和读者都关心这个问题，包括它与产品经理工作的关系。

业务架构落地的关键在于处理其与应用架构的关系，应用上不承认业务架构设计，业务架构就成了"假逻辑"，所以，必须处理好与应用架构的衔接。与应用架构的衔接可能会分为两层，企业级应用架构和项目级应用架构。一般不打算做业务架构的企业，通常有应用管理，但未必有应用架构。在笔者看来，未经推导、事后总结的架构不能称为应用架构，因为几乎做不了什么整体设计，是"隐式架构"主导的。打算做业务架构的企业通常也会打算强化企业级应用架构，两者之间有天然联系。所以，笔者在第十一章中分两个层级介绍了业务架构与应用架构的衔接。在实际开展业务架构工作的过程中，一定要注意，千万不能只对接企业级应用架构而忽视了项目级应用架构，后者才是实质性落地的。

业务架构工作的前后延展性是很强的，从笔者的介绍中也能看出，向前会延展到业务战略，向后会延展到概要设计。虽然并非要求所有业务架构师都这么去做，但在业务架构师成长的道路上、在企业对业务架构师的任用上，还是要对其工作范围有所思考，这些工作无论是否分配给业务架构师，终归是要有人做的。

第十二章和第十三章都属于治理相关的章节。第十二章介绍了关于架构原则和元模型的问题。架构原则最好慢慢"攒"，不着急一步到位，原则是一定要"有用"；元模型则是架构师的必修课，这是检验架构师全局观念和深层抽象能力的"终极考试"之一，不要敷衍地对待元模型，尤其是在做理论萃取的时候。第十三章则是关于项目成败因素的总结，以及容易"得罪人"的选型思考。

经过延展，本书的图7-4可以"补全"为图14-1了。

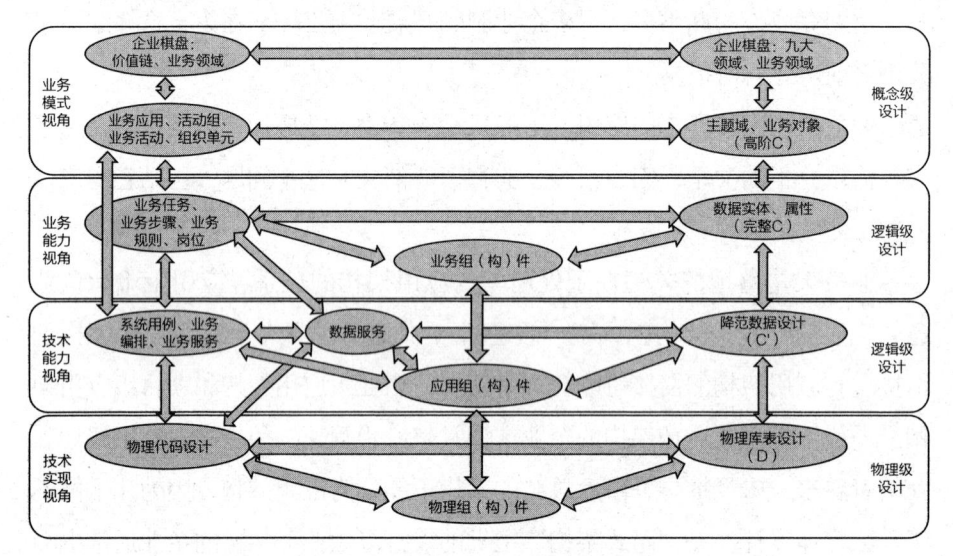

图14-1 "架构间融合一致"的设计过程

业务架构工作以简驭繁，每个环节都不复杂，但叠加起来就有点儿"吓人"。方法论也在持续进步，需要更多的企业和个人以对全局性结构化思维的信仰共同投入到方法论的多样化演进中，这是人人都能驾驭的新质生产力。

# III

## 第三篇
## 业务架构师的工作

在设计产品或其他解决方案的过程中，架构师始终怀有理想，以确保维系初始愿景的完整和平衡，并在得到最终结果之前，解决出现的不可避免的冲突、误解和模糊性。

——《基于模型的系统工程有效方法》，
John M. Borky, Thomas H. Bradley

业务架构师的工作不是仅掌握技能就可以了,企业需要为他们建立合适的工作模式,架构师对自己的能力也要进行全面、持续的培养,企业和架构师还要持续总结、创新对方法论的使用,如此才能与时俱进,不断提升。

# 第十五章

# 关于业务架构师工作模式的讨论

业务架构实践目前仍是不够广泛的,所以,笔者对于业务架构师工作模式的介绍是经验性的、建设性的,希望能够引发企业和架构师更多的思考。

## 第一节 关于业务架构师与业务部门的合作方式

业务架构师的工作少不了与业务部门打交道,但是在讨论如何与业务部门打交道之前,笔者认为应该思考一个问题,也就是,业务部门有必要与业务架构师打交道吗?如果业务架构师能提供的价值仅限于系统实现,那是否有必要单独培养业务架构师呢?要回答这些"尖锐"的问题,可能要先从其对业务部门的价值说起。

### 一、业务架构师对业务部门的价值

笔者基于自身的实践认为,业务架构师的价值是从其能力上体现出来的，包括如下能力。

### （一）提供不同视角

业务架构师不是一个单纯的业务架构设计岗位，业务架构师必须成为业务部门的"业务伙伴"。业务架构师通常具有业务部门不太容易具备的两个视角，一是超脱于业务部门的全局视角，很多业务人员也有全局视角，但是很难达到业务架构师的中立性和客观性；二是"业技融合"视角，一个合格的业务架构师对技术应该是有良好感觉的。

### （二）提供企业能力视图

从价值链开始，到各业务领域的划分、各业务活动的分布、业务组件的分布，在业务架构师的资产库里掌握着整个企业的业务能力布局，可以帮助不同层级的业务人员了解自己所需要的业务能力。业务架构师不会比业务人员更了解业务，但是当业务人员需要某种功能时，他会知道最好到哪里去找，这样有助于提高业务创新效率。

### （三）协助规划业务

业务架构师的工作如果在价值最大化的条件下开展，会从战略解码开始。如果能够从战略解码开始，业务架构师也就会比较了解业务愿景、战略能力。通过对业务愿景、战略能力的了解，业务架构师可以帮助业务部门更好地结合企业战略去规划业务发展方向。业务架构师通常会担当内部顾问的角色，只不过他们不是纯粹的业务顾问，而是基于企业能力的规划顾问，尤其在协助创新型业务设计方面，其结构化思维和引导能力是非常重要的。

### （四）提升"业技融合"效率

这是业务架构师的根本价值，如果业务架构师能够与业务部门展开良好合作，将对业务策略有更深入的了解。通过对业务策略的深入了解，能够更好地理解业务人员意图,而不仅是需求,并能够更准确地向技术团队解释这些需求背后的含义。业务架构师可以更有效地推动业务与技术的融合,有的咨询公司将这种岗位称为数字化翻译官。这种推动业务与技术融合的能力,其价值对业务部门来说也是相当大的。

尽管"账面"上存在这些价值,但要想将其充分发挥出来,还需要业务架构师不断修炼自己。

### 二、业务架构师与业务部门的合作方式

笔者介绍过对三个层次的业务架构师的培养,本处业务架构师与业务部门的合作方式也会结合这三个层次来介绍。

#### (一)初级业务架构师与业务部门的合作方式

初级业务架构师应当面向业务人员广泛培养,以增强全员结构化思维,并为中级业务架构师的选拔创造更好的基础条件。这也意味着,初级业务架构师的工作模式可以有三种。一是只为专职业务架构师提供支持;二是"兼岗"模式;三是"专岗"模式。

1. 只为专职业务架构师提供支持。这代表初级业务架构师并不需要从事业务架构专业工作,只须以更好的结构化思维能力为业务架构师提供业务信息、业务创意,由中级业务架构师或者"专岗"初级业务架构师进行后续的分析和设计工作。在这种模式下,初级业务架构师就是具备这种能力的各级、各类业务人员,就不用再单独讨论与业务部门的合作问题了。

2. "兼岗"模式。该模式也有两类情况,一是由业务人员"兼岗",此类业务人员归属业务部门,日常也在业务部门工作,只不过在能力上可以由技术部门或者架构师团队负责培养,按照业务架构的要求对业务需求进行"靠前"分析和引导。但制定方案的职责通常无法交由其承担,只是辅助架构师团队或者"专岗"业务架构师进行设计,与第一类相比,多了一些明确的职责。二是由技术人员"兼岗",这种情况多数是由需求分析人员、产品经

理"兼岗"的，尤其是对初级业务架构师而言。他们的职责与业务人员"兼岗"的业务架构师相同，只是人员归属技术部门，合作模式上也只能做到"努力"向业务部门延伸。

3."专岗"模式。如果企业人力资源充足，也会考虑设置初级业务架构师"专岗"。在这种情况下，笔者建议，初级业务架构师可以直接派驻业务部门，在业务部门现场收集需求，直接进行初步架构分析。与"兼岗"模式不同的是，企业还可以安排"专岗"业务架构师在部门间定期轮岗，"兼岗"的业务架构师是不太可能轮岗的。业务架构师的核心能力是对业务进行结构化梳理，并不完全依赖业务知识，而且业务架构师要保持良好的全局视角，所以，每隔两到三年，令其从一个业务部门轮换到另一个业务部门，会更有利于其熟悉整个企业的业务情况。人力资源充足的情况下，在每个业务部门或者业务条线上派驻的初级业务架构师可以是两到三人，每两到三年可以对其中一部分人员进行轮换，这样，既能保证工作的连贯性，又能够让派驻人员得到更好的锻炼。如果"专岗"人员较少，就无法进行长期派出了。在这种情况下，对初级业务架构师来讲，仍要尽一切可能努力与业务部门保持密切沟通，不能只是"待在"架构师团队里。

（二）中级业务架构师与业务部门的合作方式

中级业务架构师是从事业务架构工作的中坚力量，所以，中级业务架构师本身是无法广泛培养的，需要定向培养，但其工作模式仍然可以有"兼岗"和"专岗"两种模式。

1."兼岗"模式。与初级业务架构师不同的是，由于要承担大量结构化的设计任务，所以中级业务架构师即便是"兼岗"，从企业现状来讲，也很可能是技术部门派人来做，常见的是将需求分析人员、产品经理转型为中级业务架构师，同时从事业务架构和需求分析、产品设计工作。所以，在很多企业看来，这仍旧是一个技术岗位，由于企业中的技术人员有限，"兼岗"也是合情合理的选择，"兼岗"架构师通常只能自己想办法增加与业务部门的联系机会。业务人员也可以做"兼岗"中级业务架构师，但由于架构工作压力很大，如果与其本职工作在时间上发生冲突，架构工作的质量就很难保证了。

2."专岗"模式。中级业务架构师建议以"专岗"形式为主，如果人员充足，"专岗"中级业务架构师也建议向业务部门派驻，并进行定期轮换。与"专岗"初级业务架构师不同的是，"专岗"中级业务架构师轮换频率可能会略低于"专岗"初级业务架构师。但是，单个"专岗"中级业务架构师覆盖的业务条线、业务领域可以大幅度多于"专岗"初级业务架构师，轮换时的业务条线跨越度建议大一些。如果人员不足，"专岗"中级业务架构师就要考虑如何通过相对广泛的初级业务架构师队伍建立其与业务部门之间的联系了。

### （三）高级业务架构师与业务部门的合作方式

高级业务架构师的工作范围是比较广的，所以，其能力要求是熟悉企业整体运作，能够制定企业整体能力布局方案，能够全面解读或者深度参与战略制定，这种能力要求也决定了其工作重点。

1. 由技术人员担任高级业务架构师。在这种情况下，高级业务架构师与业务部门合作时，要努力与业务部门的管理者保持密切沟通和良好关系。无论"专岗"还是"兼岗"，高级业务架构师已经不太容易深入业务部门中了，建立起部门之间的良好协作关系、向业务部门领导适时传达架构理念是其工作重点。如果两个部门的领导互不买账、部门领导对架构思维不买账，就会对整个业务架构师团队与业务部门的合作产生影响。高级业务架构师也要努力参与企业级、部门级的战略规划工作，企业要为此做出制度安排。

2. 由业务人员担任高级业务架构师。此类情况，笔者在前文提到过。企业的中高层管理者本身就是掌握实际业务控制权的事实性业务架构师，所以，企业管理层、业务部门的高级管理者应该成为高级业务架构师，只不过，作为高级业务架构师，他们的主要工作是对战略管理和业务架构工作的支持，以及作为有权审核人从事一些架构审核、高级别架构决策工作。另外，随着数字化转型的深入，一些企业成立数字化转型办公室、委员会等机构，这些机构也应该配备高级业务架构师，甚至可以由其负责整个业务架构师团队的管理工作。

### （四）小结

无论初级、中级还是高级业务架构师，如果企业希望他们能够充分体现出业务架构师的价值，就必须为其设计一个有效的工作机制，而非只通过学习掌握一定的技能。本节介绍的是设计这些工作机制的一些参考思路，具体的工作机制要根据企业实际的人力资源情况、业技合作模式、开发管理模式及企业文化等进行有效设计。由此可以看出，业务架构师的工作职责，除了进行业务架构设计，其他职责都是开放式的，需要根据企业的实际需求来确定。

## 第二节　关于业务架构师与技术部门的合作方式

业务架构师除了需要与业务部门合作，还要参与项目的实施与落地，所以，业务架构师与技术部门的合作方式，主要就表现在其参与实施的过程和在这个过程中与相关技术团队的合作方式上。由于此类工作多以中级业务架构师为核心，所以本节以中级业务架构师的视角为主展开，兼顾初级和高级业务架构师的视角。

### 一、可行性研究环节

针对较为重要的业务需求，可能会开展可行性研究工作，这个环节往往由多个团队协同工作的"联合部队"完成，业务部门、需求分析人员、应用设计人员乃至合作方、外部专家都可能参与其中。中级业务架构师在其中的职能主要是提供全局业务架构视图，支持乃至引导整个分析过程。此类工作通常会集中进行，建议中级业务架构师全程参与，并清晰地定位项目价值和项目范围，这是对重要项目进行架构引导的最好时机，中级业务架构师务必在这个环节中处理好与各方的协作，为保持项目的企业级方向、架构遵从度奠定基础。初级业务架构师在此类工作中主要起辅助作用，高级业务架构师有可能参加后期的审核工作。

## 二、需求分析环节

业务架构师与需求分析、产品经理团队之间的合作是很重要的，他们是业务架构解决方案的第一个"下游读者"，是架构设计落地的第一环，业务架构师必须为他们解释清楚业务架构的设计逻辑。如果业务架构师本就是需求分析、产品经理"兼岗"的，这就相当于工作的自然延续；但如果是"专岗"的，这种解释工作就十分必要，也需要认真了解需求分析、产品设计对架构设计的拆分、调整情况，以保持业务架构与下游设计的一致性，就工作模式而言，能够定期跟岗参与这一环节是最好的。

不过，企业不要因为沟通烦琐，就直接将这些岗位整合。当企业系统规模较大、具有一定业务复杂度时，业务架构工作人员的压力也很大。企业之前系统开发管理混乱，就是因为缺乏整体视角，要想改正，也并非简单要求原有设计人员具备横向视角就行，这是一项需要独立开展的工作。所以，尽管有衔接上的麻烦，但专业的工作还是要由专业人士去做。在人力资源充足的情况下，甚至可以考虑在重点项目中向下游派驻初级业务架构师，笔者在工作中实践过此方式，效果很好。

## 三、应用设计环节

业务架构与企业级、项目级应用架构的关系非常紧密，应用设计是对业务架构落地影响最大的环节，尤其是在项目级应用中的概要设计部分。为了保证落地效果，中级业务架构师要及时参与概要设计环节，如果有必要的话，在重点项目中除了项目经理、业务经理、技术经理，还可以考虑专门增设架构经理，由架构经理牵头横向协调工作。让业务架构师深度参与项目是解决架构落地问题最主要的措施之一，也是逐步消除"隐式架构"的重要方法，避免一边"建设"企业级架构，一边"损坏"企业级架构的情况出现。

业务架构师作为企业级架构师团队中的一员，与项目实施团队之间是有一定管理关系的，企业在让业务架构师深度参与开发工作的同时，也要在管理机制上为其职能的履行做出一定保障。很多企业目前只是拥有业务架构师，而没有设置业务架构师岗位和工作机制。

### 四、测试环节

在测试环节，业务架构师也可以充分参与，尤其是初级业务架构师。业务架构师参加测试是为了能够更好地了解项目的实施情况，更好地了解所设计的业务能力的实际效果。业务架构师做的测试与业务人员做的用户测试是不一样的，业务架构师思考的应该是系统结构，每进行一个操作时，自己头脑里反映出来的应该是这个操作走到哪个环节了，衔接效果怎么样。业务架构师在挑选测试案例的时候，也可以围绕这一点来进行选择，重点关注跨系统衔接点。

### 五、小结

业务架构师能参与的开发环节非常多，业务架构师与项目之间的结合也可以非常紧密。笔者提供的这些思路大多是经过自身实践的，并非要求企业、业务架构师都这么做，而是可以根据企业的实际情况设计工作方法。业务架构师的工作模式一定是基于实践磨合出来的，而非仅靠先验设计。在模式设计中有一个目标不能忘记，那就是努力让业务架构资产被尽可能多的人掌握，而不是控制在少数人手里。以业务架构师为起点，将全局性结构化思维向业务和技术两个方向持续扩散，让整个企业都能形成统一的语言，这是业务架构师工作模式最终要实现的目标。

## 第三节　业务架构师在敏捷开发中的作用

业务架构师在敏捷开发中能发挥什么作用呢？笔者并非敏捷开发方面的从业者，在这个问题上，只能从业务架构可以对敏捷开发提供的支持说起，为一些处于"双模"开发状态的企业提供一些工作思路。

### 一、关于敏捷开发的思考

身处VUCA时代，企业都希望自己能够反应快、行动快、变化快。甚至有学者将VUCA升级为BANI（由美国人类学家、未来学家吉米斯·卡西奥提出，指脆弱的、焦虑的、非线性的、难以理解的）。总之，各种对时代特征的概括经常指向按部就班、不利于长期规划的行为模式，希望能够以"小步快跑""试错""迭代"等方式向前摸索式演进。其实就作用而言，规划也好，迭代也罢，都没有问题，毕竟都是执行方法，选择方法会从问题出发，而非从方法本身出发。除非技术手段有较大改变，否则，不同行业都有各自的节奏，可以适当加快，但是很难"超越"。也就是说，真正促成行业提速的并非工具级的执行方法，而是具有一定突破性的技术手段，软件开发工作也是如此。

敏捷开发从诞生至今，很多企业接受了其"价值观"，也在企业内部试行，包括与DDD、微服务架构等进行结合，打起组合拳。但是，时至今日，对于重大项目，多数企业依然采用更接近"瀑布模式"的传统工程控制方式进行开发，毕竟责任重大，项目不是仅以交付为目标的，它还涉及众多相关方的诉求，无法仅从项目角度看问题。规模小一些的开发工作，则是敏捷方法和加班加点混合执行，既有执行方法的改进，也有较大的人力付出。进展较好的当属研发工具的发展，出现了DevOps研发平台、需求开发全生命周期管理平台等综合性研发平台，以及看板工具、集成了"火车发布"方法的版本管理工具等。此外，一些有利于试错的方法，诸如A/B测试等，提升了研发效率，这些方法也经常会被算在敏捷开发的范围内。由于敏捷开发系统自身比较庞杂，形态、工具多种多样，因此，很难定义到底什么是"敏捷"，笔者只能从敏捷思想的角度来介绍。

笔者一直认为"敏捷宣言"起草者之一、Scrum方法的发明人，杰夫·萨瑟兰在《敏捷革命》一书中提到的OODA（又称博伊德循环，指观察、判断、决策、行动）理念才是敏捷开发的核心思想。这一思想要求的是，基于长期训练的判断模式，并通过对全景信息的观察，进行快速的决策和行动。

通过对OODA的理解，可以明白为什么敏捷开发崇尚"小团队"，因为"小团队"能够保证决策和行动的快速，但对很多企业而言，即便拆成了"小团队"，也未必能快。其行动可能够快，但决策未必够快，这与管理体制是有直接关系的。敏捷开发的成立，不是仅有"小团队"就可以，更关键的在于观察、判断。长期训练的"判断模式"是什么？全景信息如何能够被快速"观察"到？敏捷不是关于在信息不足的条件下如何做决策的理论，而是关于如何能够更快处理大量信息的工作模式，其核心是信息充足、训练到位，这也是飞行员的行为特征，博伊德循环本就是战斗机飞行员的训练模式。敏捷模式最早要破解的难题，是在"瀑布模式"中，由于前期信息收集太多导致的分析瘫痪，而不是信息不足时该怎么动手。

很多企业推行敏捷开发的时候，注重的是Scrum的组织方法、Sprint的切分、站会的形式、看板的应用、"火车发布"等一系列操作方法上的改进，但是在OODA的核心运转逻辑上建设不足，项目组缺乏必要的业务输入，软件设计理念与方法不统一，上下游协调机制不健全等，更像是以训练不足的"判断模式"开展信息不足的"观察"，做出赌一赌的"决策"，再按照"拍脑袋"的"时间表"去行动。所以，很多企业在实施敏捷开发时，会因为"先天"不足，导致"后天"表现不佳。

## 二、业务架构方法可以提供的价值

如果企业希望实现"敏捷价值观"中的"敏捷"，那么可以考虑采用业务架构方法进行"先天"补足。

首先，从全景信息而言，业务架构可以提供企业能力全景视图，至少能够先全面"观察"企业内部信息。同时，结构化思维方式可以在头脑风暴的过程中，更好地引导创新思维方向，对发散的"点子"及时进行适度收敛。

其次，从"判断模式"而言，"架构间融合一致"是一种良好的设计理念，经过长期训练，可以快速产生分析结论。读者可能会觉得模型工作方式有些"重"，但事实上，任何一种开发方式都无法避开流程、规则、数据的梳理，现代软件工程是不可能回归"先写了再说"这种模式的。在敏捷开发主导的环境下，建模工作可能会适当牺牲一些同步性，比如，不是经由完整的架构审核流程推动开发，而是采取先行动再调整模型的方式，以加快工作进度。当然，这对企业的架构原则贯彻程度和架构师能力的考验也会更大。不过，基于笔者自身的实践，当业务架构师对业务架构资产足够熟悉、工作训练较为充分的时候，业务架构设计速度是可以很快的，相当于"判断模式"建立得很好。

至于"决策"和"行动"，就属于"后天"部分了，不像架构资产和架构设计理念是在项目开始前"预埋"的，它们需要随着项目经验的积累逐步调整。比如，加快"决策"过程通常会采用授权、放权的方式，但是可以做到什么程度，取决于企业对其风险的可接受程度，这是需要逐步试探的。"行动"则可以参考笔者在本章第一节、第二节介绍的业务架构师工作方式，考虑如何引入敏捷模式中。此外，《敏捷企业架构师行动手册》中，也有关于企业架构理念和敏捷模式融合的思路，读者可以参考。总之，一切"快"都是以相应的能力作为基础的，没有"从天而降"的"快"。

需要提示一点，业务架构方法与敏捷开发虽然可以融合，但如果企业尚未建立业务架构资产及设计方法，首次开展业务架构设计工作是很难敏捷的。毕竟"从0到1"是一个艰难的过程，也是打下业务架构师能力基础的过程，应当严谨一些，避免跑偏，否则，会影响整个企业对架构原则和架构方法的理解。

此处，笔者回答下"严格基于架构的开发管理是否适用于变化比较快的企业"这个问题。首先，如果企业变化快到了总换行业、换赛道的程度，那只有高阶架构资产最为适用，比如"企业棋盘""业务组件"，有个"沙盘推演"方法还是比较好的。至于低阶架构资产，就只能"倒"过来用，也即不是预先设计完整的低阶架构资产，而是做项目时适当提高规范度，将做项目过程中积累的最低限度文档与高阶架构资产建立"松散"的关联，以"有"胜于"无"的方式，进行"快"节奏下的"松"治理。如果企业没有快到总换行业、换赛道的程度，那就是对工程理念的接受及其代价的平衡问题了。

## 第四节　打造架构工具

业务架构资产繁多，关联关系复杂，如果没有合适的架构工具很难高效运转。在设计过程中，会形成大量Word、Excel、PPT、Visio等素材，这些素材如果没有工具统一管理，维护也会成为问题。所以，架构工作离不开架构工具的支持。

笔者见过的企业实践中，有自研架构工具的，也有采购外部工具的，还有联合研发的，无论采用什么形式，架构工具都是必不可少的，而且现在市场上也有较为成熟的商业软件可以采购。作为架构师，参与架构工具的研发过程，可以有两种实现模式。一种是直接奔向最终目标的方式，也即企业投入足够的资金和人力，架构师参与其中进行成熟架构工具的研制或者引进；另一种则更为灵活，适合刚接触架构工作的企业和架构师，就是引入零代码技术，探索性设计简易架构工具。

零代码平台的实现能力已经今非昔比，不再仅是简单的数据采集，而是已经具备更强的实现能力。笔者合作伙伴的产品——"伙伴云"就是这样的一个零代码平台，而笔者自研的聚粮架构平台正是基于该平台的，本书中大量的架构制品截图也是通过该工具生成的。打造架构工具的过程是架构师对架构的再认识过程，是将其从"脑"中、从"手"上转移到系统中的过程，促使架构师从实现的角度再理解一下什么是架构的"架构"。因为只有理出了这个"架构"，才能实现架构工具。使用零代码平台的最大好处在于，架构师不用操心编码问题，专注于理解"架构"就可以。

相对地，基于零代码技术开发的架构工具肯定不如售价百万元的重型平台功能强大，但是可以从"极简"的视角先考虑清楚，架构主要是在管理什么。通过零代码架构工具，可以帮助企业更好地完成对架构的探索。随着经验的积累、理解的加深，如果确实需要更强大的架构工具，企业也将有足够的能力去驾驭更复杂的开发工作，零代码架构工具可以成为前期架构数据积累平台和原型验证平台，帮助企业更好地向重型平台过渡。

笔者自己基于零代码平台开发架构工具的过程中，再次深刻认识到了自己以前总结的理解架构工作的三大关键词，"结构""关系""原则"的意义。架构工具首先要实现的就是对所有架构元素关系的建立，在一般软件开发中，基本不可能采用一个业务对象一张表的方式进行设计，但笔者在设计架构工具时发现，这样的做法最简单、最好理解。把架构元素当作业务对象，为每个架构元素设计一张表，所有架构元素都靠关系表建立两两关系，最后通过聚合表建立查询关系，形成对架构元素的展示。虽然功能简单，但是反映了对架构的核心理解，并且足以对架构元素进行基础管理和查询展示。此外，零代码平台具有很好的可修改性，企业或读者完全可以根据自己的理解进行架构工具的无成本改良。

聚粮架构平台生成的架构制品在本书介绍设计方法的过程中已经展示过了，此处展示用"地图"找"路"的方法，也就是架构工具最重要的作用——查询架构资产。架构工具提供了十大能力观察室，如图15-1所示：

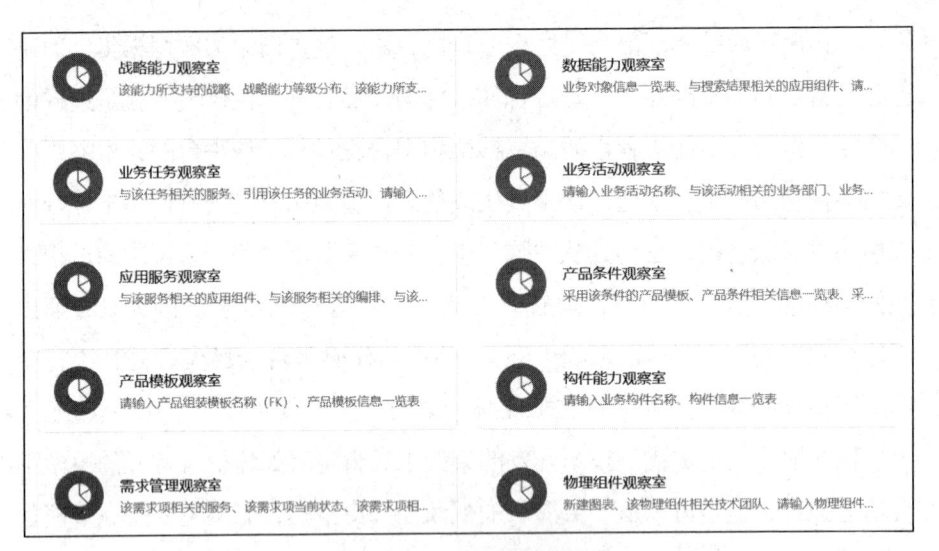

图 15-1　十大能力观察室示意图

以战略能力观察室为例,可以通过"客户画像"这个关键词,查询到如图 15-2、图 15-3所示的结果:

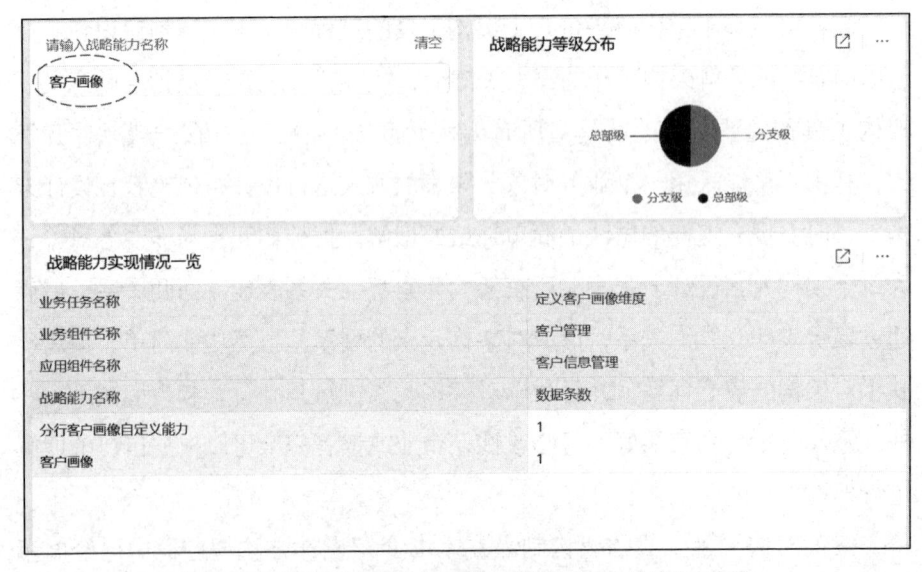

图 15-2　以"客户画像"为关键词查询战略能力的结果示意图

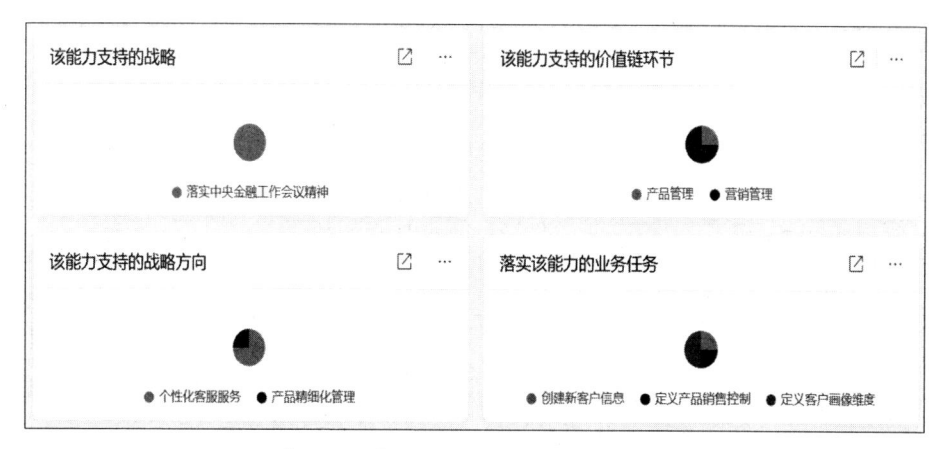

图15-3 以"客户画像"为关键词查询战略能力的结果示意图（续）

以需求管理观察室为例，可以通过"客户"这个关键词，查询到如图15-4、图15-5所示的结果：

图15-4 以"客户"为关键词查询需求的结果示意图

| 该需求项当前状态 | 该需求项相关的业务任务 |
|---|---|
| ● 正实施  ● 已部署 | ● 创建新客户信息  ● 定义客户画像维度 |

| 该需求项相关的数据实体 | 该需求项相关的业务组件 |
|---|---|
| ● 客户  ● 客户画像模型 | ● 客户管理 |

| 该需求项相关的服务 | 该需求项相关的应用组件 |
|---|---|
| ● 创建画像参数  ● 建立新增客户信息 | ● 客户信息管理  ● 客户评价组件 |

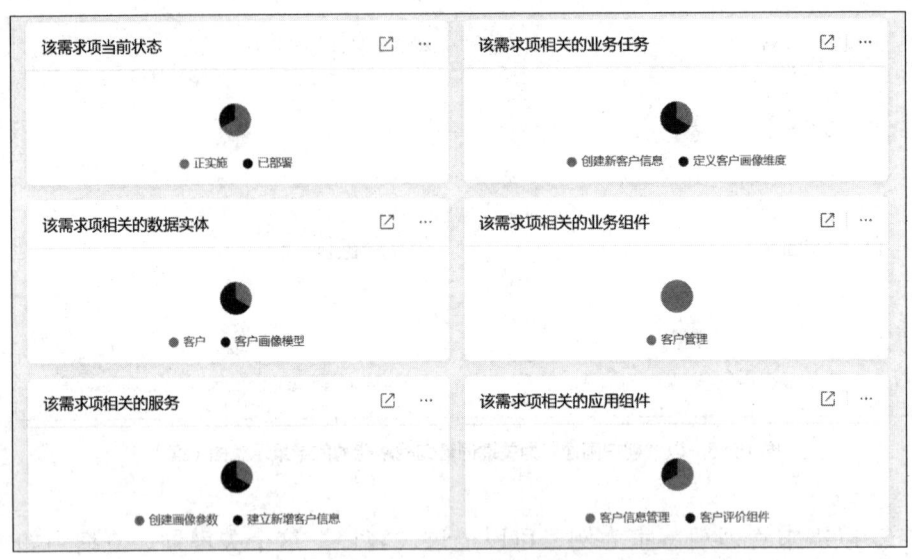

图15-5 以"客户"为关键词查询需求的结果示意图（续）

以应用服务观察室为例，继续沿着"客户"这个线索，可以通过"客户"这个关键词，查询到如图15-6、图15-7所示的结果：

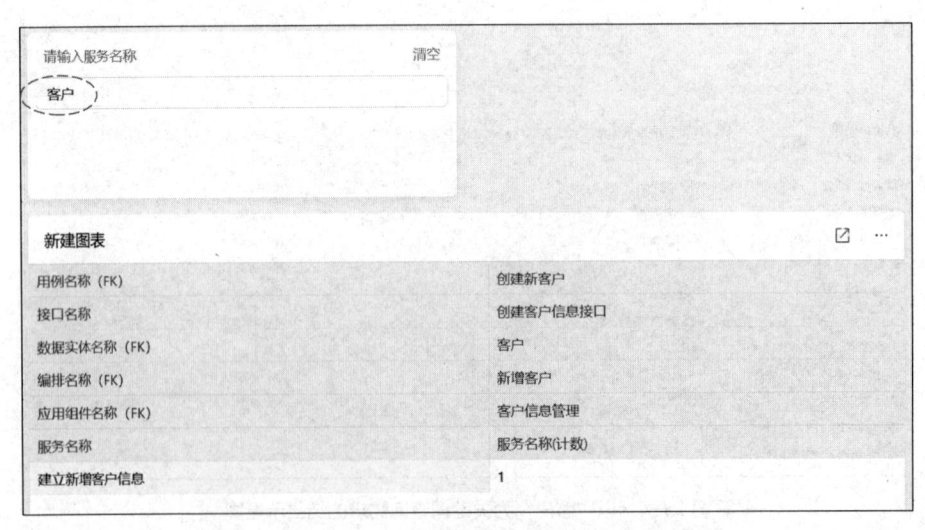

请输入服务名称　　　　　　　　　清空
客户

新建图表

| 用例名称（FK） | 创建新客户 |
|---|---|
| 接口名称 | 创建客户信息接口 |
| 数据实体名称（FK） | 客户 |
| 编排名称 | 新增客户 |
| 应用组件名称（FK） | 客户信息管理 |
| 服务名称 | 服务名称(计数) |
| 建立新增客户信息 | 1 |

图15-6 以"客户"为关键词查询应用服务的结果示意图

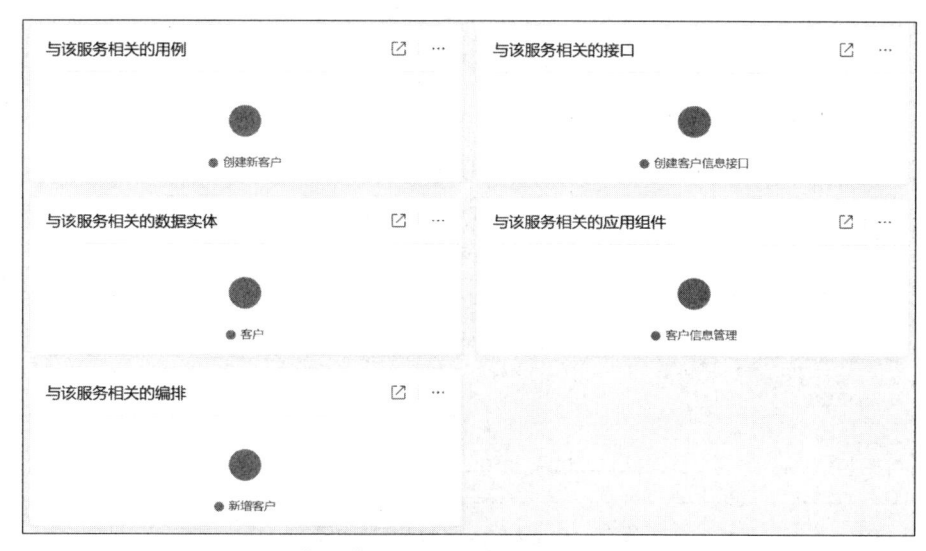

图15-7 以"客户"为关键词查询应用服务的结果示意图（续）

零代码平台一般通过浏览器操作，界面简单友好，图15-8、图15-9分别是聚粮架构平台首页及工作页面的截图：

图15-8 聚粮架构平台首页截图

第十五章 关于业务架构师工作模式的讨论

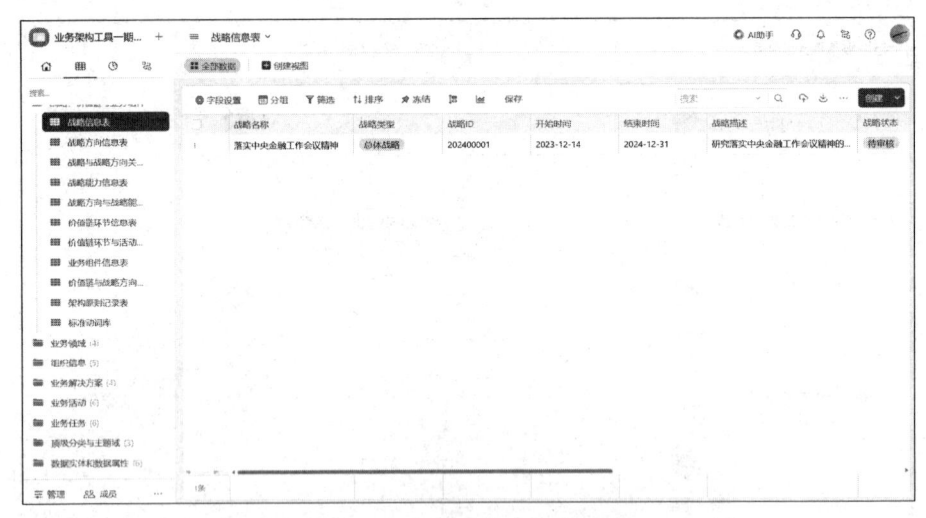

图15-9　聚粮架构平台工作页面截图

无论多复杂的架构工具，其核心功能都是对架构资产的创建、保存、查询，是对架构工作方式的最基础实现，以此为基础再延伸其他功能。零代码架构工具虽然功能相对简单，但覆盖的正是架构工具最基本的功能。本书其实已经提供了主要架构元素信息表、关系表的设计范例，读者感兴趣的话，也可以基于"伙伴云"平台自己搭建架构工具，用最短的时间探索一下架构的"架构"。

» **本章习题：**

请读者结合之前对本企业开展业务架构工作的可行性分析和实施工艺、建模方法的思考，详细分析所在企业可以设置的业务架构师层级和工作方式。

# 第十六章

# 精进：方法论实施的创新案例

方法论的落地实践是千姿百态的，几乎每个企业都做得不一样。但是，沿着业务架构、数据架构、应用架构、技术架构这个大的顺序实施则是有一定共识的。这样的实施方式往往意味着业务架构设计会是一个耗时颇多的大型工程，很"重"，见效又不是很快，会让企业犹豫。这也促使很多架构师、研究者纷纷思考如何简化架构设计，为工程减重。但是，正如笔者在谈论需求文档重量时提到的，重量与质量存在一定程度的正相关，过分"减重"也可能导致"减质"。那么，这个问题是否就无解了呢？笔者在近两年的实践中一直在进行这方面的创新。

## 第一节 方法论可以如何简化

在对方法论进行调整之前，一定要想清楚运用方法论的目的是什么，如果想不清楚目的，或者调整动作违背了目的，最终一定会失败。比如，对于一个大型企业而言，其本来意图是推动企业整体数字化能力的重塑，并推动业务人员的思维向数字化思维转型，这样深刻的变革本就不可能通过简化的短周期工程实现，这样的做法根本触及不到人的底层思维逻辑，更不用谈"转型"了，"转型"转的就是"思维"和"行为"，本就非一日之功。

但是很多企业尚不需要将目标定得这么远，例如，可以先在应用设计上实施，解决企业级应用架构的问题；要在已经开展的业务架构和技术开发工作之间尽快建立联通的桥梁；要进行跨领域的产品或者业务整合设计；要检验架构工作效果；要寻找指导大型重构工作的"简洁"方法；要加强开发工作的整体性、协同性等。很多需求都指向通过一个不那么完整的实践，先建立起基于架构的基本工作模式，再向更高的目标迈进。要思考如何调整实施方法，以适应不同的实施目标和实施条件。

笔者整理了在方法调整中要注意的关键问题。

### 一、为应用设计找到合适的业务视角

应用设计中的问题如果能在应用设计自身可提供的方法范围内解决，它就不构成问题了，一旦作为一个企业层面的问题反映出来，就说明出现了"自己的刀削不了自己的把"的情况，需要找一个外部的判断标准。这就需要找到合适的业务视角来做判断，也即方法论的调整一定要保留业务视角，并且以业务视角为准，这样才能从技术以外的视角来解决技术问题。

### 二、业务视角的获得要足够"快"和"省"

业务视角的获得意味着建立某种形式的业务视图，通过对建模方法的介绍，读者也能发现，流程梳理需要动用大量业务人员，会耗费较多时间去澄清，很难做到"快"，也不太容易"省"资源、"省"精力。相对而言，逻辑数据模型的绝大部分素材都"躺"在数据库里，其澄清过程无须业务人员过多参与，有可能做到"快"和"省"。

### 三、不能破坏"架构间融合一致"的原则

选择业务视角时要从能够更有效地保证"架构间融合一致"的原则出发。如果方法的简化中呈现出各类架构自己顾自己，自己找出路的方式，那简化就没有意义了。

### 四、业务视角要足够清晰和稳定

保留业务视角势必要在流程模型和逻辑数据模型之间做选择，毕竟完整的业务视角就这么两种。比较两类模型可以发现，逻辑数据模型基本没有二义性，含义更清楚，争议更少；逻辑数据模型的关系依赖的是实际业务对象的关系，这种关系比流程间的关系更稳定。

### 五、业务视角要能服务于能力结构切分

这是很重要的一点，业务架构最重要的是进行业务能力布局设计，如果简化了一番后，这个能力没有了，那产生的方法还能不能称为业务架构方法就值得怀疑了。而业务能力的定义是以业务对象为依据去聚类行为的，所以业务对象的定义方式也是方法论中要保留的内容，毕竟，系统边界的划分也是以此为依据的。

### 六、在今后开展完整业务架构工作时仍是有用的

简化后的方法论是不应失去扩展能力的，笔者介绍的各种对"不完整"架构的需求，在经过一段时间的发展后，都有可能再度指向对"完整"架构的需求。如果此时简化不当，那么未来的扩展将有可能对当前的方法造成颠覆，简化就成了代价不菲的临时方案。

通过上述思考，将方法论的实施调整为"以逻辑数据模型为主，向后融

合应用架构"的模式，是通过"不完整"架构资产发挥架构作用的有效选择。在此基础上，还能进一步简化架构层级设计的工作吗？仍然可以，那就是在逻辑数据模型中以数据实体设计为主，暂时忽略属性层级，因为架构管理主要在于数据实体这一层级。笔者在近两年的实践中，逐渐总结出了以上思路，下面结合案例与读者共同讨论。

## 第二节 创新案例实施介绍

笔者最初在为一家制造业企业演示通过业务系统操作界面梳理逻辑数据模型的方法时，萌生了通过逻辑数据模型快速建立不"完整"但可以工作的业务架构的想法。但是，此前在业内一直有一种说法，也就是无法通过数据库表反向推导逻辑数据模型，笔者自己也曾在一个项目上见过一次不成功的尝试，之后笔者也认为这个操作方式不完全可行，直到笔者通过界面推导尝试之后，才认为这一模式是可行的。其后，笔者在三家不同行业的企业中尝试了这种模式，效果都很理想，也实现了对"不完整"业务架构的"敏捷"实施。

### 一、如何快速建立起可以工作的架构

#### （一）项目背景

笔者曾为一家企业提供轻咨询服务，在该项目中，业务部门设有一个负责业务架构工作的团队，技术部门有分别负责需求管理和总体应用架构的团队。该企业的业务流程梳理工作开展效果很好，已经持续了两年以上，内部认可度较高，但尚未以业务架构的形式向技术部门延伸其价值。技术部门开展了中台建设，也就是说，处在整体应用架构的调整过程中，同时，需求管理团队希望能够有更好的需求统筹、计划管理方式，与业务部门之间能有

更好的衔接。整个项目比较像通过企业架构相关方法在企业内进行一次总体的拉通和提升，这也正是笔者可以提供的服务。在项目进行到中期阶段时，无论业务架构团队还是技术部门，都希望能够尽快获得一个可以"工作"的架构，否则，虽然笔者介绍的基于架构的开发管理模式企业可以接受，但总是难以看清实际运行效果。这就带来了一个巨大的挑战，要在一个只靠单一咨询师主持，总工期尚不足三十天的架构咨询项目中，尽快建立一个可"工作"的架构。

### （二）实施过程

由于工期很短，而且已经是项目中段了，虽然企业有很规范的业务流程，但笔者已经没有充足的时间按照业务架构方法论从流程出发正向推导业务架构，更不可能逐个业务环节去讨论这一过程中产生的理想架构与现状架构的差异，所以，必须找到快速的解决方案。而此时企业尚未建立逻辑数据模型，也无法直接从逻辑数据模型出发进行推导。

综合各种条件，笔者决定按照自己心中一直曾有的想法，从数据库表出发，通过快速反向推导逻辑数据模型来建立业务架构。这样做的好处在于，顺利的话，一是速度一定会很快；二是无须投入大量人力，以数据架构师为主，轮番投入各系统的少量设计人员做数据库表和设计说明即可；三是有助于通过逻辑数据模型发现企业中台架构的可优化之处，这也是客户关注的内容；四是可以形成与现状吻合但又能进行一定改进的整体应用架构；五是基于业务对象可以进行企业要求的需求分析验证，也即用推导出的架构分析和定位需求。

虽然道理说得通，但这毕竟是笔者第一次大规模对数据库表进行反向推导，不过效果还是很好的，甚至高于笔者自己的预期。在大约不到一周的时间里，笔者通过对五十余个业务系统的快速反向推导，构建了近三十个数据主题域，并根据主题域分析了系统边界、分工上存在的问题，形成了一些改进建议，据此形成了业务组件的初步规划，将其与中台架构结合了起来，重新梳理了企业级应用架构。经过将实际需求带入这个框架，笔者证明了使用架构方法分析需求的效率是较高的。

在咨询过程中，笔者发现了价值链对构成企业"概念一致性"的重要作用。笔者在反推逻辑数据模型时，先与企业共同商定了一个六环节的价值链，反推的逻辑数据模型按照主题域归类在价值链之下。由于主题域与业务组件、应用组件存在对应关系，基于此可以将应用系统也归于价值链之下，完成数据架构、应用架构的对应，再将企业此前梳理的业务流程重新分类至此价值链下，虽然还不够严格，但是完成了基于价值链的业务、数据、应用三大架构的核心对接，可以在此基础上，进一步细化，形成精确的从价值链到流程、数据主题域、业务组件、应用组件的总体架构，帮助企业完善其自身的业务架构方法论。

通过这次实践，笔者认识到了反向推导逻辑数据模型在IT应用管理、设计人员应用分析能力提升方面的作用，高效反推逻辑数据模型成为笔者当前的一项"独特能力"。

## 二、如何为大型重构项目快速助力

### （一）项目背景

笔者曾为一家超大型企业提供企业架构项目评审服务，并于评审工作之后，多次为该企业提供业务架构工作坊式培训。在提供培训服务前的接触过程中，笔者了解到企业数字化转型工作正在持续、深入推进，业务架构工作有所开展，但数据架构设计尚未完全开展，大量业务系统面临重构，而且需要根据企业实际情况研究统建、自建工作的边界划分。这是很多大型集团企业在数字化转型工作中经常会遇到的困难。企业需要在架构能力方面大幅提升。为了应用架构方法，企业进行过一段时间的钻研，但是缺少对完整实践案例的深入了解。

## （二）实施过程

根据与客户的沟通，双方最初将精力聚焦在如何通过对集团及下属单位的业务建模、数据建模、应用设计人员进行集中培训来加强对业务架构的实操性掌握上。笔者讲授的工作坊课程，其最大特点就是坚持使用企业自己的设计实例进行课堂练习，绝不采用通用案例。因为笔者在实践中发现，就算企业只是对照自己的总体情况宽泛地练习，也比采用通用案例理解业务架构的效果要好得多。这也充分证明了业务架构是一个实操性科目，只有将对所在企业的理解融入练习中，才能学习得更快。

练习案例的选择很重要，所以笔者与企业的架构师花了一个下午的时间，对供应链和分包两个业务系统进行了数据库表结合系统界面的反向数据模型推导工作，以判断案例的适用性。通过反向推导，我们很快梳理出了系统边界，并从业务对象的角度判断两个系统的整合可行性。企业在这次"试练"中，也发现了采用业务对象做系统边界规划的准确性和便捷性，后续经过与开发人员的多次项目研讨，企业证实了"试练"中对两个系统整合可行性的判断是正确的。在交付课程时，来自集团各单位的应用设计人员，仅通过半天的建模练习，就感受到了业务对象分析方法的优势。

此外，在对企业的数据架构师进行培训的过程中，架构师结合与企业正在开展的架构工作，逐渐改变了对自身工作职责的认知。如同笔者在前文中提到的，只有清楚了自己是在给"其他人"划定边界，才会真正理解数据建模的用意。

结合交付实践，笔者将业务对象对大型重构工作的作用总结为图16-1。

大型重构其实就是一个边界重新划定的过程，而边界的划定以业务对象方式做是最为快速、合理的。以往的单系统设计恰恰是缺乏这一点，所以导致多系统重构时边界难以确定。企业在大型重构项目中，应当重视对逻辑数据模型的建设工作，补齐划分边界的重要依据。

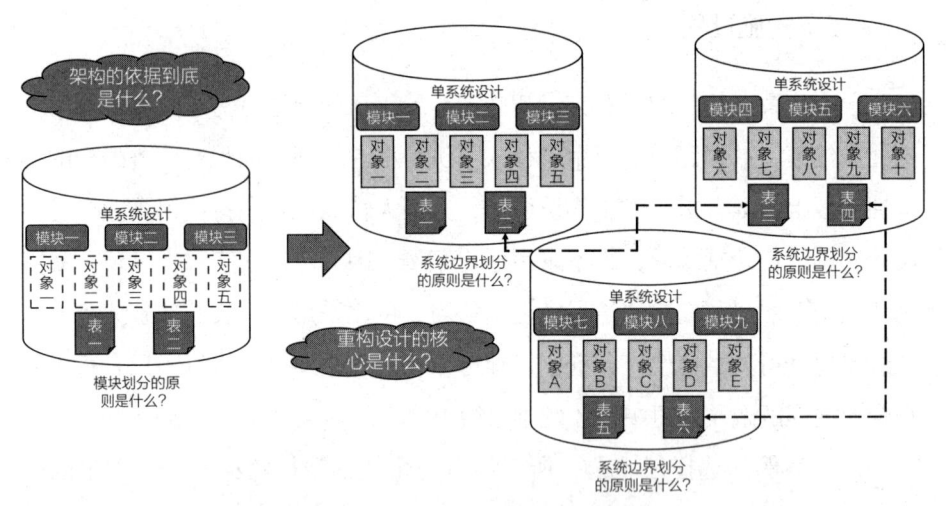

图16-1 业务对象对大型重构工作的作用

### 三、如何快速导入业务架构能力

**（一）项目背景**

笔者曾为一家企业提供业务架构能力导入的轻咨询服务。企业是一家经营很成功，业绩非常好的中型金融机构，每年的IT投入也不少，业务团队与开发团队关系紧密，开发响应速度很快，系统建设周期较短，因此在系统整体布局上总会有些需要解决的问题，在控制重复建设方面也需要加强管理。这些问题显然是业务架构方法论的强项，但是，金融机构的成功实施案例都是规模庞大、周期漫长的，不适合该机构的管理理念和开发模式。笔者之前与该机构有过多次接触，终于在该机构开展某领域的重点重构工作时，得以进行具体合作。

**（二）实施过程**

笔者与该机构的合作只用了一周时间，其中两天的内容以IT诊断为主，通过对各开发部门的调研访谈，判断引入业务架构能力的可行性和实用性，以及如何引入能够实现最小化变动。笔者在第一个案例中的方法导入采用的是"微调"方式，尽可能在企业现有工作文档的基础上采取"微调"方式进行导入，通过访谈要判断的也是如何导入代价最小。

项目关键部分是历时三天的基于业务系统数据库表和操作界面反向推导逻辑数据模型的工作，以重构领域为主要对象，对两大业务领域的主要系统和业务产品进行了全面的逻辑数据模型梳理工作，形成了可以支持项目组进行系统重构分析的业务对象和主题域结构。这三天时间里，笔者主要接触的是系统的应用架构师和数据设计人员，通过短暂的接触，架构师理解了业务对象的含义，掌握了从库表设计到业务对象设计的思维调整。该项目还与该机构同时开展的应用架构治理项目进行了良好的结合，使相对高阶的应用架构治理工作有了具体、快速的展开方法。在笔者离场后，经过开发团队的进一步运用，该机构已经准备扩大逻辑数据模型的建设范围，通过逻辑数据模型提升应用架构管理能力。

## 第三节 关于方法论创新的再思考

笔者先后在三家不同行业的企业中尝试了对方法论的创新，效果都很理想，一定程度上实现了业务架构方法论的"敏捷"落地。基于这三个项目，笔者想对方法论创新工作再做一些探讨。

### 一、正确理解简化工作

笔者介绍三个亲身实践的案例，并非希望读者以简化为重点去看待今后对业务架构方法论的应用。所有的简化都必须明确条件和目的，而且所做的简化最好是以完整实践为基础进行的。简化有利于方法论的推广和架构工作的开展，但它不是没有基础条件的。比如，笔者所进行的反向推导逻辑数据模型工作，是以笔者自己大量的正向逻辑数据建模实践为基础的，在正向建模过程中积累了足够的对业务对象的感觉，所以才能够快速进行反向推导，即使是跨行业的数据模型推导也可以做。因为笔者通过之前开展的跨行业业务架构工作坊培训，积累了一定的跨行业建模感觉。

所以，简化是有基础条件的，尤其依赖架构师自身的经验，它可以帮助企业快速导入能力，但并不意味着企业可以忽视正向建模工作。如果有条件，要尽量开展正向的建模工作，这样可以让架构师得到更充分的锻炼。

此外，随着数据要素的发展，企业对数据治理工作重要性的认知也在提升，加强数据管理能力势在必行，开展逻辑数据模型建设工作也正符合这一发展趋势。笔者在本章第一节中提到的可扩展能力，在今后开展完整的业务架构工作时也能用得上，并非为了简化而简化。

## 二、保持"架构间融合一致"

笔者做这样的简化并非在数据模型和流程模型之间"厚此薄彼"，笔者对模型的评价从未改变，而且笔者本就是做流程模型出身的，非常清楚流程的价值，也清楚流程的局限性。当环境条件和企业期望都不允许进行完整的建模工作时，笔者自然会考虑用逻辑数据模型来承担定义业务架构的重任。

笔者之所以能够做这样的简化设计，是因为知道只要保持必要的"架构间融合一致"就可以保证架构的可用性。但数据建模必须采用能够指向架构设计的逻辑数据模型设计方式，而不能是只考虑数据分析等面向数仓的数据建模，一定要面向行为、面向源系统设计进行范式建模，否则，就无法承担以业务视角划分系统结构的重任了。

业务架构方法论再怎么简化，也得同时包含业务和技术两个视角，并且还要能够以融合的架构连接传导信息。因为业务架构方法论不仅要管理架构设计，还得传导需求，有效连接业务和技术。简化有其底线，架构的"第一性原理"要时刻牢记。

### 三、持续锻炼高阶抽象能力

高阶抽象能力经常会让人觉得很"虚"。其实对方法论做的简化也好，不同方法论之间的融合也罢，都是方法论中的"论"在对环境做出适应性变化。业务架构中的"干货"并不多，它就是绘制能力地图的方法论，所以，老老实实地绘制业务流程、数据实体关系图，形成业务组（构）件，努力与下游架构融合，就是业务架构中的"干货"。可以说这个方法论本身就已经大道至简了，但当涉及的项目范围非常大时，每个简单的环节所包含的"烦琐"就被迅速放大了，整体就会显得很复杂。如果架构师能够时刻保持较高的抽象能力和俯视角度，就不会被这些"烦琐"困扰，会更清晰地看到方法论的脉络。

当架构师的经验积累到一定程度时，就可以通过大范围、反事实的方式思考是否可以颠覆现行方法论，或者将现行方法论融入新技术中，比如 AI 中，去加速其运行，这些都会是革命式的演进。这些演进都是从"干货"式的实践中产生的，还要从思维层面做出改变，思维决定行为。

### 四、小结

方法论的创新是要积极推进的，也要思考充分。关于这方面的例子，可以看看软件行业对"瀑布模型"的改良。"瀑布模型"是20世纪70年代由温斯顿·罗伊斯经由对数十个研发项目的梳理而得出的关于软件开发通用模式的观察性结论，一经提出就引起了行业关注，自此很多对软件研发效率的提升思路都是通过批判"瀑布模型"展开的。但是经过五十多年的时间，整个行业在软件开发模式的改进上，几乎未能简化"瀑布模型"中的任何一个环节，只是努力在改变实施顺序、改变工具支持能力。正确对待简化的方式，笔者倒是觉得"马斯克五步工作法"是很适用的。

方法论改进需要形成广泛的适用性，因而是有巨大挑战的。通过方法论的传播，架构师才能影响更多的人，从而推动方法论的更大进步。无论对企业还是对架构师而言,从有益于行业总体发展的角度来看,都不能太"沉闷"地对待方法论,如笔者在前文中介绍的,方法论本身就是新质生产力的一部分,需要更为积极地研究和实践。

» **本章习题:**

1. 请读者思考本章介绍的简化方法对所在企业的可行性。
2. 请读者针对所在企业,思考简化架构方法的思路,并以该思路修正目前为止所做的练习,验证其可行性。
3. 以上述思考为基础重新回顾本书内容。

# 第十七章

## 探索：以架构思维设计组织形态

笔者在关于组织的分析中提到，组织变革是架构师无法决定的事情。但是，作为落实全局观念、系统思维最直接方法的架构思维，是否能用到组织变革中呢？笔者一直认为架构思维是应该转化为数字企业管理思维的，在关于新质生产力的讨论中，也提出了数字企业"321管理法"，这是企业数字化转型的核心。但是，战略思维、管理思维的改变都涉及组织结构的调整，必须有与之相适应的组织结构。那么，能够最大限度发挥架构思维作用的组织结构是什么样的呢？笔者自己提出了一个"聚合战"组织模式。

### 第一节 可以用架构思维为组织分层吗

通常企业的组织结构都是按照业务领域结合管理条线进行设计的，前者一般按照业务类型或者产品类型设置，后者通常按照前中后台的模式设计。如果企业规模足够大，还会有分支机构，分支机构的组织结构有可能复制总部的组织结构，也有可能简化或者针对不同地区的市场情况进行组织结构设计。

无论采用什么思路设计，组织本身都有其"架构"，只不过，绝大多数企业应该都没有尝试过将组织的"架构"与业务架构中的架构思维直接联系起来。毕竟，大多数企业的管理层不会想到用架构思维去思考和设计组织结构，它不属于家喻户晓的企业管理学、组织行为学。

如果采用架构思维观察组织结构，会看到什么呢？架构思维会穿过业务形态，从更抽象、更普适的结构视角去思考组织形态。按照架构思维的分层理念，可以把企业分为战略管理层、业务创新层、架构链接层和能力演进层。

战略管理层是指企业的管理层；业务创新层是指所有的业务部门，无论按照业务类型、产品类型、前中后台模式中的哪一种划分，站在业务和技术分界线的视角看，它们都是业务部门。以这种视角看，企业里只有两类部门，从事业务经营的部门和提供IT能力的技术部门，企业也只有业务能力和技术能力这两种能力，两者最终融合在为客户创造价值的过程中。架构链接层是非常重要的中间转换层，负责通过"架构资产"将信息、知识从业务部门转换到技术部门。架构链接层主要负责的是基于架构的结构转换。能力演进层负责最终的技术实现，并将新技术带入企业，持续进行技术升级，获取新的技术能力，以提供业务发展的技术动力。

这种分层方式看起来带有很重的"业技分工"思想，但实际上，这是一种深度融合的组织设计方式。这种设计方式并非将业务部门和技术部门截然分开，除了两者中间有架构链接层作为衔接，还将业务架构能力作为融合业务与技术的基础能力贯穿整个组织中。所以，这种结构同样适用于技术人员较多，乃至将大量技术人员直接配置到业务团队的科技公司。无论对向数字企业转型的传统企业，还是对数字原生型的科技公司，一旦系统的数量、复杂度达到需要开展架构治理的时候，都需要从业务源头找到治理依据。因此，对于数字企业而言，最好的治理方式应当是从企业管理上就开始应用架构思维，以架构思维看待组织结构就是值得尝试的一步。由于该组织形态比较抽象，其结构反而适合各种业务类型的企业。

该模式如图17-1所示：

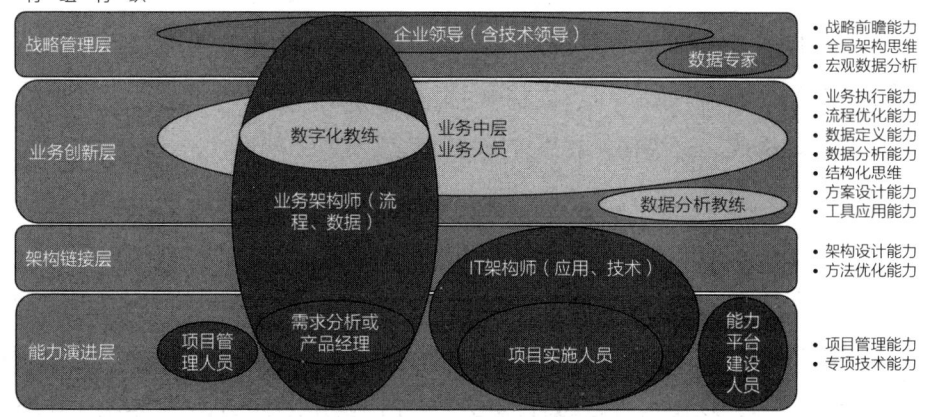

图17-1 "聚合战"组织模式示意图

## 第二节 组织各层的主要能力及人员配置

组织是指围绕能力而设计的分工协作机制，那么，在本书提出的这种设计模式中，各层组织的能力是什么呢？

战略管理层指企业的主要领导，其能力主要为战略前瞻能力、全局架构思维、宏观数据分析能力等。架构思维需要系统性培养，虽然不会要求管理层直接从事架构设计工作，但是，不具备架构思维的领导，就不知道如何从关键点上支持整体转型、企业架构工作，不知道怎样合适地树立架构师权威、支持架构师工作，也无法以管理者的身份为架构思维的普及做出榜样。战略管理层应当是称职的高级业务架构师，所以，架构思维是数字企业管理者必须具有的管理思维。此外，由于管理层需要通过大量数据进行决策，是"数据驱动决策"的关键环节，因此，为管理层设置专门的数据专家团队是有必要的，这样也能防止管理层的各种临时需求影响开发节奏，专职的数据专家团队也能够进一步提升管理层的数据应用能力。

业务创新层主要指业务部门的中层和基层人员，其能力主要为业务执行能力、流程优化能力、数据定义能力、数据分析能力、结构化思维、方案设计能力、工具应用能力等。其中，业务执行能力、流程优化能力是对业务人员本职工作的基本要求；数据定义能力是用好数据分析能力的前提，是数据思维的基础，逻辑数据模型设计就属于这种基础能力；结构化思维、方案设计能力相辅相成，有结构化思维才能更好地参与方案的设计；工具应用能力是指对低零代码等简易开发工具的使用，这也是数字企业中业务人员的必备技能。为了让业务创新层更好地具备这些能力，可以将技术人员配置到业务部门。但是大多数企业没有这么多技术人员，这时就需要考虑设置具备业务架构师能力的数字化教练，设置中级业务架构师，或者将业务人员培养为初级业务架构师，以使其具备这种能力。"数据驱动决策"不仅要体现在管理层，更重要的是体现在一线。所以，业务部门应当设置数据分析教练，业务团队在用数据驱动业务时，要能够及时获得高质量的数据服务支持，真正养成使用数据的习惯。

架构链接层是指以架构师团队为核心的这一层，这一层可能人数很少，但是非常重要。它的核心能力是架构设计能力和方法优化能力，能够使企业保持高效的业务与技术之间的信息传导，设计出合理的架构，使企业持续研究架构设计方法、原则，让架构能力、架构思维始终保持较高的"活性"。

能力演进层主要指的是技术部门，其主要能力包括项目管理能力和专项技术能力。由于数字企业必然会拥有更多软件，同时服务化架构也意味着要同时处理越来越多互相"纠缠"的开发工作，所以具备多项目协同管理的项目管理能力是非常重要的。此外，技术的种类繁多，各项专项技术能力笔者就不一一列举了。

通过上述介绍，读者可以看到，除了四个横向分层，架构思维也纵向贯穿了组织结构。战略管理层需要有架构思维，管理层本身就应当是高级业务架构师。业务创新层有中级业务架构师、初级业务架构师、数字化教练等，业务人员也应具有结构化思维。架构链接层本就是架构师团队。能力演进层的需求分析师、产品经理、项目应用架构师要与业务架构师密切协作，承接业务架构设计。架构思维融入各个分层中，以结构化思维和模型化业务能力地图进行业务沟通，成为企业内部主要的沟通方式。这种方式有利于业务知识快速沉淀到数字化系统中，加快数字企业的成长。

"组织"应当有"组"有"织"，既要按照职能进行分"组"，又要在管理思维、沟通模式上有"织"，这样企业才能有机连成一体。按照这种方式，业务部门、技术部门可以再划分成更小的"战斗团队"，也就是在业务创新层、能力演进层中按照团队模式继续分割，也可以灵活调整。因为从架构视角看，组织调整并不是将"人"动来动去，而是业务能力的聚类、再聚类过程。如果架构思维、架构资产贯通组织，那么组织无论如何变化，都能够"聚合"到一起。所以，笔者将这种组织模式定义为"聚合战"组织模式，以架构思维推动数字企业向灵活型、融合型组织结构不断演进。

架构思维是一种很有用的分析方式，只要是有结构的对象，都可以在架构思维框架下分析，只不过切入视角不同而已。所以，架构思维绝对不只是一种软件工程领域的设计思维，千万不要把它用"窄"了。

## 第三节　复合型人才培养与跨边界能力

笔者提出"聚合战"组织模式并非意味着企业要将自己的组织形态一步到位转换成该模式，与具体的组织形态相比，"聚合战"组织模式更像一种各类数字化组织通用的底层能力及基于这种能力的分工协作模式。可以以此为基础，叠加企业的具体业务形态。这种模式也为很多企业在发展新质生产力、推动数字化转型的过程中面对的一大困难——复合型人才培养，提供了可行的思路。

通常对复合型人才培养的理解是培养全能选手，既懂业务、又懂技术。

这样的人才并非不能培养，而是周期太长，大约需要六年以上的培养周期，也就是需要在业务条线和技术条线各工作三年以上，才能算得上入门，如果再叠加上"懂数据"，培养周期又要延长几年了。这种目标对企业而言，应当是长期追求，是无法在短期内迅速见效的，所以在很长时间里企业依然会处于人才短缺的状态。

那么，有没有快速的复合型人才培养方式呢？这就需要回顾培养复合型人才的初衷了。企业培养复合型人才真的就是为了造就一个全能选手吗？从企业的工作模式上来看，未必如此，作为集体组织，企业注重的是分工协作，而非人人全能。既然是分工协作，就必然有沟通问题，所以，培养复合型人才的初心是解决妨碍沟通、妨碍"业技融合"的鸿沟。对此的"天然"理解自然会走向培养既懂业务、又懂技术的"数字化翻译官"。这种"数字化翻译官"是否一定要把培养方式指向少数人，比如，专业的中级业务架构师，还是将业务架构师的"特质"广泛地传达给更多企业员工，以提升整体沟通效率？显然后者的效果更显著。"业技融合"并非要建立在"单点模式"上，而是应建立在基于共同思维模式的"分布式"沟通能力上，将结构化思维作为"跨边界沟通能力"来培养，才是整体效率提升的方式。

通过结构化地描述业务创意、业务需求，消灭"业技融合"中最常见的"效率杀手"：模糊的需求、一句话的需求、半天说不到关键点上的需求。并不是表达为文字或者图形，需求就能被所有人看懂。只有表达出需求者的思维逻辑，需求才能真正被理解。这看起来似乎是一个微不足道的点，却是软件工程领域至今没能很好解决的点，也几乎是软件工程领域中进步最缓慢的点，更是企业在数字化过程中最想不到应该投入极大精力去改进的点。除了结构化思维，似乎没有任何有效的解决之道，即便是对于今日基于大模型的人工智能来讲，结构化地与大模型沟通，其解决问题的效率也会高于纯自然语言沟通。

结构化思维和对业务的结构化理解，并非只是业务人员要掌握的能力，技术人员也需要充分锻炼这些能力。"业技融合"、复合型人才培养是"双向奔赴"的，只是这个"双向奔赴"要走到一个更有利于双方结合的"中间地带"，而非完全深入到对方的领域中，这样才是更有效率、覆盖面更广的培养方式。

"跨边界沟通能力"的培养方式也是多样化的，初期在能力导入阶段，可以较多借助外力，尤其是以咨询型学习的方式，以实操加速带入，而非单纯地"上课"。之后随着实践的深入，要逐步转化成能够内部萃取方法论、以内部培训为主的形式。到达这个阶段，对于外力的引入主要应当放在共同萃取内部方法论方面，很多企业在推行业务架构的过程中，往往将对外力的引入放在架构资产建设、落地实施上，而忽视了对方法论的不断完善，这本是一个"花小钱"就能"办大事"的环节。

笔者通过多年的实践认为，复合型人才培养并非一种特定类型人才的培养，而是一种面向沟通的基础能力培养。如果将培养重点放在锻炼所有人员对事物的结构化观察和结构化表达上，这种能力就会较快地提升。

## » 本章习题：

1. 请读者结合所在部门的工作，以本章介绍的视角重新总结对本部门的工作职责描述。
2. 请读者尝试扩大范围，针对所在企业思考以这种方式重新看待组织结构设计后的结果。
3. 请读者结合对业务架构师工作模式的思考，研究本章所提出的组织形态在读者所在企业的适用性和可以借鉴的点。

## 无"住"过往，穿越风雨

毋庸置疑，软件行业是智力密集型行业，架构师更是在行业中被视为需要千锤百炼的职位，一个资深架构师的成长是需要通过足够多的项目实战乃至大型、超大型项目锻炼的，所以，架构师的工作往往有其精彩之处、高光时刻。通过本书对业务架构方法论的介绍，读者也能体会到，资深业务架构师颇有"上知天文"的本事，能够主持拆解企业战略；还有"下知地理"的能力，能够梳理业务细节、数据实体，对接概要设计。这些能力，无论对于业务条线出身还是技术条线出身的业务架构师来讲，都非朝夕之功，都需要一定的契机在某个时刻迎来自己能力上的突破，是不可能不经历风雨的。很多工作都需要专业性技能，而有些工作的顶级从业者的能力更是"巅峰"级别的。业务架构工作的"巅峰"究竟是什么样子，笔者尚未知晓，唯一可以确定的是，不太可能风平浪静地达到那个状态。

但是对于一个业务架构师的成长而言，这些风雨终究只是提升段位的"缘分"，是机会的眷顾。随着时间推移，风雨都会归于平静。业务架构师要时刻寻找新的成长契机，而不能只停留在对风雨的回味之中。

写书必然是一次"回忆杀"，是对风雨的总结。但是，随着对业务架构的理解逐渐超脱了原有工作经历，笔者越来越觉得，业务架构方法论是一种不受思维定式束缚的方法论。就像笔者在书中提到的，除了保持"架构间融合一致"，一切皆可商量，具体方法总是会有各种变化，也必须有变化。技能是通向方法论的途径，但不是方法论的全部。所以，经历的风雨终究都会过去，甚至要主动"抛弃"，这也是方法论的生命所在。也许似曾相识，也许颇有渊源，但"未来"就是"未来"，不会"住"在"过往"之中。

请以高度的热情对待方法论吧，它是最容易接触到的新质生产力。人人都有能力在方法论上有所作为，稍微改变一下做法，就能有所创新；大幅度改变做法，就可能迎来极大创新。业务架构方法论只是一种常用常新的观察世界的方法体系，人人都可以掌握，所以，人人都能成为业务架构师。至少，人人都应是自己一生的业务架构师，为穿越更多风雨、遇见更多彩虹而张开"架构之伞"吧！